왜 원어민은
내가 안 배운 표현만 써?

교과서 밖
진짜 영어들

미스터 브로 지음

길벗
이지:톡

교과서 밖 진짜 영어들

Mr.Bro: the Real English

초판 발행 · 2024년 5월 10일

지은이 · 미스터 브로
발행인 · 이종원
발행처 · (주)도서출판 길벗
브랜드 · 길벗이지톡
출판사 등록일 · 1990년 12월 24일
주소 · 서울시 마포구 월드컵로 10길 56(서교동)
대표 전화 · 02)332-0931 | **팩스** · 02)323-0586
홈페이지 · www.gilbut.co.kr | **이메일** · eztok@gilbut.co.kr

기획 및 책임 편집 · 임명진(jinny4u@gilbut.co.kr) | **디자인** · 최주연 | **제작** · 이준호, 손일순, 이진혁
마케팅 · 이수미, 장봉석, 최소영 | **유통혁신** · 한준희 | **영업관리** · 김명자, 심선숙 | **독자지원** · 윤정아

편집진행 및 교정 · 강윤혜 | **전산편집** · 이현해 | **표지 일러스트** · 이다운 | **본문 일러스트** · 최정을
오디오 녹음 및 편집 · 와이알미디어 | **CTP 출력 및 인쇄** · 예림인쇄 | **제본** · 예림바인딩

ISBN 979-11-407-0901-4 03740 (길벗 도서번호 301098)
© Mr. Bro, 2024

정가 22,000원

독자의 1초까지 아껴주는 정성 길벗출판사
(주)도서출판 길벗 | IT교육서, IT단행본, 경제경영서, 어학&실용서, 인문교양서, 자녀교육서 www.gilbut.co.kr
길벗스쿨 | 국어학습, 수학학습, 어린이교양, 주니어 어학학습, 학습단행본 www.gilbutschool.co.kr

우리는 모르지만 네이티브는 매일같이 쓰는
교과서 밖 진짜 영어들을 만나다

12살에 미국으로 유학을 떠났다. 부모님의 강요가 아니라 나의 의지로 결정된 유학생활이었지만, 시작부터 순조롭지 못했다. 미국 행 비행기에서 우유를 마시고 싶어 승무원에게 계속 milk를 주문했는데, 승무원은 내 발음을 알아듣지 못했고 결국 난 우유가 아닌 오렌지 주스를 마셔야 했다. 유학 가기 전 학교와 학원에서 나름 영어를 준비했기에 당황스러웠다. 그러나 이건 시작에 불과했다.

어린 나이였지만, 남의 나라 가서 하는 공부가 쉽지 않겠다는 각오는 했었다. 하지만 미국에서의 첫 1년은 예상을 뛰어넘는, 그동안 알던 세상이 뒤집히는 충격적인 경험이었다. 문화 차이도 큰 데다 언어라는 인간의 가장 기본적인 도구(tool)를 잃은 12살 아이는 인생의 큰 고비를 마주했다. 아는 단어와 표현을 전부 끄집어내고 바디 랭귀지까지 동원하며 애썼지만, 말이 통하지 않았다. 영어가 하루 아침에 느는 것도 아니고 매일 바보가 된 느낌이었다. 수업내용은 물론 그날 내준 숙제도 못 알아듣고 방과 후 빈 교실에서 홀로 눈물을 삼키곤 했다.

그렇게 약 2년간 어둠의 시간을 헤매다가 멀리서 한 줄기 빛이 보였다. 중학생 7학년(한국의 중1)부터 학교에서 미식축구를 시작했는데, 나에게 소질이 있었던 것이다. 사춘기 소년에게 경기장은 모든 것을 터트릴 수 있는 최적의 공간이었다. 난 있는 힘껏 아이들을 태클했고, 코치는 내 이름을 외치며 좋아했다.

당시 텍사스에서 미식축구는 종교와 같아서 경기가 있는 날은 사람들의 눈빛부터 달랐다. 학교 대표팀 주전으로 뽑히면서 외롭고 쓸쓸했던 나의 미국생활은 대단원의 막을 내렸다. 학교 어디를 가도 친구들이 하이 파이브를 해주고 여기저기서 나의 이름을 불러주는 즐거운 학교생활이 시작되었다. 언어와 문화의 차이 때문에 가끔 당황스럽고 아슬아슬 위험한 순간도 있었지만, 주위에 사람이 많아지니 자연스레 영어가 늘고 미국 문화에 대한 이해도 깊어졌다.

그렇게 시간이 흘러 26살, 국방의 의무를 마치기 위해 한국으로 돌아와 군에 입대했다. 미국에서 오래 생활한 것을 알게 된 대장님의 추천으로 나는 미군들을 따라다니며 통역을 하는 부대 통역병 일을 맡게 되었다. 내가 영어를 할 수 있다는 것을 알게 된 부대 친구들이 하나 둘 영어와 관련된 질문을 했다. 그렇게 틈틈이 영어과외를 해주게 되면서 놀라운 사실을 알게 되었다. 내가 미국에 있는 동안 교과서가 수없이 개정되었고, 영어 정규 교육과정을 10년 이상 거쳐 공부했는데도 친구들이 실생활 회화를 전혀 할 수 없다는 사실이었다.

감히 한국의 영어 교육을 비판하려는 건 아니다. 영어 교과서에는 단어, 문법, 문장 모두 좋은 내용이 많고, 영어 선생님도 다들 훌륭한 분들이다. 하지만 영어권에서 실제로 영어를 해보면, 네이티브와 자연스럽게 대화할 때 교과서에서 배운 내용만으로 해결되지 않는 부분이 상당부분 존재한다. 군대에서 영어과외를 하면서, 전역 후 국제학교에서 학생들에게 영어를 가르치면서 나에게는 한 가지 목표가 생겼다. 바로 12살 미국교실에서 고군분투하던 과거의 나처럼, 교과서 밖 진짜 영어의 세계에서 좌절하고 방황하는 누나, 형, 친구, 동생들에게 실질적인 도움을 주는 영어책을 만들어야겠다는 것.

네이티브와 대화하거나 온라인 채팅, 미드, 틱톡, 유튜브 쇼츠에서 매일 같이 보고 쓰는 영어인데, 정작 학교에서 배우기 힘든 교과서 밖 진짜 영어들을 하나 둘 모았다. 한 나라의 언어를 배우는 것은 그 나라의 문화에 대한 이해를 바탕으로 해야 한다. 미국 사람들은 왜 이럴 때 이런 말을 하는 건지, 내가 어떤 말과 행동을 했을 때 그들이 왜 이런 반응을 보이는지 미국의 문화와 미국인의 사고방식을 알아야 풀리는 지점이 있다. 영어 표현만 들입다 외운다고 해서 이해할 수 없는 부분이다.

그래서 미국에 살면서 만난, 또 이곳에서 인연이 이어진 많은 미국인 친구들과 부딪히며 느낀 미국 사회와 미국 사람에 대한 생각도 곳곳에 풀어보았다. 저자의 주관적인 의견을 책에 넣어도 될지 많이 고민했지만, 외국인으로서 그 나라에서 직접 겪은 경험이기에 도움이 되기를 바라며 용감하게 실었다. (어디까지나 개인의 경험에 따른 것이며, 내 생각이 진리는 아니므로 참고만 해주기 바란다.)

한국에 오니 영어를 잘하는 것이 어떤 권력이나 능력으로 받아들여진다는 것을 알았다. 충분히 훌륭한데 단지 영어를 못한다고 위축된 분들, 영어를 못 해서 자신의 현재와 미래가 어둡다고 생각하는 분들을 주변에서 참 많이 봤다. 사실 영어는 소통의 도구일 뿐이다. 다만 글로벌 시대에 영어라는 도구가 하나 더 있다면 보다 넓은 세상에서, 좀 더 다양한 선택지를 가질 수는 있다. 영어 때문에 힘든 분들이 자신감을 되찾고 새로운 기회를 여는 데 이 책이 작은 도움이 되길 바라며, 내 머릿속에 지식을 탈탈 털어 아낌없이 꼭꼭 채워 담았다.

교과서 밖 진짜 영어로 더 즐거워질 여러분의 앞날을 온 마음으로 응원한다!

Mr. Bro

Dude, seriously. This book is a goldmine of useful and practical English phrases and slangs that we use in our daily lives. It's the kind of book you wish existed for every language.

If you're studying with this book, you're not just lucky. It's like having a secret passageway into the heart of American culture. Mr. Bro's inclusion of common American slang adds an extra layer of authenticity. It's as if you've got a hip American buddy in your pocket, ready to guide you through the language and culture.

I definitely recommend it for anyone studying to learn English and understand the culture at the same time!

이야, 진심. 이 책은 우리가 매일같이 쓰는 유용하고 실용적인 영어 문구와 슬랭의 금광이다. 어떤 언어를 공부하더라도 있었으면 하는 그런 종류의 책이란 말이지.

이 책으로 공부한다면 단지 운이 좋은 것만이 아니라, 미국 문화의 중심부로 들어가는 비밀 통로를 가지는 셈이다. 미스터 브로는 미국인들이 흔히 쓰는 슬랭도 다루면서 사실감을 한 꺼풀 더 더했다. 마치 언제라도 영어라는 언어와 그 문화의 세계로 안내해 줄 힙한 미국인 친구를 호주머니에 넣어 다니는 기분이다.

영어를 배우면서 동시에 문화를 이해하고자 공부하는 모든 분들께 이 책을 강력히 추천한다!

Sean Keith ㅣ 33세, 뮤지션

미스터 브로의 영어는 너무 재미있어서 공부한다는 생각이 안 든다. 그런데 지나고 보면 영어실력이 어느새 확 늘어 있어서 놀랍다. 브로쌤은 영어를 원어민처럼 잘하고, 힙하고 핫한 영어표현도 많이 알려준다. 한국인이 어려워하고 헷갈려 하는 부분을 효자손처럼 딱 집어 시원하게 긁어주니까 쾌감이 진짜 장난 아니다.

김기현 I 27세, 디자이너

와, 내가 영어로 말하는 날이 오다니! 영어는 학창시절 제일 싫어하는 과목이었다. 영어와 평생 친할 리 없다고 생각했는데, 원어민과 눈만 마주쳐도 동공지진이 나던 내가 워홀준비 때문에 브로쌤 수업을 듣게 되었다. 이제 미드나 유튜브를 보면 슬랭 표현이나 상황 뉘앙스를 알아듣고 이해하는 데 큰 문제가 없다. 요즘은 원어민을 보면 먼저 "What's up?"이라고 인사를 건네며 간단한 대화를 주고받는다. 브로쌤의 영어를 많은 사람들이 알아서 나처럼 영어와 친해지면 좋겠다.

강인규 I 25세, 게임개발자

초보자이든 고급 학습자이든 이 책은 유머, 통찰력, 실용적인 팁으로 가득 찬 언어 학습에 대한 신선한 접근 방식을 제공한다. 미스터 브로의 책으로 공부하고 나서 미드를 보면, 진짜 배운 표현들이 거짓말처럼 바로 나와서 너무 신기했다. 평생 영어 공부하면서 모르는 표현들이 이렇게 많았다니… 이 책을 미리 알았으면 얼마나 좋았을까 싶다. 누구에게나 추천해주고, 사주고 싶은 책이다. (솔직히 나만 알고 싶다는 건 안 비밀^^)

이나연 I 31세, 직장인

차례

Part 2 Never Use the 'N' Words

1. Abbreviations (Text & #'s & Emojis)
문자, 채팅, SNS 영어 약어들

2. Slang 핫한 슬랭 표현

3. Bad Words 쓰진 않아도 알아들어야 할 영어 욕

Part 7 # We the People

1. Behind the Pretty Curtain 미국 사회의 어두운 이면

2. People, People, People 미국 사람들

Part
1

Expressions & Interjections

Interjections

짧아도 효과끝장 **감탄사**

엄… 더~ 여키! 퓨~? 미국인들은 정말 다양한 감탄사, 의성어onomatopoeia, 의태어mimetic word를 쓴다. 말하는 중간중간 "Um...um... (엄… 엄…)" 거리고 '으웩'을 Ewww~라고 한다. 그들은 놀랐을 때 Wow!부터 Holy cow! 또는 What the!까지 다채로운 감탄사로 놀라움을 표현한다. 내가 처음 미국에 갔을 때도 이런 표현들을 가장 먼저 배웠다. 그때는 영어를 못했지만 네이티브들이 어떤 상황에서 그런 소리를 내는지 자연스럽게 눈치로 파악할 수 있었다. 가끔 친구가 무슨 말을 하는지도 모르면서 "음흠 음흠" 하면서 고개를 끄덕거리며 열심히 들어줬던 시절이 생각난다(대충 이해한 척 넘어가려다 걸린 적도 몇 번 있다). 짧지만 실전에서 엄-청 중요한 요런 표현들을 교과서에서는 제대로 알려주지 않는다. *Dear Bro*, 네이티브가 내는 정체불명의 소리들, 짧지만 회화에 강한 감탄사부터 제대로 파보자.

감탄사 모음

네이티브가 내는 정체불명의 소리들

1 - 1.mp3

영어에는 다양한 감탄사가 있고 일상회화에서 정말 많이 쓴다. 대화를 나눌 때 감정표현과 리액션 등에 쓰이는 이런 감탄사 표현들을 적절히 활용하면 대화가 더 생동감 있고 재미있어진다. 단, 대화 시 상황이나 뉘앙스, 억양에 따라 의미가 달라질 수 있으므로 주의하자.

Woah~ 우와~

[워오] **뭔가 신기하거나 놀랍거나** 할 때, 우리는 '**우와~**'라고 한다. 이런 때 미국인들은 **Woah~**라고 한다. **Wow!**랑 비슷하다고, 거의 같다고 생각하면 된다. 문자로도 많이 쓴다.

Woah...**that's awesome.** 와… 정말 끝내준다.

Ooh 우~ 톤에 따라 ❶ 놀라움 ❷ 감동, 기쁨을 나타냄

[우~] Ooh를 어떻게 소리 내느냐에 따라서 의미가 바뀐다. 예를 들어 미식축구 경기를 보다가 누군가 엄청나게 세게 태클을 당했을 때 약간 **놀라움**을 표현하는 소리일 수도 있고(인상을 찌푸리며 말할 수 있다), 아니면 여친이 당신에게 엄청난 크리스마스 선물을 줬을 때 **감동**받는 소리일 수도 있다. 또는 **만족**하는, 또는 **기쁨**, **환희**를 나타내는 소리이기도 하다.

1 Ooh...**that must hurt.** 우… 아프겠다.

2 Ooh, **is this the new iPad?**
(선물 받고 감동) 우~ 이거 새 아이패드야?

3 Ooh, **I got an A on my last test!**
우~ 나 저번 시험에 A 받았어!

16

Um...   음..., 어...

[엄] 미국인들은 항상 말 중간중간에 "Um...let me think"라고 한다. 특별한 것은 없다. **생각 좀 하거나, 말이 막히거나, 당황스럽거나, 자연스럽게 말을 이어나갈 때 쓰이는 소리**라고 보면 된다. 우리가 말하는 중간에 '음...', '어...'라고 하는 거랑 똑같다.

1　Um...yeah I mean, it's definitely worth the money...
　　Um...let's see...Yeah um, yeah.
　　음... 그래 내 말은, 그건 무조건 돈값을 해... 어... 보자... 그래 음... 그래.

2　Um...I'm confused...　어... 헷갈리네요(이해가 안 되네요)...

3　Um...sure, yeah why not.
　　(어깨를 으쓱하고 눈썹을 치켜 올리며) 어... 당연하죠, 네, 왜 안 되겠어요.

4　Um...excuse me? What did you say?　어... 뭐라고요? 뭐라고 하셨죠?

　　(TIP) 당황스러울 때 사람들은 Um...excuse me?라고도 한다.

Yuck!   우웩!

[옉] 뭔가 맛이 이상하거나(또는 너무 맛없거나) **역겨울 때, 비위가 상할 때** 쓰는 표현이다. 우리말의 '우웩!'과 같다. 어린아이들은 Yuck!보다는 Yucky![여키]라고 잘 한다.

1　Yuck! This is disgusting!　우웩! 이거 역겨워!

2　Fried cockroaches? Yuck!!
　　튀긴 바퀴벌레라고? 우웩!!

3　Yucky! I don't like vegetable soup, Mom!
　　우웩! 야채 스프는 싫어요, 엄마!

Ew~ 으~

[E유~~] 발음을 조심하자. 우리말로 숫자 '2' 읽을 때 소리 나는 '이'가 아니고 알파벳 E를 읽을 때 [이-] 발음이다. **뭔가가 더럽거나 징그럽거나 비위가 상할 때 자기도 모르게 나는 소리**이다. "뭐야, 지금 달팽이를 먹는 거야? E유~~", "설마 샤워도 안 하고 바로 자는 거야? E유~~" 즉 '더러워~ 징그러~ 역겨워~'라는 의미가 내포된 의성어인 것. **글이나 문자로 역겨움의 정도를 강조해서 표현할 때는 Ewwwwww처럼 뒤에 w를 계속 더 달아주면** 된다. 비슷한 표현으로는 Eee~[이~] 또는 Eek![익!]이 있으며, 어린아이들은 귀엽게 Ewwy[E유이~]를 많이 쓴다.

(TIP) Ew~라고 한 뒤에 gross라고 많이 말한다. gross는 '더러워, 역겨워'라는 의미를 지니고 있는데, 우리말로 치면, "으~ 더러워"라고 하는 것과 같다.

1 Ew~ that's so gross! How can you eat live bugs?
으~ 그거 완전 역겨워! 어떻게 살아있는 벌레를 먹을 수 있어?

2 Ew~ gross! How can you touch that?
으~ 더러워! 어떻게 그걸 만질 수 있어?

Uh-oh... 헉…, 이런…, 안 돼…, 헐…

[어·오] 정말 완전 갓난아기 때부터 쓰는 표현이다. **뭔가 이상할 때, 뭔가 살짝 심각할 때, 뭔가 잘못됐을 때, 놀랐을 때 자연스럽게 나오는 소리**다. 아이부터 어른까지 깊숙이 박혀 있는 표현으로, 우리말로 하자면, '헉…, 이런…, 안 돼…, 헐…' 정도에 해당된다고 보면 된다.

Uh-oh... There's a cop car right behind us. I think he's following us.
헐… 우리 바로 뒤에 경찰차 있어. 우리 따라오고 있는 것 같아.

A Mom, I broke the green mug. 엄마, 제가 초록색 머그컵을 깼어요.

B Uh-oh... That's Dad's favorite mug. 헉 이런… 그거 아빠가 제일 좋아하는 컵인데.

Oops!   앗(, 실수)! 이런! 아차! 아이쿠!

[웁스] 이미 잘 알고 있는 흔히 알려진 표현 중 하나일 것이다. 주로 **뭔가 실수했거나, 원하던 일이 아닌 갑작스런 어떤 상황이 발생했을 때** 쓰이는 표현이다. 뭔가 큰 게 아닌 **작은 것에 실수하거나 잘못했을 때** 많이 쓴다. 심각하지 않다. 사소하고도 소소하다. 아이가 컵을 떨어뜨려 깨트렸다면 아이의 입에서는 곧바로 Oops!가 튀어나올 가능성이 높다. 철자는 Woops! 또는 Whoops!라고도 쓴다.

Yikes!   이크!

[야익스] 미드를 보다 보면 한두 번 정도 듣게 되는 말이다. **뭔가 놀라울 때, 주로 끔찍한 소식, 듣기만 해도 창피한, 또는 안 좋은 것을 보거나 듣거나 마주하였을 때** 튀어나오는 감탄사다. **Oh my God! 또는 Wow!를 약간 부정적으로 나타내는 느낌으로도** 많이 쓴다.

예를 들어, 친구가 이런 이야기를 해준다. "학교에서 옛 여친과 마주쳐서 잠시 이야기를 나누고 있었어. 그런데 마침 여친이 그걸 본 거야. 그러곤 내 얘기 듣지도 않고 바로 나를 찼어." 친구의 이런 이야기를 들으면 **Yikes!**라는 말이 튀어나올 수 있다.

또, 동생이 머리를 염색하고 나타났는데 정말 너~무 괴상해 보인다. 그런데 동생은 자기가 엄청 매력적이라고 스스로 생각한다. 보고 있는 입장에서 **Yikes!**가 입 밖으로 나올 수 있다. 덧붙이자면, **살짝 놀람과 괴상한 무엇을 마주하였을 때, 안타깝고 기가 막히는 무언가를 볼 때** **Yikes!**라고 하면 된다.

A   New project is due next week!   새 프로젝트 마감이 다음주라고!

B   Yikes!   이크!

A   I look fantastic, don't I?   나 엄청 멋있어 보이지, 그렇지 않아?

B   Yikes.   (조용히 혼잣말로) 이크.

Duh~ / Duh? 네에 네에~, 그러셨세요?, 이제 아셨세요?

Duh?

[더어~ / 더어?] 바보같이 '어버버~' 하는 느낌의 소리다. **상대방이 너무 당연한 것을 말하거나 물어봤을 때 "네에 네에~", "아, 그러셨세요?" 정도로 어이없다는 투로 하는 말이다.** 결국 "그것도 몰라?", "당연한 거 아님?" 이런 뉘 앙스인 것. 비꼬아서 놀리는 것이라고 봐도 되고 아니면 너 무 답답해서 한탄하듯이 말할 수도 있다. 친구끼리 정말 많 이 쓰고 애인끼리, 가족끼리도 쓰는 약한 놀림이다. 또, **당 연히 상식으로 알고 있어야 되는 것을 모르고 있을 경우나** 너무 쉬운 것을 틀리거나 할 때도 "(네에 네에~) 그걸 이제 아셨세요?"라는 뉘앙스의 놀림으로 이따금 쓴다. 상대방의 감정을 엄청 상하게 하는 표현은 아니고 그냥 가볍게 많이 쓴다.

Duh는 말하는 데 2가지 방법이 있다. 하나는 [더어~]라고 하는 것이고 하나는 [더어?] 하면서 묻는 듯이 말하는 것이다. 둘 다 뜻은 같다.

A Hey, did you bring your ID? 야, 너 민증 갖고 왔어?

B Duhhh~~ of course I did. 네에 네에~, 당연히 들고 왔지.

A Oh my God! I didn't know the test was today!

B Duh? It was on the syllabus, you dummy!

A 아 이런! 오늘 시험날인지 몰랐어!

B 그러셨세요? 강의계획서에 다 나와 있었잖아. 이 바부팅이야!

Mm-mm 아니

[음·음] 주로 고개를 좌우로 절레절레 하면서 쓴다. [음~~음~~~]이 아니다. 빠르게 끊어서 두번 [음·음!]이다. [음]을 두 번 빠르고 짧게 끊어주면서 발음하면 된다. **No를 대신해서 쓸 수 있는 말로, '아니다, 그럴 리가, 동의하지 못한다'는 뉘앙스.** 미국인 친구가 잔뜩 화가 나서 "네가 내 남은 피자 다 먹었어?"라고 추궁할 때 고개를 좌우로 저으며 [음·음!]이라고 해보시라! "음~ 흠!"과 헷갈리지 말자.

A   Hey, you want some pizza?   야, 피자 좀 먹을래?

B   Mm-mm! I already ate.   아니! 나 벌써 먹었어.

A   Are you hungry?   배고파?

B   Mm-mm. I just ate.   아니. 나 방금 밥 먹었어.

Phew   휴~

Phew!

[퓨~] 긴장 또는 걱정하다가 그것이 괜찮을 때 안도하며
내는 **표현**이다. 수업시간에 핸드폰으로 몰래 게임하고 있
는데 갑자기 선생님이 옆으로 지나가면서 나를 부른다. 급
하게 핸드폰을 주머니에 넣고 선생님을 쳐다보니, 다행히
도 선생님은 앞자리 학생에게 가려서 내가 게임하는 것
을 못 봤다. 간단한 질문 하나 하고는 그냥 지나갔다. 바로
그때 내 입에서 Phew라는 소리가 튀어나올 수 있다. 우리말의 "휴~, 다행이다."할 때 그 '휴
~'와 같다고 보면 된다. 가끔 손으로 이마를 쓸며 Phew[퓨~]라고 한다. 뭔가 다행일 때 쓰는
body language이다. 같은 의미로 Whew[휴~] 또는 Phooey[푸-이]라고도 한다.

Tada~   짜잔~

[타다~] 내 입장에서 뭔가 자랑스럽거나 뿌듯하다 싶은 것이나 상대 입장에서 놀랄 만하다 싶
은 어떤 것/사람을 **깜짝 소개할 때** "짠~", "짜잔~" 하는 식으로 말하곤 한다. 여기에 해당되는
영어 표현이 바로 Tada~이다.

1   Tada~ it's your birthday present!   짜잔~ 네 생일 선물이야!

2   Press this button. Tada~ it's a bed now!   이 버튼을 눌러. 짜잔~ 이제 침대가 되지!

3   Tada~ surprise! I got you a present!   짜잔~ 서프라이즈야! 네 선물 샀어!

Yup   Yes의 구어체 표현

[엽] 그냥 **Yes**를 다르게 자연스럽게 내는 소리다. 친한 친구들 사이에서 모든 답을 Yes 라고 하면 딱딱하고 재미없고 이상하게 들릴 수 있다. Yes는 답변 중에서도 formal하 고 professional한 표현이기 때문이다. **일상생활에서는 Yeah/Yep/Mhm/Yup/Yas/ Yesss/Ya/Yah/Yeee** 등의 다양한 표현을 주로 쓴다.

Oh ya! 또는 Oh yeah! 이렇게도 많이 쓰고 기분이 좋을 때 유쾌하게 '앗싸~~~', '오예~~' 정도로 Yessssss 또는 Yassss라고 말하거나 또는 문자로 표현한다.

Nah   No의 구어체 표현

[내애/나아] **Yes**를 자연스럽게 **Yup/Yep**이라고 한다면 **No**는 **Nah** 또는 **Neh**[네에]로 답할 수 있다. 한 가지 기억할 점이라면, **긍정할 때는 Yes와 Yeah를, 부정할 때는 그냥 No와 Nah 를 많이 쓴다**는 사실! 또한 **별 관심이 없다거나 신경이 안 가서 잘 모르겠다는 느낌으로 No를 쓸 때나 퉁명스럽게 No라고 할 때도 대신**해서 많이 쓴다.

A Wanna play basketball?

B Nah, I'm good. I gotta watch my little sister in a bit.

A 농구할래?

B 아니, 괜찮아. 조금 있다가 여동생을 돌봐야 해.

Ouch!   아야!

[아우치] 서둘러 가다가 문에 몸을 부딪히거나 발을 삐끗했을 때, 길 가다 넘어졌을 때, 주사를 맞는 순간 따끔할 때 우리도 모르게 **"아야!"**라는 말이 입 밖으로 튀어나오곤 한다. 마찬가지로 그럴 때 영어권 사람들 입에서 튀어나오는 탄성이 Ouch!이다. 즉 **아플 때 나도 모르게 튀어나 오는 소리**이다. 아! 아야! 으~! 아오! 아아아아! 정도의 말.

Achoo! 에취!

God bless you!

[아츄우] **기침 또는 재채기 소리**이다. 우리는 기침이나 재채기 소리를 "에취!"라고 표현하고, 미국에서는 Achoo![아츄]라고 표현한다.

(TIP) 미국에서는 누가 눈앞에서 재채기를 하면 (God) Bless you!라는 말을 자동으로 건넨다. 옛날 사람들은 기침을 하면 영혼이 빠져나가고 그 틈으로 악령이 들어온다 믿었다고. 그래서 '신의 은총을!'이란 뜻으로 (God) Bless you!라고 해주기 시작했단다. 시간이 지나면서 이런 의미를 두면서 말하기보다는 그냥 예의상 또는 친절함을 드러내는 말로 재채기를 하는 이에게 거의 습관적으로 쓰이게 되었다. 언젠가부터는 이 표현을 유머러스하게도 쓰기 시작했는데, 누가 방귀를 뀌면 Excuse you!(너 실례야!)라고 하는 대신 Bless you!라고 하는 웃긴 상황이 생겼다. 다음에 친구가 옆에서 방귀를 뀌면 웃으면서 Bless you!라고 해주자! ^-^

Nom Nom 냠냠

[냠냠] **맛있는 걸 먹을 때 내는 소리**이다. 우리말의 '**냠냠**', '**얌얌**', '**쩝쩝**' 정도에 해당된다. Nom Nom Nom이라고도 한다.

Yum/Yummy 얌얌

[염]/[여미] 마찬가지로 **맛있는 걸 먹을 때 내는 소리**이다. 우리말의 '**냠냠**', '**얌얌**', '**쩝쩝**' 정도에 해당되는 말로, 결국 '**맛있다**'는 의미이다. 어린아이들이 많이 쓰는 귀여운 말이기도 하다.

Hush 쉿

[허쉬] **우리말의 '쉿, 조용히 해'라는 말과 유사한 표현**이다. 명사로는 '침묵, 고요'라는 뜻으로 쓰인다.

A Hush! I can't hear what the teacher is saying.

B Sorry, we'll be quiet.

A 쉿! 선생님이 뭐라고 하시는지 안 들려.

B 미안, 우리가 조용히 할게.

Shh 쉿

[쉬-] 우리랑 똑같다. **검지손가락을 입에 대고 Shh 하면 조용하란 소리**다.

Pssss 프스스 (주의를 끌어내는 소리)

[프스~] **다른 사람한테 들키지 않고 누군가의 주의를 끌기 위해 내는 소리**다. 주로 교실에서 앞자리에 앉아 있는 친구에게 "Pssss! Hey!"라며 조용히 속삭일 때 쓴다.

Ha.ha.ha. 하, 하, 하

영혼 없이 [하•하•하] 하고 '하'를 딱딱 끊어서 말한다면 그것은 비꼬는 것이다. **상대방이 재미없는 농담이나 공격적인 농담을 했을 때** 주로 이런 **비꼬는 웃음소리**를 낸다. 친근한 사이에서만 쓰이고 친구끼리 비꼬는 거니 '너무 무례한가?' 하고 크게 걱정할 필요는 없다. 하지만 정말 재미없다는 소리이니 한 번쯤은 고려하고 쓰시길~.

Meh　음… / 에…

[메에] 뭔가 그저 그렇다는 소리다. 물론 우리말 '에-'와 발음이 흡사한 **Eh**라고도 할 수 있다. **Eh, Meh 둘 다 뭔가 말하기가 어중간할 때 쓰이는 표현들**이다. '별로다, 그저 그렇다'라는 의미로도 쓰일 수 있다.

A　Are you hungry? 배고파?

B　Meh... 에… (그닥 고프지 않음)

Ahem　에헴, 음음

[어헴] 우리가 "에헴~" 하는 것과 상당히 흡사하다. 미국에서는, **내가 여기 있다는 것을 알리며 관심을 끌거나**, 혹은 **목이 잠겼을 때**, 또는 **창피한데 안 창피한 척하려고 할 때** 등에 쓴다.

Aha!　아~~

[아하] **뭔가를 이해했을 때** 많이 쓰인다. 우리가 뭔가 설명을 듣고 이해했을 때 '아~~' 하는 것과 비슷하다.

Ahh　아~

[아~] **뭔가 이해하거나 깨달았을 때, 놀랄 때** 자연스럽게 나오는 소리이다. 또한 **답답할 때**도 쓸 수 있다.

Awwww 아오~~~

[어어어~] 귀여운 새끼 강아지나 고양이, 또는 아기를 보면 너무 귀여워서 깨물어주고 싶을 때가 있지 않은가? 바로 그렇게 뭔가 **극도로 귀여울 때 나오는 소리**이다. 격하게 '꺄아', '우와~' 하는 게 아니라 [어어어~]하니까 자칫 실망한 소리인가 오해할 수 있는데 Awwww는 네이티브가 **귀여워서 깨물어주고 싶다는 감탄의 소리**다.

Awwww she is so cute!! 아오~~~ 넘 귀여워!!

Argg/Argh 아~~, 으아~, 으그~, 으이구

[아알그] **답답할 때, 한심해서 화가 날 때** 우리는 '으아~', '으그~', '으이구' 같은 소리가 절로 난다. 이럴 때 미국인들은 Argg[아알그] 혹은 Argh[아알그]라고 한다. Argggg~처럼 감정의 정도에 따라 g는 얼마든지 더 붙일 수 있다. 후크선장(Captain Hook)이 낼 만한 소리다.

Argggg~~

What?! Peterpan took my hook?!? Arggghhh!!!!
뭐라고?! 피터팬이 내 갈고리를 가져갔다고?!? 으아~~~!!!!

Ugh 윽, 어흐, 에효

[억] **뭔가 원하는 대로 되지 않을 때 한숨 대용어**로 쓸 수 있다. 뭔가 답답하거나, 싫거나, 막막할 때 쓰인다.

A When are you going to clean your room and do laundry?

B Ugh, Mom. I'm so tired right now. I'll do it tomorrow.

A 방 청소랑 빨래는 언제 할 거니?

B 어흐, 엄마, 저 지금은 너무 피곤해요. 내일 할게요.

Huh?　어? (뭐? 뭐라고?)

[허?] 정말 정말 많이 쓰인다. **상대방의 말을 잘못 들었거나 이해가 안 될 때** 쓸 수 있다. '뭐?' '뭐라고?'라는 뜻이다. 우리도 이럴 때 '어?'라고 하는 것과 같다. What?이라고도 할 수 있겠지만 실제로는 Huh?가 더 많이 쓰인다.

TIP It's awesome, huh?(굉장하지, 안 그래?)처럼 자신의 생각이나 느낌에 대해 상대의 동의를 구할 때 이런 식으로 말 끝에 붙여 쓰기도 한다.

Boo　우~~

[부우] **야유할 때** 쓰인다. 완전 잘했다고 추켜 세우거나 어떤 사안에 동조 또는 찬성할 때 엄지손가락을 들면 Good! 이라는 뜻이다. 반대로 엄지를 아래로 향하게 한다면 그것은 Booing[부우잉]하는 행동이다. 이렇게 제스처가 아니라 소리를 내서 Boo~~ 하고 야유를 보낼 수 있다. '싫다! 그건 아니다!' 등의 반대적인, 부정적인 의견을 소리로, 제스처로 나타내는 거다. 물론 그냥 장난으로 Booooo~~~ 하는 경우도 있다.

\# 선거를 앞두고 비호감 후보가 유권자 앞에서 연설하는 상황

Candidate　I'm gonna raise tax by 15% if you don't vote for me!

Voters　Booooo~

후보　저를 뽑지 않는다면 세금을 15% 올릴 겁니다!

유권자들　(엄지를 아래로 내리며) 우~~~~~~

Boo-yah!　오예! 앗싸!

[부우야아] **엄청 기분이 좋을 때** 쓰는 표현이다. 우리말의 "오예!", "앗싸!" 정도의 느낌.

Bam! 쿵! 펑! 탕!

[배앰] 쿵! 팍! 퍽! 펑! 탁! 탕! **뭔가 과하게 충돌, 또는 터질 때, 또는 총을 발사할 때, 여러 가지의 소리를 대체하는 표현**이다. 예를 들어, 어린 아이가 장난감 총을 손에 들고 쏘는 시늉을 하면서 Bam! Bam!(탕! 탕!)이라고 한다.

또, 이런 식으로도 쓴다. 형사들이 유명한 도둑을 잡으려고 차에서 잠복하며 이야기를 한다고 치자. "그래서, 그 놈이 거기서 나오면 네가 왼쪽 골목으로 유인하는 거야. 그리고 그 골목 안으로 들어오면 바로 BAM! 독 안에 든 쥐인 거지." 즉 **어떤 결정적인 순간에 어떤 방안으로 뭔가를 딱! 해낼 때도 BAM!**이라는 표현을 쓴다. 이 경우 BAM은 우리말에 딱 떨어지는 표현을 찾기 힘들다.

Hooray! 오예! 앗싸!

[후뤠이] **기분이 좋을 때 나오는 환호성**이다. 우리 팀이 뭔가를 이겼거나, 기다리던 누군가가 결국 왔거나, 기분이 좋아지는 무슨 일이 일어났을 때 쓸 수 있다. 요샛말로 치면 우리말의 '오예! 앗싸!'랑 비슷하고 예전에 종종 쓰던 말로 치면 '만세!' 정도에 해당된다.

Hooray! She's finally here! 오예! 그 여자가 드디어 왔어!

Yay! 와아! 앗싸! 오예!

[예이~] 고등학생쯤 돼서 쓰면 확실히 좀 애같이 느껴지는 표현이다. **주로 아이들이 기쁠 때 그 기쁨을 굳이 말로, 소리로 표현하고자 많이 쓰는 감탄사이다.** 물론 **나이가 있는 사람들도 가끔 기쁨, 즐거움을 표현**하고자 쓴다.

Yay! I finally made it! 와아! 내가 드디어 해냈어!

Yippee!   와아! 앗싸! 오예!

[이여피] **기분이 좋을 때, 너무 기뻐서 감정이 확 올라올 때 내는 소리**이다. 기분이 좋을 때 가장 대중적으로 쓰이는 표현 Yay~를 비슷하게 나타내는 표현. **아이들이 많이 쓴다.**

Yahoo!   야호! 앗싸! 오예!

[야아후우] 우리말의 '야호'랑 형태도 비슷하고 쓰임도 비슷하다. **기분이 좋을 때 튀어나오는 소리**이다.

Geez!   에이! 이런! 이크! 아~! 아씨!

[지이즈] **Geez**는 Jesus를 줄인 슬랭이다(참고로, **Geez**나 **Jeez**는 Jesus를 줄인 슬랭). **충격, 놀라움을 표현하거나 화났을 때 나오는 소리**이다. 미국에서는 Geez!라고 소리치는 외국인들을 매일 볼 수 있다.

Geez!

우체국 직원이 아침에 딱 출근했는데 처리해야 할 우편물이 산더미처럼 쌓여 있다. 이럴 때 Geez! We got some work to do!라고 말할 수 있다.

또, 퇴근 시간에 집에 가는 길이 엄청 막힌다. 이럴 때 Geez! The traffic is ridiculous today!라고도 말할 수 있다. 한마디로 **별로 반갑지 않은 상황에 맞닥뜨렸을 때 툭 튀어나오는 감탄사**란 얘기!

1   Geez! We got some work to do!   이크! 할 일이 제법 되네!
2   Geez! The traffic is ridiculous today!   아씨! 오늘 길이 장난 아니네!

Geez Louise   이런! 세상에!

[지이즈 루이-즈] 발음 끝의 운이 같아서 만들어진 말이다. **분노, 실망, 그밖에 감탄사로 쓰이는데, 일종의 욕(swear)에 가까운 Jesus Christ!보다는 좀 더 순화된 표현**이라고 할 수 있다. 가끔 Jesus Christ!를 Oh, my God! 정도로 오해하는 분도 있는데, 이 말은 정말 짜증나고 감정이 폭발할 때 '하느님, 맙소사!', '이런 젠장!' 하고 튀어나오는 감탄사로 무례하게 들릴 수도 있으니 남발하지 말자.

Geez Louise, look at the size of that horse!
이런, 저 말 크기 좀 봐!

Boss   We have to finish this project tonight! We have 4 more hours!

Me   Geez Louise! 4 more hours?

부장   이 프로젝트 오늘밤에 끝내야 해! 앞으로 4시간 더 남았다!

나   (보스가 안 들리게 동료에게 조용히) 이런! 4시간이나 더?

Golly!   오마이갓!

[갈~리] 미스터 브로에게 특별히 더 의미가 많은 표현이다. 저자의 이름이 '이가을'이라서 영어로는 Ga Lee가 되었다. 발음이 Golly와 같은 것이다. 그래서 풋볼코치들이 가끔 Golly! Ga Lee!라고 하면서 장난을 쳤었다. [골리]가 아니고 [갈~리]로 발음된다. **정말 놀랄 때 쓰이는 감탄사로, Wow!의 다른 표현이자 Oh my God!(오마이갓!) 대신 쓸 수 있는 표현**이다. 그냥 Golly가 아닌, **By Golly!/My golly!/Oh golly!/Golly gee!**처럼 다른 단어들을 붙여서도 쓴다.

1   Golly! That's too expensive!   오마이갓! 그건 너무 비싸!

2   By golly! It's freezing outside!   오마이갓! 밖에 엄청 추워!

Cheers   짠! 건배!

[치얼스] 미국인들은 주로 '짠~ 건배~' 또는 '너의 건강을 위해서!' 이런 느낌으로 **Cheers!** 를 많이 쓴다. 반면, 유럽에서 온 외국인들은 Thanks.나 Goodbye./See you later. 등 많은 표현을 Cheers! 하나로 대처한다.

Bingo!   빙고!

[빙고우] 수수께끼나 퍼즐 같은 문제를 풀었을 때 맞혔다, 해 냈다는 의미로 쓴다. **보드게임 등에서 상대를 이기는 결정적 인 한 수를 놓으면서 이겼다**는 의미로도 쓴다.

Swoosh!   휙!

[스우쉬] 이 표현은 농구를 할 때 말고는 쓴 적이 없다. **공이 네트를 스쳐서 들어갈 때 '휙' 하 고 나는 소리**를 Swoosh!라고 표현한다. 공이 림에 안 맞고 오직 네트만 건드렸다고 그걸 살짝 '자랑'하면서 외친다. 또한 **비행기나 자동차가 '휭!' 또는 '휙!' 하고 지나가는 공기가 스치는 소 리**를 Swoosh!라고 표현할 수 있다. **나이키의 로고 사인** 또한 Swoosh이다. 그림으로 표현한 것이다. 이것은 본래 승리의 여 신 '니케(Nike)'의 날개 모습을 형상화한 것이라고 한다.

Kobe!   코비!

[코비] 농구를 할 때 슛을 던지며 Los Angeles Lakers(LA 레이커스) 의 전설이었던 Kobe Bryant(코비 브라이언트)의 이름을 외친다. **자신 이 코비처럼 슛을 한다는 뜻**이다. 꼭 코비뿐만 아니라 자신이 좋아하는 NBA 선수 이름을 외치며 슛하는 경우가 있다. 하지만 Kobe가 원조로 사용된 표현이라고 보면 되겠다.

Poof! 휙!

[푸우프] 무엇이 **갑자기 눈앞에서 '휙!' 사라지는 모습**을 소리로 표현한 것이다.

That sucks! 와, 진짜 안 좋겠다! 와, 진짜 재수 꽝이다!

[댙 썩스] **상대방이 정말 안 좋은 일을 겪고 있을 때** 그 이야기를 들었다면 이 표현을 쓰는 경우가 젊은 층에서는 거의 80% 이상이다. 풀어서 말하면 That's unfortunate.(재수가 없었네.)라고 할 수 있다.

A Jessica broke up with me. 제시카가 나랑 헤어졌어.

B Dude, that sucks. 친구, 와, 안됐다.

That blows! 와, 진짜 더럽게 안 좋겠다! 와, 진짜 더럽게 재수 꽝이다!

[댙 블로우즈] **That sucks!와 완전 같은 뜻이지만 더욱 강하게 표현**하는 것이다. 우리말로 '와, 진짜 안 좋겠다'보다 '와, 진짜 더럽게 안 좋겠다' 또는 '와, 더럽게 재수없다'와 더 흡사하다고 보면 된다.

(TIP) Dang, that sucks!(와, 진짜 안 좋겠다!) / Dang, that blows!(와, 더럽게 안 좋겠다!)처럼 Dang과 같이 붙여서 쓰는 경우가 많다.

A I got caught cheating on the exam. I'm getting expelled from the school.

B Dang, that blows! Have you told your parents?

A 시험 컨닝 하다가 걸렸어. 나 퇴학당해.

B 와, 더럽게 재수없네! 부모님께 말씀 드렸어?

Dang it! 헐! 젠장!

[댕잍] 미국 남부지방 사투리에 가까운 표현이다. 우리말의 '헐'과 가장 흡사하게 쓰이는 경우가 많다. 특히 **뭔가에 놀랐을 때나 안타까움을 표현할 때, 또는 신경질 나거나 어이가 없을 때** 많이 쓴다. Dang!은 Damn!(이런 저주할!)에서 약화된 표현으로, Darn!과 같은 말이다. 어른들이 Darn!을 조금 더 많이 쓰고, 젊은 층이 Dang!을 많이 쓴다.

Shoot! 쳇! 제기랄! 아씨!

[슈웉] 기분이 나쁠 때, 뭔가 안 좋은 일이 일어났을 때, 일이 뜻대로 안 풀릴 때 등등 Shit!(젠장 엿같네) 대신 쓰는 표현이다. Shoot!은 Shit!을 조금 부드럽게 표현한 것이다. 우리가 '아, C발!'을 '아씨'나 '에이씨' 정도로 완곡하게 표현하는 것처럼 말이다. **Shoot!(강한 어감 Shit!), Darn!/Dang!(강한 어감 Damn!)** 정도로 보면 된다.

Rats! 쳇! 제기랄!

[래앹츠] 이 표현은 정말 쓰는 사람들만 쓴다. **기분이 나쁠 때 Shit! 대신에 Shoot!이라고 하는 것과 똑같이 그냥 Rats!로 욕을 대신**한다고 보면 되겠다. 근데 왜 하필이면 쥐!

Shoo! Shoo! 슈! 슈!

[슈우 슈우] 새, 너구리 등등 주로 **동물을 쫓아낼 때 쓰는 소리**이다. 집 앞에 음식쓰레기를 뒀는데 너구리들이 막 모여 있다고 치자. 그때 미국인들은 그냥 쫓아내지 않고 입으로 Shoo! Shoo!라고 소리치며 쫓아낸다.

Blah blah blah   어쩌고 저쩌고

[블라아 블라아 블라아] 네가 뭐라고 하던 난 신경 안쓴다
~, 이런 뉘앙스로 상대방이 잔소리를 할 때 또는 듣기 싫
은 소리, 쓸데없는 소리를 할 때 주로 말을 가로막으며 쓴
다. '어쩌고 저쩌고', '이러쿵 저러쿵', '쌀라 쌀라', '궁시렁
궁시렁' 정도의 뜻이다. 또는 **이야기를 전달할 때 혹은 뭔
가를 설명할 때 사사건건 일일이 다 나열하기 귀찮거나 그
럴 필요가 없을 때도** '~~~ 어쩌고 저쩌고', '~~~ 등등'
의 의미로 자주 쓰인다.

Man   이야, 이런, 친구

[매앤] 미국인들은 매일 "맨~ 맨~" 거린다. **기쁠 때, 슬플 때, 좋을 때, 나쁠 때, 놀랄 때, 웃길
때, 당황스러울 때, 황당할 때, 누굴 부를 때 Man을 그냥 입에 달고 산다.** Dude도 마찬가지이
다. 사람에 따라서 다르지만 남녀구별 없이 쓰는 감탄사이다. 그래도 남성이 조금 더 많이 쓰지
않을까 싶다.

Holy cow!   와우! 대박! 헐! 오마이갓!

[홀리 카우] Wow!처럼 놀람을 나타내는 감탄사. **Holy shit!의 순화된 표현으로, Holy
Moly!도 비슷한 어감**이다. Holy shit!은 욕이 섞인 표현이므로 상황과 사람을 봐가며 주의해
서 써야 한다면 Holy cow!는 비교적 편하게 쓸 수 있다. 즉 일상생활에서 활용성이 좋다는 얘
기이다.

Holy cow! Look at the size of that guy's biceps!
우와 대박! 저 남자 이두근 크기 좀 봐!

Holy cow! I didn't know he can run so fast!
우와! 난 그가 그렇게 빨리 뛸 수 있는지 몰랐어!

와, 세상에, 이런 일이!
Oh My God 시리즈

1-2.mp3

'오마이갓!'은 너무 많이 써서 이제 이 표현을 모르는 사람은 없을 것이다. 그런데 미국인들은 '오마이갓!'과 같은 뉘앙스로 엄청 다양한 표현들을 쓴다. 앞서 다루지 못한 표현 중 놓치기 아쉬운 표현들을 모아본다.

Jesus!

Gosh! God! 대신 쓰는 표현

영한사전에 보면, '**이쿠, 아이쿠, 이런, 깜짝이야, 아뿔싸**' 등 다양하게 옮겨놨다. 대충 어떤 느낌인지 감이 오겠다. God! 대신에 사용한다고 보면 된다.

Oh my goodness! Oh my God! 대신 쓰는 표현

'**오마이갓!**'과 가장 **흡사**한 표현이다.

My goodness! My God! 대신 쓰는 표현

Oh를 빼고 그냥 My God!이라고도 말하는 것처럼 My goodness!라고도 한다.

35

Goodness gracious! 맙소사! 세상에!

Goodness gracious me!라고도 한다.

Jesus! 주여! 맙소사! 젠장! 이런 제길!

'예수님!'이라는 뜻이다. 생각보다 많이 쓰인다. 여기서 알아야 할 것은 이 표현을 **엄청 놀랐을 때, 엄청 화가 날 때, 엄청 짜증날 때, 어처구니없을 때 등등 여러 상황에서 사용한다**는 것인데, 우리말로 '젠장! 이런 제길!'로 옮길 수도 있다.

Jesus Christ! Jesus!와 같은 뜻

그냥 Jesus!라고 할 때도 있고, 아니면 Christ!라고도 하고, Jesus Christ!라 할 때도 있다. Oh, my God!보다 훨씬 강한 표현으로 정말 짜증나고 감정이 폭발할 때 튀어나오는 감탄사이다. 자칫 무례하게 들릴 수도 있으니 너무 남발하지는 말자.

Lord! 하느님!

살짝 '하느님 맙소사!', Gosh!와 같은 느낌으로 많이 쓰인다.

Good Lord! 우와 대박!

주로 뭔가에 놀랄 때 많이 쓴다. 기분이 나쁠 때 쓰는 표현은 아니다. '우와 대박!' 이런 느낌이다.

이런 표현들을 사용하면 신앙심이 강한 분들은 Don't use the Lord's name in vain.(하느님의 이름을 이유 없이 함부로 그렇게 (의미 없이 그냥 감탄사로) 쓰지 마라.)이라고 한다. 그래서 God! 대신에 Gosh! 같이 비슷한 소리를 내는 여러 가지 감탄사를 쓴다.

황당하고 기막힐 때 튀어나오는
What the _____ 시리즈

1-3.mp3

What the는 주로 f나 h로 시작하는 센 표현들을 달고 다니면서 말도 안 될 정도로 황당한 상황에 처했거나 엄청난 것을 목격했을 때에 튀어나오는 표현이다.

What the!   뭐지!? 이게 뭔일? 이게 뭐야!?

놀랐을 때, 기가 막히는 상황이 눈 앞에 벌어지고 있을 때 뒤에 다른 단어를 꼭 안 붙이고도 그냥 What the!라고도 한다.

What the hell!   (WTH) 뭐야 빌어먹을! 이게 대체 뭐야!
                                       에라이 알 게 뭐야!

hell이라는 단어의 뜻은 '지옥', 즉 What the hell!을 직역한다면 '무슨 지옥!' 정도가 되겠다. 하지만 진짜 이 표현의 의미는 **어떤 억양으로 어떻게 표현하냐에 따라서 '대체 무슨 일이야?'**부터 '뭐야, 빌어먹을!' 또는 '아무렴 어때!'까지의 뉘앙스를 다 소화한다. **WTH의 문자로 줄여서도 많이 쓴다.**

What the heck! (WTH) What the hell!에서 hell을
약간 순화시켜 말하는 것

What the hell!과 같다. 이 또한 **억양에 따라 '에라 모르겠다!'도 되고 '도대체 뭐지? 무슨 상황이지?'도 된다. 마찬가지로 WTH의 문자로 줄여서도 많이 쓴다.**

(TIP) heck만 단독으로 쓰면 '에라이! 젠장! 제기랄!' 정도의 표현이 된다.

What the fuck! (WTF) What the hell!보다 훨씬 센 표현

'What the 시리즈' 중에서 가장 강도가 높은 표현으로 **줄여서 WTF의 문자로 상당히 많이 쓰인다. 놀라거나 기가 막히는 상황이 아니더라도 어이가 없거나 어처구니가 없을 때도** 많이 쓴다. **아니면 정말 짜증나서 '대체 왜?!'처럼도 쓰인다.**

육하원칙과 the hell/fuck의 만남

육하원칙 Who, Why, How, When, Where, What은 모두 뒤에
the hell 또는 the fuck을 붙여서 사용 가능하다.

What the hell is wrong with you?
도대체 왜 그러는 거야?

What the fuck is wrong with you?
도대체 왜 그러는 거야?

Who the hell are you?
넌 도대체 누구야?

Who the fuck are you?
넌 뭔데? 너 대체 누구야?

Why the hell should I do that?
내가 대체 왜 그래야 하지?

Why the fuck should I do that?
내가 대체 왜 그래야 하지?

When the hell is he coming?
도대체 걔는 언제 오는 거야?

When the fuck is he coming?
도대체 걔는 언제 오는 거야?

Where the hell have you been?
대체 어디 있었던 거야?

Where the fuck have you been?
대체 어디 있었던 거야?

How the hell did you get in here?
여긴 도대체 어떻게 들어왔어?

How the fuck did you get in here?
여긴 도대체 어떻게 들어왔어?

Reaction

네이티브 리액션 무작정 따라잡기

미국 사람들은 이야기를 들으면서 맞장구 쳐주는 것을 좋아한다. **계속 '음흠, 음흠' 하면서 고개를 끄덕끄덕하다가 칭찬이 필요한 분위기면 Right on!**(바로 그거지!) 외쳐주고 **중간에 Yeah, yeah, I know.**(응.응. 알아.) 해주면 된다. **뭔가 억울하다는 이야기를 하면 인상을 찌푸리며 Seriously?**(진심?) 또는 **No way?**(말도 안 돼, 진짜?) 한 번씩 넣어주면서 공감해주면 최고의 리스너listner라고 생각할 것이다. 이런 상황에 알맞는 작은 맞장구 표현만 잘해도 영어를 잘한다고 생각할 것이다. **Dear Bro,** 영어로 대화할 땐 입 꾹 다물고 있지 말고 리액션 장인이 되어보자!

미드나 넷플릭스를 보면 네이티브는 대화할 때 제스처와 리액션이 큰 편이다. 우리는 누가 말할 때 가만~히, 조용~히 경청하면 '얘가 내 말에 집중하는구나' 생각할 수 있지만, 네이티브는 중간중간 요렇게 다양한 리액션을 해줘야 상대방의 말을 귀기울여 듣고, 공감하고 있다고 본다.

Mhm, mhm 응, 응

[음흠, 음흠] **이야기를 들으면서 이해됐다는 표시, 또는 동의한다는 표시로** Mhm, mhm이라고 한다. 우리가 상대의 얘기를 들으면서 중간중간 '응, 응'이라고 하는 것과 흡사하다. Yes를 대신해 이렇게 Mhm, mhm한다. 미국인 친구가 뭐라고 열심히 말하면 옆에서 "음흠, 음흠" 하면서 자연스럽게 들어주자.

Mhm, yeah, sure. Mhm, mhm, yes, absolutely.
응, 그래 맞아. 응, 응, 그래 당연하지.

Uh-huh 그래, 그렇지, 응

[어-허] 상대의 이야기를 들어줄 때 미국인들은 보통 고개를 끄덕끄덕하면서 **Uh-huh, uh-huh**거리는데 이건 난 이해하고 있다, 잘 듣고 있다, 동의한다는 뜻이다. 보통 한 번이 아닌 두 번을 연속으로 Uh-huh, uh-huh[어-허 어-허] 한다. 당신이 무슨 말인지 못 알아들어도 Uh-huh, uh-huh라고 하면 상대는 당신이 다 알아듣고 있다고 믿을 것이다.

친구 So I'm walking down the street, minding my own business, and this guy... 길을 걸어가고 있었지, 내 일에 신경쓰면서. 그런데 이 남자가…

나 Uh-huh, uh-huh. 응응. 응응.

Right, right. 그렇지, 그렇지. 맞아, 맞아.

Right, right. 하고 **중간에 고개를 끄덕끄덕하면서 잘 들어주면** 상대는 신이 나서 이야기를 술술 풀어낼 것이다.

친구 You know how he gets mad when we're late?

나 Right, right.

친구 우리가 늦으면 그 애가 얼마나 화낼지 알지?

나 그치, 그치.

Yeah, yeah. 응, 응. 그쵸, 그쵸.

'응, 응', '네, 네' 또는 '그치, 그치', '그쵸, 그쵸' 하는 표현이다. **이야기를 완전히 공감하면서 듣는 느낌**이다. Yeah 대신 Yep, Yup, Yap 등으로 표현할 수도 있다. 조금 더 친근한 버전 정도로 받아들이면 되겠다.

친구 So, me and Jessica are late to the party, our parents are mad...

나 Yeah, yeah.

친구 그래서 나랑 제시카는 파티에 늦고, 우리 부모님은 화나 계시고…

나 응, 응.

Absolutely/Definitely (강한 긍정) 완전, 무조건, 당연히, 물론

처음엔 발음이 조금 힘들 수 있지만 이 표현을 쓰기 시작하면 당신은 진짜 영어의 매력에 빠져들 것이다. '완전, 무조건, 당연히, 틀림없이, 물론이지'라는 뜻으로 정말 많이 쓰이는데, **강한 동의, 강한 긍정의 표현**이다. **누군가의 부탁을 들어줄 때 Yes 대신으로도** 쓸 수 있고, **적극적으로 맞장구쳐 줄 때도** 쓰인다.

A   J. Cole is on top of his game these days. 제이 콜은 요즘 랩을 너무 잘해.

B   Absolutely, man! The new album he just dropped is so dope.
    완전! 막 나온 새 앨범 완전 쩔더라.

TIP 여기서 top of his game은 그가 하는 일의 분야에서 최고점, 피크를 찍고 있다는 의미이다. J. Cole은 유명한 래퍼다.

A   Salt Lick has the best Barbeque sauce ever. 솔트릭 바베큐 소스가 최고야.

B   Definitely! Best by far. 무조건이지! 먹어본 것 중에는 최고야.

Amen! 옳거니! 말 한번 잘했다! 바로 그거지!

[에이맨] 꼭 종교인이 아니라도 많은 사람들이 쓰는 표현이다. **누군가의 말에 매우 동의**하며 '옳거니! 말 한번 잘했다! 바로 그거지!'라고 하는 것이라 보면 된다. 발음은 [아멘]이 아니라 [에이멘]이다. 주의하자.

친구 We should pay less tax! 우리는 세금을 더 적게 내야 돼!

나   Amen! 아멘! 맞아!!

Hallelujah! 옳거니! 말 한번 잘했다!

'할레루야'는 원래 '하나님이 우리와 함께한다'는 뜻으로 정말 기적 같은 일이, 또는 자기가 간절히 바라던 것이, 아니면 정말 운 좋게 어떠한 일이 일어났을 때도 쓰지만 '옳거니! 말 한번 잘했다!' 이런 느낌으로도 많이 쓴다. 하지만 요즘 젊은 친구들은 그닥 많이 쓰지 않는다.

Hell yeah!/Fuck yeah! 아 개 좋아! 존나 좋아! 당연하지! 물론이지!

아주 강한 동의를 나타내는 표현. 여기서 Hell이나 Fuck은 Yeah를 강조한다. 상대방이 한 말이 아주 마음에 들 때 Hell yeah! 또는 Fuck yeah!라고 하면, 주로 **아주 강한 긍정이나 자신의 '기분 좋음'을** 표현한다. 반대로 아주 강한 부정의 No는 Hell no! 또는 Fuck no! 하면 된다.

Right on! 바로 그거지!

누군가의 말이 아주 마음에 들었을 때 쓰는 표현이다. Amen!이랑 거의 같은 뜻으로 쓰이고 둘이 붙여서 "Amen! Right on!" 이렇게도 쓰인다. '그렇지 바로 그거야! 말 한번 잘했네 자네!' 이런 느낌이다.

친구 We don't have to work next Tuesday! 우리 다음주 화요일에 일 안 해도 돼!

나　Right on! 오, 완전 좋지! (바로 그거지!)

Well said! 말 참 잘했다!

글자 그대로 '잘 말했다!', 즉 **상대의 얘기에 전적으로 동의할 때 '말 참 잘했다!' '전적으로 옳은 말이다!'**라는 의미로 쓴다.

친구 They should raise the hourly pay! 그들은 시급을 더 올려야 돼!

나　Well said! 그래, 말 한번 잘했다! (당연히 그래야지!)

For sure./Fo sho. 당연하지. 그럼 그렇고 말고. 물론이지.

For sure.는 **상대의 이야기에 적극적으로 맞장구를 칠 때** 쓴다. 상대의 부탁에 흔쾌히 응할 때 Yes 대용어로도 쓸 수 있는 표현이다. 줄여서 Fo sho라고도 한다.

Interesting... 흥미롭군…

이야기를 들으면서 상대방의 말을 끊지 않고 살짝 혼잣말 하듯이 '흥미롭군', '재밌군, 재밌어'라고 많이 쓰는 표현이다.

Really... 진짜… 그렇군요…

우리가 벌써 아는 표현이지만 **맞장구 치는 억양이 중요**하다. **질문처럼 높게 말하는 대신 [뤼얼리…] 하고 그냥 흘러가듯이** 말하는 게 포인트다.

I couldn't agree more. 대찬성이야. 전적으로 동의해.

상대의 말에 이보다 더 동의할 수 없을 정도로 전적으로 동감한다는 말이다. **You can say that again!**도 같은 맥락 같은 의미의 표현이다.

A Nothing feels better than chilling in bed on weekends!
주말엔 침대에서 쉬는 게 최고지!

B I couldn't agree more! 전적으로 동의해!

I agree with you 100%! 네 말에 전적으로 동의해!

네 말에 **100프로 동의한다는 말은 곧 전적으로 동의한다**는 뜻. I couldn't agree more.와 어감이 비슷하다.

I know exactly what you're talking about!
무슨 말인지 딱 알겠어!

상대가 한 **말이 무슨 말인지 너무 잘 알겠을 때, 너무 공감될 때** 쓴다. 반대로 상대가 지금 뭔 말을 하는지 모르겠을 때는 know 앞에 don't를 딱 붙여서 I don't know exactly what you're talking about. 하면 된다.

I know, right?! 맞아, 그치?! 그러니까 말야, 그치?!

상대의 말에 동의할 때, 맞장구 칠 때 가장 많이 쓰는 표현 중 하나다. 너무 많이 쓰는 표현이라서 **문자나 채팅을 할 때 IKR**이라고 줄여서도 쓴다.

친구 The exam was ridiculously difficult. 시험이 말도 안 되게 어려웠어.

나 I know, right?! 그러니까 말야, 그치?!

That's what I'm talking about!
내 말이! 내 말이 바로 그거야!

상대가 내 얘기의 핵심을 콕 짚어서 이해하기 좋게 설명을 보태거나 요약해줄 때, 또는 핵심이 그런 거냐고 콕 짚어서 내게 확인할 때 '그래, 바로 그거야!'라고 답하는 느낌의 표현이다. 말뿐 아니라, 나의 부탁에 대해 마치 가려운 곳을 딱 찾아서 긁어주듯 상대가 딱 제대로 해결해주어 속시원함을 느낄 때도 쓸 수 있다.

My words exactly! 그래, 내 말이 그 말이야!

My thoughts exactly! 내 생각도 딱 그래!

You read my mind! 내 마음을 읽었네! 어떻게 알았어?

상대가 마치 내 마음[생각]을 읽은(read) 것처럼 꼭 필요한 말이나 행동을 했을 때 하는 말이다.

(TIP) 여기서 read는 과거형이기 때문에 '뤼드'가 아닌 [뤠드]로 발음해야 한다.

A Here, use this napkin. 자, 이 냅킨 써.

B Oh, thanks! You read my mind! 오, 고마워! (필요했는데) 어떻게 잘 알았네!

So true! 진짜 사실이야! 진짜 그래!

전적으로 동의하거나, 겪어보니 정말 그 말이 맞다고 할 때 쓰는 표현이다.

Totally! 완전!

상대방의 말에 공감할 때 맞장구 치면서 쓰는 표현이다. **강한 공감**을 나타낸다.

^{친구} Wow, they should make a sequel. 와, 이건 속편을 만들어야 돼.

^나 Totally! 완전!

I think so, too. 나도 그렇게 생각해.

Me neither. / Neither do I. (부정적인 의견에 대해) 나도.

이 표현은 **부정적인 의견에만** 쓸 수 있다. **상대가 앞서 '무엇이 싫다, 무엇이 하기 싫다, 마음에 안 든다'라고 했을 때 '나도 싫다, 나도 하기 싫다, 나도 마음에 안 든다'라는 뜻으로 동조**하는 표현이다. 헷갈리기 쉬우니 아래 예를 통해 이해하자.

(TIP) 미국에서는 Me either.를 Me neither.처럼 쓰기도 한다. 하지만 이것은 미국에서만 그렇지 영국에서는 Me neither.를 쓴다.

A Ugh, I don't like cold weather. 으, 난 추운 날씨 싫어.
B Me neither. 나도 (싫어).

A I don't think *Bobby* is funny. 〈바비〉 재미없는 거 같아.
B Neither do I. 나도.

A I've never been to Japan. 일본에 가 본 적이 없어.
B Me neither. 나도.

Well... 음… / 그랬군… / 흠… / 글쎄…

우리도 말하기 전에 '어…' 하면서 살짝 뜸을 들일 때가 있듯이 미
국인들도 그럴 때 Well… 한다. 물론 **습관적으로 이런 말을 입에
달고 사는 사람들도 있고.** 또, **상대방의 말에 완전히 공감하지 못할
때나 곤란할 때** 아니면 **다른 의견이 있을 때도** 이렇게 Well… 하
고 나서 말을 한다. 진짜 엄청 많이 쓴다.

A Well…we should visit Sam next weekend.

B Well…I have to work next weekend. How about this weekend?

A Well…I told my girlfriend I would hang out with her this weekend.

A 어… 우리 다음 주말에 샘에게 가보자.

B 음… 다음 주말에는 내가 일을 해야 해서. 이번 주말은 어떠니?

A 흠… 이번 주말엔 여자친구랑 놀겠다고 했는데.

Oh well 어쩔 수 없죠, 어떻게 하겠어요

그냥 well이 아닌 Oh well이라고 말하면 '어쩔 수 없죠, 어
떻게 하겠어요'란 의미다. **다른 할 수 있는 게 뭐 딱히 없다,
뭐 벌써 벌어진 일인데 어쩌겠냐**는 어감. **상대의 말에 맞장
구를 칠 때도** 쓰고, **나한테 일어난 일을 얘기하면서도** 쓴다.

A I missed my bus! 나 버스 놓쳤어!

B Oh well, you can take the next one. 어쩌겠어 뭐. 그냥 다음 거 타야지.

Who cares? 알 게 뭐야! 뭐가 어때서?

'누가 상관해?' '누가 신경 쓰겠어?' '알 게 뭐야!' '뭐가 어때서?'라는 뜻이다. **상대방이 나한테 듣기 싫은 소릴 했을 때 시니컬하게** 쓸 수도 있고, **상대방을 격려하거나 위로해주기 위해 따뜻한 어조로** 쓸 수도 있다.

A I don't think I should wear pink. I don't wanna stand out too much.

B Dude, who cares? The pink tuxedo looks really good on you.

A 나 핑크색 입으면 안 될 것 같아. 너무 눈에 띄고 싶지 않아.

B 야, 뭐가 어때서? 핑크 턱시도 너한테 진짜 잘 어울려.

I'm sorry to hear that. (안 좋은 소식을 듣고) 안됐다.

여기서 sorry는 '미안한'이 아니라 '유감스러운'이라는 뜻. **나쁜 소식을 듣게 되어서 유감**이란 뜻이지 사과의 말이 아니다.

That must've been _____. 정말 ____했겠다.

뒤에 **disappointing**(실망스러운), **awesome**(끝내주는), **awful**(끔찍한), **super cool**(완전 멋진, 완전 짱인) 등 **그때그때 상황에 맞는 형용사를 넣어 상대의 얘기에 공감하며 맞장구**를 쳐줄 수 있다.

That must've been disappointing.   정말 실망했겠다.

That must've been awesome.   정말 끝내줬겠다.

That must've been awful.   정말 끔찍했겠다.

That must've been super cool.   정말 완전 멋졌겠다.

No way? / No way! 대박, 진짜? / 대박, 말도 안 돼!

좋은 소식이든 나쁜 소식이든 **뭔가 놀라운 소식을 들었을 때** '그럴 리가!', '말도 안 돼!', '(완전) 대박!'이란 어감으로 No way!라 맞장 구칠 수 있다. '말도 안 돼, 그럴 리가?', '대박, 진짜야[정말이야]?' 처럼 물음으로 놀라움을 표현하며 맞장구칠 때는 우리말과 마찬가 지로 느낌표를 물음표로 바꿔 No way?라고 하면 된다.

A Dude, I just shaked Son Heung-Min's hand!

B No way!

A 야, 나 방금 손흥민이랑 악수했어!

B 대박, 말도 안 돼!

A Dude, I just sat next to Tom Cruise on the bus!

B No way? Are you serious?

A 야, 나 방금 버스에서 톰 크루즈 옆에 앉았어!

B 대박, 진짜야? 실화냐?

How exciting! 완전 신나겠다! / 완전 신나!

친구에게서 좋은 소식을 들었을 때 그 친구 입장에서 '엄청 신나고 좋겠다'는 의미로 How exciting!이라고 맞장구칠 수 있다. 또한 내게 엄청 신나고 설레고 좋은 일이 있을 때 내 입장에서 '엄청 신나고 좋다'는 말도 How exciting!이라고 쓸 수 있는데, 이때는 '완전 신나!', '엄청 설레!'라는 의미이다.

친구 We're going to Six-Flags tomorrow! 우리 내일 식스 플래그 가!

나 How exciting! 완전 신나겠다!

* Six-Flags 식스 플래그 ('에버랜드' 같은 미국의 유명한 놀이공원)

That's awesome! 끝내주는데! 엄청난데! 완전 대박인데!

awesome이 멋지고 훌륭하고 굉장하고 완전 끝내준다는 의미를 전달하는 형용사라는 점만 알고 있다면 쉽게 활용할 수 있는 표현이다. 상대의 얘기에 맞장구치는 표현으로, That's awesome!도 번거롭다면 그냥 Awesome!이라고만 해도 된다.

친구 I got free tickets to the Warriors game! 워리어스 경기 표를 공짜로 구했어!

나 That's awesome! 이야. 완전 대박!

Are you joking?/You are joking, right?
너 농담이지? 진심이냐? 장난쳐?

뭔가 믿기지 않을 때 가볍게 확인차 또는 습관적으로 자주 쓰는 표현이다. 얼토당토않은 얘기를 듣고 **화가 스물스물 올라올 때도 그 감정을 담아** 쓸 수 있다.

그냥 안 믿겨서

A Dude, Sarah just asked me for your number.

B You're joking, right?

A 야, 세라가 방금 나한테 네 전화번호 물어봤어.

B 지금 농담이지, 그치?

화날 때

A Daniel, I'm sorry, but I spilled coffee on your suit.

B Are you joking? I have a meeting in 10 minutes.

A 대니얼, 미안하지만, 나 네 정장에 커피 쏟았어.

B 장난해? 나 10분 뒤에 미팅 있어.

Are you kidding me? 너 농담이지? 진심이냐? 장난쳐?

Are you serious? 진심이야? 진짜야?

상대방의 말이 믿기지 않을 때 자주 쓰인다. 우리말의 '(이거/그거) 실화냐?'도 Are you serious?로 표현할 수 있겠다.

Seriously? 진심?

Are you serious? 대신 이렇게 한 단어로 물어볼 수도 있다.

Get out of here!

꺼져! ❶ 화 내면서 말할 때와 ❷ 웃으면서 말할 때 톤이 달라짐

직역하면 '여기서 나가!' **실제로 화를 내면서 말하면 진짜로 나가라, 내 눈앞에서 사라지라는 뜻**이다. 하지만 **상대의 얘기가 말도 안 된다거나 별로 안 믿길 때 웃으면서 '에이, 꺼져~' 정도의 뉘앙스**로 Get out of here!라고도 말한다.

No를 대신하는 다양한 표현들

1-5.mp3

상대의 제안을 거절하거나 반대되는 의견을 말할 때 우리도 대놓고 "안 돼!", "싫어!"라고 말하면 상처받는 것처럼 영어에도 예의와 센스가 필요하다. No를 대신하는 다양한 리액션 표현들을 익혀서 거절의 장인(?) 이 되어보자.

Not really. 별로. 그다지.

친구 Do you like scary movies? 너 혹시 무서운 영화 좋아해?

나 Not really. 별로.

I'll pass. 나는 건너뛸게. 나는 쉴게.

친구 Wanna grab a drink tonight? 오늘 저녁에 술 한잔할까?

나 I think I'll pass. 난 패스할까 싶어. (난 괜찮아.)

I don't think so. 안 그런 것 같아요. 그렇지 않은 것 같아요.

I don't think so.는 직역하면 '그렇지 않은 것 같아요.' '아닌 것 같아요.'로, **No.의 부드러운 버전**이다. 상황에 맞춰 '그렇지 않아요.' '아뇨.' 정도로 옮겨도 좋다.

승무원 **Are you uncomfortable?** 혹시 불편하지는 않으세요?

나 I don't think so. 그렇지 않아요. (안 불편해요.)

Now is not a good time. 지금은 때가 안 좋아. 지금은 곤란해.

말 그대로 '지금은 때가 안 좋다'는 의미. 친구의 제안이나 부탁에 대해 **지금은 그 일을 할 만한 상황이 아니라고 답할 때** 써보시라.

친구 **Hey, can you come over right now?**

나 Now is not a good time.

친구 야, 지금 우리집에 좀 와줄 수 있어?

나 지금은 곤란해.

Thanks, but no thanks. 감사하지만, 괜찮습니다.

공손하게 거절할 때 쓰면 딱이다.

영업사원 **We have a special promotion right now. Would you be interested?**

나 Thanks, but no thanks.

영업사원 저희가 지금 완전 특가에 파는데 혹시 관심 있으실까요?

나 감사합니다만, 괜찮습니다.

Not now. 지금 당장 말고.

친구 You wanna play video games? 비디오 게임할래?

나 Not now. 지금 말고.

Maybe another time.

아마도 다음 기회에. 다음에 해야 할 듯. 다음에 하자.

단도직입적으로 No하기 뭐할 때 **'다음에 시간이 될 때 하자'**라는 의미로 Maybe another time.을 써보라. **부드럽고 공손하게 거절할 수 있는 표현**이다.

친구 Do you wanna go see a movie today? Do a little shopping maybe?

나 Maybe another time.

친구 오늘 영화 보러 갈까? 쇼핑도 조금 하고?

나 다음에 해야 할 듯.

Not for me. 제 취향은 아녜요.

누군가가 이게 참 좋은 거라고 뭔가를 권하는데 아무리 봐도 맘에 안 들어서 선뜻 선택하기 내키지 않는다. 그렇다면 **Not for me**로 정중하게 사양해보라. 직역하면 '나한테는 아니다', 즉 '제 취향은 아니네요.'라는 의미이다.

옷가게 점원 This jacket is very popular. Do you like it?

나 Not for me, but thanks though.

옷가게 점원 이 자켓이 엄청 인기예요. 마음에 드세요?

나 제 취향은 아닌 것 같네요. 그래도 감사해요

Not at all. 전혀요. 별말씀을요.

상황을 파악하고자 하는 상대의 질문에 '전혀 그렇지 않다'는 **No**의 강조 버전으로 쓸 수 있는 표현이다. 또, 감사인사에 대한 답변으로 '별말씀을요.'라는 의미로도 쓰인다. 하지만 **누군가가 '뭐 좀 해줘도 불편하지 않겠냐/싫지 않겠냐?'는 식으로 부탁을 한다면 이때는 전혀 불편하지 않고 기꺼이 돕겠다는 의미**가 된다는 점에 주의하자.

경찰 Is this guy bothering you? 이 사람이 당신을 불편하게 했나요?

나 Not at all. 전혀 그렇지 않아요.

A Thanks a lot. 너무 고마워요.

B Not at all. 별말씀을요.

I'll take a raincheck.
다음 기회로 미룰게. 다음을 기약할게.

누군가가 뭘 하자고 제안할 때 또는 파티 등에 나를 초대할 때 어떤 이유로든 함께할 수가 없는 상황이 있기 마련이다. 이럴 때 **'이번은 사정이 안 돼서 힘들고 다음에 여건이 될 때를 기약하겠 다'는 의미로 정중히 거절하는 표현**이 바로 I'll take a raincheck.이다. 또, 아래 대화에서처럼 **갑자기 사정이 생겨서 약속을 지키기 곤란할 때도** 쓸 수 있다. 간단히 Raincheck!(다음에 하자!) / Raincheck?(다음에 해도 될까?)으로 쓰기도 하며, Can/Could I take a raincheck?으로 더 부드럽게 말하기도 한다.

(TIP) 예전에는 비가 와서 야구경기가 도중에 취소되면 사람들에게 rain check이라는 종이 티켓을 나눠주 고 다음에 사용할 수 있도록 했다. 여기에서 유래해 '다음 번, 다음 기회'라는 뜻으로 raincheck이 쓰이게 되 었다고.

친구 Are we still meeting today? I thought we were gonna grab a drink.

나 Sorry, I'll take a raincheck. Something popped up.

친구 우리 오늘 만나는 거 맞아? 술 한잔 하기로 했잖아.

나 미안, 다음에 만나자. 갑자기 일이 생겼어.

긍정의 리액션은 더 흔쾌히, 듣는 사람 기분 좋게

Yes를 대신하는 다양한 표현들

거절에만 센스가 필요한 건 아니다. '응, 그래, 맞아'와 같은 긍정의 표현을 할 때도 챗봇도 아닌데 Yes라고 단답형 대답만 하지 말고 나에게 뭔가를 제안하고 부탁한 사람이 더 기분 좋게 다채로운 리액션 표현을 준비해보자.

No problem! 그럼! 문제없어! 별거 아냐! 천만에!

누가 뭔가 부탁을 할 때 당연히 흔쾌히 도와주겠다고 하는 느낌의 답변으로도 쓸 수 있고, You're welcome!(천만에!)처럼 **감사인사에 대한 답변**으로도 쓸 수 있다.

친구 Hey, can I borrow 10 dollars? 있잖아, 나 10달러만 빌려줄 수 있어?

나 No problem! 그럼! (문제없어!)

친구 Thank you so much. 너무 고마워.

나 No problem! 천만에!

Sure thing! 넵! 당연하죠!

상대의 부탁에 대해 당연한 일이니 도와주겠다는 느낌으로도 쓸 수 있다. 또, **감사인사에 대해 '당연한 일을 가지고 뭘!'이라는 느낌**으로 You're welcome!(천만에!) 대용으로도 사용 가능하다.

친구 **Can you help me move?** 나 이사 도와줄 수 있어?

나 Sure thing! **When are you moving?** 당연하지! 언제 이사해?

친구 **I really appreciate it.** 정말 고맙게 생각해.

나 Sure thing! 천만에!

Consider it done! (걱정 말고) 맡겨만 줘! 확실히 할게!

내가 확실히 할 테니까 다 된 일이라고 편하게 생각하고 맡겨만 달라는 어감이다.

와이프 **Can you do the dishes tonight?** 오늘 저녁에 설거지 좀 해줄 수 있어?

나 Consider it done! 맡겨만 줘!

For sure! 당연하지! 물론이지! 좋지!

상대방의 질문에 대한 강한 긍정이나 상대방의 의견에 대한 강한 동의를 할 때 사용하는 표현이다. 채팅 시에는 약어로 4SHO라고도 쓴다.

친구 **You wanna grab a drink tonight?** 저녁에 술 한잔할까?

나 For sure! 좋지!

친구 **BTS has been hot these days.** BTS는 요새 핫해.

나 For sure! 당연하지!

I got you! / Gotcha! / Gotchu! 알겠어! 나만 믿어! 내가 해줄게!

I got you! 하면 **'무슨 말인지 이해했어!'**, **'알겠어!'**라는 **I understand.**의 의미로 잘 알려진 표현이다. 여기에서 나아가 **상대의 부탁이나 제안에 대해 '알겠어!' '무슨 말인지 알겠으니까 도와줄게/할게!'**라는 긍정의 답을 해줄 때도 잘 쓰인다. Gotcha! / Gotchu!는 I got you!에서 I를 생략하고 got you를 발음나는 대로 줄여서 표기한 것.

친구 **You know what I mean?** 내 말 무슨 말인지 알아?

나 I got you! 이해했어!

친구 **Can you bring me an extra shirt?** 셔츠 여분으로 하나 가져올 수 있어?

나 Gotcha! 알겠어! (걱정하지 마, 나만 믿어!)

I'm on it! 내가 할게! 제가 맡겠습니다!

'내가 준비[태세]가 되어 있다'는 어감으로 그 일을 **'내가 할게!', '제가 맡겠습니다!'**라는 의미로 쓰인다. 회사에서도 상사가 일을 시키면 무조건 Yes!만 쓰지 말고 I'm on it!으로 좀 더 **적극적인 모습**을 보여주도록!

친구 **Who's gonna do the dishes?** 누가 설거지 할 거야?

나 I'm on it! 내가 할게!

Gladly! 기꺼이!

기쁜 마음으로 흔쾌히 도와주겠다는 뜻의 매너 있는 표현.

친구 **Can you help me?** 나 좀 도와줄 수 있어?

나 Gladly! 기꺼이!

I'd love to! 그럼! 좋고말고!

그렇게 하기에 마음이 좋다는 의미. 굉장히 상냥한 표현이다. 직역하면 '그러면 너무 좋을 것 같아요!'로, **부탁하는 이에게는 아주 상냥하게 '그럼요!'라고 대답**하는 표현이고, **제안하는 이에게는 '너무 하고 싶네요, 할게요!'라는 뜻을 전달**하는 표현.

친구 Do you wanna go watch a movie with me next weekend?

나 I'd love to!

친구 다음 주말에 나랑 영화 보러 갈래?

나 너무 좋지!

Of course! 당연하죠! 물론이죠!

도움을 청했을 때 상대방이 이렇게 답했다면 친한 느낌이 묻어난다.

친구 Can you watch this bag for a minute? 이 가방 잠시만 지켜봐줄 수 있어?

나 Of course! 물론이지!

By all means! 얼마든지! 물론이지!

여기서 means는 '수단, 방법'이란 뜻. 따라서 By all means!는 직역하면 '모든 수단을 써서!'이다. **부탁이나 제안에 대해 무슨 일이 있어도 모든 방법을 총동원해 하겠다, 즉 '꼭 해주겠다/하겠다'는 어감으로, '되고말고!' '얼마든지!' '물론이지!'** 정도의 우리말에 해당된다.

친구 Can you babysit John tonight? 오늘 저녁에 잔 좀 봐줄 수 있어?

나 By all means! 물론이지!

Certainly! / Definitely! 물론이지! 그렇고말고!

틀림없이, 분명히 그렇다는 뉘앙스로 **Yes!보다 강조해서 긍정**하는 느낌.

친구 You like burgers, right? 너 햄버거 좋아하지, 그치?

나 Definitely! 물론이지!

Absolutely! 당연하지! 물론이지!

절대적으로 그렇다는 뉘앙스로 **Certainly! / Definitely!보다 조금 더 강조해서 말하는 느낌**.

친구 Did you want extra cheese in there? 너 치즈 추가 원했었니?

나 Absolutely! 당연하지!

Body Gesture

백마디 말보다 열일 하는 **바디 랭귀지**

넷플릭스 영화나 미드를 보면 가끔 이야기 도중에 미국사람들이 이상한 몸짓을 하는 걸 본 적이 있을 것이다. 그런데 그 이상한 몸짓에는 다 정해진 의미가 있다. 예를 들어, **머리가 폭발하는 제스처를 취하면 놀랍다는 의미**이고, **손으로 총모양을 만들어서 머리를 쏘는 시늉을 하면 무언가 너무 힘들거나 하기 싫다는 의미**이다. 때로는 백마디 말보다 몸동작 하나가 열일 할 때가 있다. 미국인들은 어떤 바디 랭귀지를 쓰는지 궁금하지 않은가? 그래서 말인데 *Dear Bro*, 이번엔 특별한 의미가 담겨있는 다양한 바디 랭귀지들을 배워보는 건 어때?

영어는 몸짓 언어인 바디 랭귀지가 상당히 발달되어 있다. 대화할 때 상대방과 눈을 맞춰 바라보고, 다양한 제스처를 활용하면 훨씬 더 자연스럽고 풍성한 대화를 완성할 수 있다. 지금부터 미국인들의 대화에 자주 등장하는 몸짓, 사용할 때 주의해야 하는 몸짓을 살펴보자.

I'm watching you 내가 널 지켜보고 있다

옆의 사진처럼 **손가락 두 개를 내 눈을 가리켰다가** 이어 **상대를 향해서 포인트** 하면, '내가 널 지켜보고 있다, 지켜보겠다. 조심해라. 주의해라. 잘 해라.' 이런 맥락의 제스처가 된다.

I love you 사랑해 사인

아래처럼 손 모양을 이렇게 하나씩 만들면 I love you라고 하는 것이다. 하트 모양을 만드는 우리와는 다른 표현 방식이다. 수화할 때 쓰는 I, L(love), Y(You)의 손 모양을 다 더해서 아래와 같이 되는 것이다.

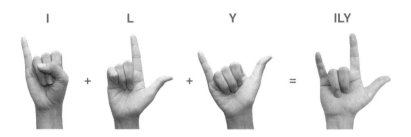

| I | L | Y | ILY |

손 모양을 ILY 형태로 만들고 그냥 좌우로 흔들면 그것도 I love you를 뜻한다.

Fingers crossed 손가락을 꼬는 동작 (꼭 이루어지기를!
행운을 빌어! 잘됐으면 좋겠다!)

미드를 보면 가끔 무슨 말을 하고 난 후, 끝에 Fingers crossed!
라고 하는 모습을 볼 수 있다. 우리말로는 '꼭 되기를! 행운을 빈
다!' 정도로 보면 된다. 주로 **어떤 소망, 원하는 것이 꼭 이루어지
길 간절히 바랄 때 쓰이는 표현이자 제스처**이다.

TIP 정확한 유래는 알 수 없지만 대중적으로 알려져 있는 유래는 이러하
다. 옛날에 유럽에서 기독교인 두 명이 기도할 때 또는 간절한 소망을 빌
때 각각 자신의 집게손가락을 하나씩 꺼내서 둘의 손가락을 교차시켜 십자가 모양을 만들었다고 한다. 그들
은 이렇게 하면 소망이 이루어질 것이라 믿었다. 이런 행위들이 시간이 지나서 오늘의 의미로 정착하게 된
것이라고.

Crossed fingers behind back
보이지 않게 손가락을 꼬는 행동

**무슨 약속을 하면서 등 뒤로 또는 테이블 밑으로 손가락을 꼰
다면 그것은 방금 한 말이 거짓말이라는 뜻**이다. 주로 무언가
를 약속할 때 쓰는데, 그 약속이 거짓말일 때, 즉 지키지 않을
약속일 때 쓰인다. 거짓말을 했지만 스스로 '벌, 죄'를 받지 않
기 위해서, 지옥에 가지 않기 위해서 손가락으로 십자가 모양
과 비슷하게 손가락을 꼬아서 스스로를 보호(?)하는 행동이라
할 수 있다. 어린 아이들이 많이 쓴다.

Spinning finger in a circle
집게손가락을 머리 옆으로 빙빙 돌리는 제스처

우리도 같은 의미로 쓰는 몸 표현이다. 귀 옆에서 검지를 빙빙 돌리는 모션. **'미쳤다, 돌았다'는
뜻**이다.

'Blows my mind' expression
뇌가 팡 터지는 모양을 나타내는 제스처

손을 한 손이던 두 손이던 이렇게 움츠려 모아 머리에 갔다 댔다가 손을 펼치면서 머리에서 멀리하는 동작으로 머리에서 무언가 터진다는 느낌을 준다. **무엇이 엄청 놀랍다는 뜻이다. 상상도 못했던 이야기를 들었거나 말도 안 되는 무언가를 접했을 때, 혹은 엄청난 아이디어가 떠올랐을 때 등에 쓰이는 몸 표현이다.** 너무 놀라서 머리가, 또는 뇌가 폭발한다는 느낌을 물씬 주는 제스처다.

Gun to the head
손으로 총 모양을 만들어 자신의 머리를 쏘는 척하는 동작

정말 무언가를 하기 싫을 때, 또는 정말 너무 힘들 때, 말도 안 되게 어려운 하지만 들어줄 수밖에 없는(예를 들면 상사, 선생님이 시키는) 일을 받았을 때, 미국친구들은 흔히 이 제스처를 취한다. **장난스럽게 '죽고 싶다'를 표현**한다고 생각하면 된다. 영화 *Joker*(조커)에도 이 행동이 나온다.

Shoulder shrug 어깨를 으쓱하는 몸짓

손을 양쪽으로 살짝 들면서 어깨를 으쓱 하는 몸짓은 많이 접했을 것이다. **'글쎄', '나도 잘 모르겠다(I don't know)'라는 뉘앙스를 표현**하는 몸짓이다. 이때 눈썹도 함께 올릴 수 있다.

Rolls your eyes 두 눈을 위로 굴리는 행위

눈을 위로 굴린다. **뭔가 듣기 싫은 말을 들었을 때, 혹은 황당하거나 화가 날 때** 한숨을 쉬며 이런 제스처를 취하기도 한다.

Air Quotation 큰따옴표 제스처

큰따옴표 제스처는 검지와 중지를 V 사인하듯이 치켜세운 후 살짝 모으고 90도로 구부렸다가 펴기를 두 번 한다. 이 것은 **누군가 말했던 것을 반복할 때 쓰이는데,** 주로 웃겼거나 아니면 그렇게 말한 게 싫거나, 말도 안 돼서, 어이없어서, 그 사람이 그렇게 말했다는 것을 강조하거나 비꼬기 위해 쓰인다.

Shaka hand signal 샤카 손 모양

Hang loose.(느긋하게 보내. 편하게 시간 보내.), Right on.(바로 그거지.), Take it easy.(편하게 시간 보내.), Things are great.(다 좋아.) 같은 **chill하고 cool한 표현들을 한 모양으로 종합시킨다면 샤카 손 모양으로** 나타낼 수 있다.

Peace hand signal 평화 사인

큰 설명이 필요 없다. 그냥 **평화를 빈다는, 또는 지지한다는** 사인이다.

Loser hand sign 루저 핸드 사인

'넌 찌질이야, 넌 패배자야, 넌 찐따야' 등 부정적인 표현을 상대방에게 행동으로 나타낼 때 쓴다. 엄지와 검지를 L자 모양으로 펴서 상대를 쳐다보며 이마 쪽에 갖다 대거나 머리에서 바깥쪽으로 내밀면 된다. **Loser!**라고 손으로 말하는 것이다.

Rock on 뭔가가 좋다, 끝내준다 (그러니 계속 해라)

옆의 사진과 같이 손 모양을 만들어서 들어 올리며 Rock on![롹ㅋ 온!]이라고 하면 '완전 좋아! 끝내주네! 아주 마음에 들고 짱이야!'라고 말하는 것이다. '계속 Rock(음악 장르)을 멈추지 말고 쿨하게 플레이해라~'라는 깊은 뜻을 가지고 있지만, 그냥 '**좋아, 그러니 계속해**'라는 뜻으로 쓰인다.

Talk to my hand 내 손이랑 이야기해

누가 내게 듣기 싫은 소리를 계속 한다. 귀에 피가 날 지경이다. 말을 섞기 싫은데 자꾸 나랑 이야기하려고 들이대는 경우도 있다. 난 지금 말을 섞을 기분이 아닌데, 아니 너랑은 말 섞기 싫은데. ㅋ- 그럴 때 미국사람들은 손을 펴서 그 사람의 얼굴로 무슨 에너지 빔을 쏘듯 뻗는다. **얘기 그쯤해라, 그만하라는 뜻.** 사실 이 제스처의 액면가는 '내 손이랑 이야기해'로 굉장히 무례한 표현이다. 그러니 아무 때

나 막 쓰지는 말고 친한 사람에게나, 정말 이건 아니다 싶을 때 이따금 써보도록 하자. 말도 안 되는 어떤 걸로 계속 물고 늘어지는 친구에게 "자, 내 손이랑 이야기해, 정말 잘 들어줄 거야… ㅎㅎ"라는 마음으로.

American Superstitions

미국인들이 믿는 **미신들**

미스터 브로와 친한 친구 한 명은 항상 무슨 말만 하고 나면 **Knock on wood.**라고 중얼거리며 주변의 무언가 딱딱한 것을 손으로 문을 두들이듯 **똑똑** 쳤다. 나중에야 알았지만 이 행위는 바로 **자기가 한 말이 부정타지 않도록 비는, 행운을 비는, 주문을 외우는 행위**이다. 이렇게 안 좋은 일이 벌어지지 않기를 바라는 일종의 주문을 비는 행위는 저자를 오랫동안 헷갈리게 했다. 맨날 무슨 말만 하고 나면 뭔가를 톡톡 치니 처음에는 마음이 살짝 불안해서 저렇게 달래는 건가 싶기도 했다.

한국에서도 '문지방 넘지 마.' '밥 먹을 때 다리 떨면 복 나간다.' '시험 날 미역국 먹으면 떨어진다.' 같은 미신이 있듯 영어권에서도 이상하기도 하고 흥미로운 미신들이 많다. 그중 흔히 알려져 있는 것들을 몇 가지 살펴보자. *Dear Bro,* 미신 따위 안 믿는다고? 남의 나라 말을 배울 땐 그 문화도 알아야지. 상대가 뭘 기피하는지쯤은 알아두자고.

설마 미국 살면 저절로 영어가 늘고 어느 날 갑자기 그들의 문화를 이해할 거라고 오해하는가? 언어와 문화는 실전 경험에 앞서 사전 정보와 지식이 어느 정도 필요하다. 미국의 역사와 문화가 담긴 미신을 통해 미국에 대한 이해의 깊이를 넓혀보자. 몰라서 실수하기 전에 미리 알고 금기는 피하면 좋잖아~

Knock on wood 나무를 두드려

'나무를 두드려라'라는 뜻으로 미국인들의 일상에 깃든 미신적인 행동 중 하나다. 나무를 **문을 노크하듯 똑똑 두드리면서 Knock on wood**라고 말한다. **뭔가 좋은 일이 꼭 일어났으면 한다는 뜻으로 쓸 수도 있고, 뭔가 나쁜 일이 일어나지 않았으면 한다는 바람으로 쓸 수도 있다.** 예를 들면, "나는 한 번도 뼈가 부러져 본 적이 없어. Knock on wood." 하면 앞으로도 뼈가 안 부러졌으면 한다는 바람이다. "내일 내 인생에서 가장 중요한 인터뷰가 있어. 잘돼야 할 텐데. Knock on wood." 하면 인터뷰가 잘 진행되길 바란다는 뜻이다. 꼭 나무가 아니어도 뭔가 딱딱한 물체를 두드리며 Knock on wood 하면 된다.

karma 카르마

karma는 산스크리트어에서 유래된 단어로, 힌두교 및 불교 용어이다. 우리말로는 보통 '업(보)' 또는 '인과응보'라고 옮긴다. 우리의 영혼 및 자아를 비롯해 세상 만물이 모두 길고 긴 실타래처럼 다 엮여 있기에 어제 한 나의 모든 말과 행동이 오늘 나에게, 오늘 한 나의 모든 말과 행동이 내일의 나에게 돌아온다는 논리이다. 단순히 생각하면 **뿌린 대로 걷고 준 대로 받는다**, 뭐 이런 뜻이 되겠다. 이 **카르마를 믿는 미국인들이 의외로 많다**. 그래서 **나쁜 사람이 벌을 받거나, 나쁜 사람한테 나쁜 일이 일어나면** 사람들은 **Karma is a bitch.**('카르마는 나쁜 년이다', 즉 '결국 남에게 준 대로 되돌려 받게 되는 법이다'란 의미)라고도 말한다.

Break a leg! 행운을 빈다! (다리나 부러져라!가 아님!)

왠지 누가 Break a leg!이라고 하면 '다리나 부러져라!'라고 들리기 때문에 기분이 나쁠 수도 있다. 하지만 사실 이것은 **행운을 빌어주는 표현**이다. 옛날 유럽에서는 배우들의 공연이 끝나면 사람들이 동전을 던져주었다 한다. 그때 그것을 줍기 위해 다리를 굽히다가 다리가 부러져라, 즉 그만큼 돈을 많이 받으라는 의미로 쓰이던 것이 시간이 지나면서 '행운을 빈다'는 뜻이 되었다는 이야기가 있다. 이외에도 여러 가지 유래가 있으나 정확히 알 수는 없다. 유래야 어떻든 오늘날 그 뜻은 '행운을 빈다!'라는 거.

beginner's luck 처음 하는 사람에게 따르는 운

뭐든지 처음으로 하는 사람한테는 운이 따른다는 미신을 많이 믿는다. 예를 들어, 포커 같은 카드게임을 한다고 치자. 이때 포커게임을 처음 해보는 사람한테는 beginner's luck이 따른다고 믿는다.

Bless you! 신의 가호개[은총이] 있기를!

누군가 기침을 하면 미국사람은 꼭 그 사람에게 Bless you!라고 한다. 옛날에는 기침을 하면 영혼이 빠져나가고 그 틈으로 악령이 들어온다고 믿었기 때문이다. '축복을 받아서 악령을 물리쳐라'라는 뉘앙스로 시작된 이 Bless you!는 이제 그냥 매너 있는 문화적 행동으로 남았다. **가끔은 재미로 누군가 방귀를 뀌면 Bless you!라고 유머러스하게 쓰기도** 한다.

lucky penny 행운의 1센트

미국사람들은 **오전에 1센트를 주우면 하루 종일 운이 따를 거**라는 미신을 믿는다. 티끌 모아 태산이라 했던가? 작은 코인이 큰돈을 가져다 준다는 의미로 많은 사람들이 아침에 1센트를 발견하면 굉장히 좋아한다. "Oh look! A lucky penny!" 이제 부자 되겠군…

7 is a lucky number 행운의 숫자 7

더 설명이 필요하지 않을 거라 믿는다. 한국에서도 4는 죽음의 숫자이고 7은 행운의 숫자로 통하듯이 미국도 마찬가지로 **7은 행운의 숫자**이다. 하지만 미국에서 4는 죽음의 숫자가 아니다.

666 is the devil's number 악마의 숫자 666

성경의 요한계시록에는 666이 악마의 숫자라고 나와 있다. **사람들은 666이 악마의 숫자라고 굳게 믿지만, 종교를 싫어하는 사람들은 일부러 666을 좋아하기도** 한다.

Don't walk under a ladder 사다리 밑으로 지나가지 마라

사다리를 세우면 삼각형 모형이 된다. **삼각형 모형은 삼위일체를 뜻하기 때문에 혹시라도 사다리 밑으로 지나가다 사다리를 넘어뜨리면 나쁜 운이 따를 수도 있다고** 믿는다.

Bad news comes in threes 나쁜 일은 항상 세 가지씩 생긴다

예를 들어서 아침에 비가 오는데 우산을 깜빡했다고 가정하자. 그러면 비를 맞는 데서 끝나는 게 아니고, 택시를 놓치고, 직장에 지각까지 한다. **항상 나쁜 일은 이렇게 3개씩 겹친다고 믿는 미신**이다.

Don't break a mirror 거울을 깨뜨리지 마라

옛날 사람들은 거울 안에 자신의 모습뿐만 아니라 영혼까지 깃들어 있다고 믿었다. 그러므로 거울을 깨뜨리면 **7년 동안 나쁜 운이 따를 거라** 믿었고, 죽은 사람의 방에 거울을 두어 그들의 영혼이 거울 안에서 쉴 수 있게 해주기도 했다 한다.

Wishing on a wishbone 위시본에 행운 빌기

wishbone은 새의 가슴뼈 앞에 있는 Y자 모양의 뼈이다 (전문용어로는 차골). 로마에서 시작된 이 미신은 **닭을 먹다가 위시본이 나오면 이 뼈를 두 사람이 각자 한 쪽씩 잡고 당겨서 부러뜨린다. 그렇게 해서 더 긴 쪽을 가진 사람이 소원을 빌면 이루어진다고** 믿었다.

Wishing on a star 별에게 소원 빌기

디즈니 영화에 많이 나오는 이 행동은 **별에 소원을 빌면 별님이 소원을 이루어 줄 것이라 믿는 미신**이다.

Wishing on a shooting star 별똥별에게 소원 빌기

우리도 그렇지만 **별똥별이 떨어질 때 소원을 빌기도** 한다.

four-leaf clover 네잎클로버

알다시피 네잎클로버는 상당히 희귀하기에 행운의 상징으로 여겨진다. 어떤 사람들은 네잎클로버가 십자가를 닮아 행운을 상징하게 되었다고도 하고, 또 다른 유래는 나폴레옹이 전쟁터에서 네잎클로버를 줍다가 머리에 총알을 안 맞아서 행운의 상징이 되었다고도 하며, 이브가 낙원에서 세상으로 가져왔다는 전설 또한 있다. 이런 여러 이유들 때문에 네잎클로버는 **'행운의 상징'**이 되었고, **네잎클로버를 찾아서 부적처럼 지니고 있으면 행운이 따른다고** 믿는다.

Friday the 13th 13일의 금요일

13일의 금요일 하면 **저주받은 날, 불길한 날로** 여겨진다. 왜 13일의 금요일이 저주받은 날인가? 중세에 시작된 이 미신은 '예수가 13명의 제자들과 당시 달력으로 13일 금요일에 최후의 만찬을 하고 돌아가셨기 때문'이라고들 한다. 또 원래 그 전부터 13이란 숫자 자체가 나쁜 운을 부르는 숫자였다는 원천도 많다. 그뿐만 아니라 1980년에 무서운 가면을 쓴 연쇄 살인마 제이슨이 나오는 영화 〈13일의 금요일(*Friday the 13th*)〉이 히트친 후부터 사람들은 정말로 13일의 금요일을 무서워하기 시작했다고 한다.

black cat 검은 고양이

요즘은 많은 사람들이 고양이들의 집사로 살고 있어서 이런 미신을 그렇게 믿지 않겠지만, **옛날에는 검은 고양이가 마녀와 마술에 관련이 있어서 불운(bad luck)을 가져온다고 믿었다 한다. 그래서 내가 가는 길을 검은 고양이가 가로질러 가면 재수없다** 믿었다고.

Don't open an umbrella inside
실내에서 우산을 펴지 마라

18세기부터 시작된 이 미신은 여러 가지 설이 있지만 진짜 이유는 이렇다. 당시 우산은 접기가 힘들었고, 펴면 확 펴지면서 쉽게 스프링이 튀어나가곤 했다고. 그래서 주위에 서 있다가 눈을 맞고 실명하는 사람들도 이따금 생겼다고 한다. 뿐만 아니라 스프링이 강하게 튕겨나가면서 중요한 물건을 파손하기도 했다고 한다. 이런 식의 안 좋은 일들이 생기는 것을 경험하면서 **실내에서 우산을 펴면 Bad Luck**이라는 미신이 생겨났고, **지금도 미국에서는 사람들이 실내에서 우산을 펴는 것을 상당히 꺼려** 한다.

horseshoe 말굽

호랑이가 담배 피우던 시절, 어느 한 대장장이가 말굽을 만드는데 악마가 나타나서는 자기도 신을 것을 하나 달라고 했단다. 대장장이는 악마를 골탕 먹이려고 자신이 만들던 시뻘겋게 달아오른 뜨거운 말굽을 악마의 발에 박아주었는데 악마가 너무 고통스러워 바로 말굽을 빼고 소리를 지르며 도망갔다고 한다. 그 후 **악마는 말굽만 보면 트라우마가 생겨서 도망간다는 미신**이 생겼고 사람들은 **말굽을 자신의 집 현관문 위에 걸어놓기** 시작했다고 한다.

voodoo doll (aka black magic) (소위 흑마술로 알려진) 부두 인형

부두 인형은 저주를 위해 쓰이는 도구로 옛날 미국 남부에 사는 사람들이 많이 믿었다. 한국에서도 옛날에 자신이 저주하고 싶은 사람의 모습을 딴 인형을 만들어 바늘로 찌르거나 몸체의 부분을 부러뜨리거나 했는데 이와 같은 맥락으로 쓰인다. 아프리카에서 넘어온 것으로 알려진 이 부두술은 한국에서 무당을 믿는 것처럼 아직도 진짜 믿는 사람들이 꽤 많다.

* aka also known as(소위 ~로도 알려진)의 약어

Holding your breath when driving past a cemetery 무덤을 지나갈 때는 숨을 쉬지 마라

미국인들의 미신 중 하나다. **차를 타고 가다가 무덤을 지나칠 때 숨을 쉬면 악한 영혼이 내 몸 안에 들어올 수도 있고, 또는 내 영혼을 쫓아내고 몸을 빼앗아갈 수도 있다는** 미신이다.

Groom carries the bride over the threshold
새신부를 안고 문지방을 넘는 풍습

미국에서는 **결혼한 새신랑이 신부를 안고 문지방을 넘으면 부부에게 길운이 따른다**는 미신도 있다. 신혼부부의 행복을 시샘하는 악령들이 문지방 뒤에 숨어서 신부의 발을 걸어 넘어뜨리려 하기 때문에 신랑이 신부를 번쩍 들어서 안고 문지방을 건너는 데서 유래했다고.

Part 2

Never Use
the 'N' Words

Abbreviations
(Text & #'s & Emojis)

문자, 채팅, SNS 영어 약어들

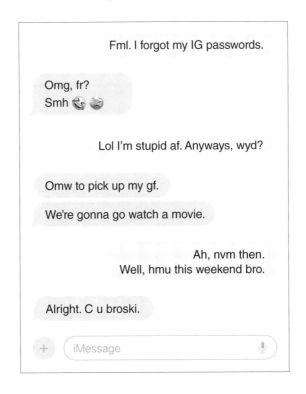

Fml. I forgot my IG passwords.

Omg, fr?
Smh

Lol I'm stupid af. Anyways, wyd?

Omw to pick up my gf.

We're gonna go watch a movie.

Ah, nvm then.
Well, hmu this weekend bro.

Alright. C u broski.

iMessage

시대가 변하면서 언어도 자연스럽게 변화를 가진다. **스마트폰이 우리의 일상을 지배하며, 단어를 더 빠르고 쉽게 입력할 수 있는 수많은 약어가 새롭게 탄생**했다. 약어를 배우는 것은 단지 유행에 뒤처지지 않기 위해서가 아니다. 그들의 언어를 보다 정확히 이해하기 위해서이다. 그리고 다행히 약어와 슬랭은 영어에서 가장 흥미로운 부분인 동시에 가장 쉽게 그들의 문화에 접근하는 방법이기도 하다. 그렇다면 *Dear Bro*, 일상생활에서 자주 쓰게 될 채팅, 문자, SNS 약어 표현부터 한번 접수해보자.

온라인 세계에서 약어로 줄여 쓰는 표현들은 대부분 LOL[엘-오우-엘]처럼 알파벳을 한 자 한 자씩 읽지만, BAE[베이]처럼 약어를 한 단어처럼 읽기도 한다. 한 단어처럼 발음하는 약어는 [ ] 안에 우리말 발음을 별도로 표기해 두었다. 발음 표기가 없는 약어는 알파벳 한 자씩 읽어주면 된다.

U   you

UR   You're 또는 Your

R   Are

Y   Why

K   okay

2   to, too

4   for

JK Just Kidding 농담이야

FYI For Your Information 참고바람

ATM At The Moment 바로 지금

AF As Fuck 존나, 겁나

친구들과 편한 분위기의 대화에서 쓰는 표현이다.

BAE Before Anyone Else 그 누구보다 먼저, 당신이 첫 번째

[베이] 이 표현은 **주로 애인한테** 쓴다.

b/c because

[비커즈] b/c라고 줄여 쓰고 말할 때는 because와 동일하게 발음한다.

cuz because

[커즈] 구어체에서는 **because**에서 약하게 발음되는 **be**는 생략하고 'cause라고 쓰는 경우
가 많은데 이를 발음나는 대로 더 줄여서 표기한 것이 cuz이다.

SRY Sorry 미안

[쏘리] SRY라고 줄여 쓰고 말할 때는 sorry와 동일하게 발음한다.

RIP   Rest In Peace   평안히 쉬세요

세상을 떠난 이의 명복을 빌 때 우리는 '삼가 고인의 명복을 빕니다'라 하고 영어권에서는 Rest in Peace라고 한다.

TY   Thank You   고마워

[땡큐] TY라고 줄여 쓰고 말할 때는 Thank you라고 한다.

THX   Thanks   고마워

[땡쓰] THX라고 줄여 쓰고 말할 때는 Thanks라고 발음한다.

TIA   Thanks In Advance   미리 고마워

YOLO   You Only Live Once   인생은 한 번뿐

[욜-로] '인생은 단 한 번! 인생을 즐길 기회를 누리지 않으면 나중에 후회할 수 있으니 지금을 만끽해라~'는 의미이다. 이번 주에 피곤한데 그래도 스키 타러 갈까? YOLO! 가야지! 인생은 한 번 사는 것인데 낭비하지 말자~ 이런 느낌으로 쓰이는 표현이다. 아니면 뭔가를 살 때도 YOLO~ 하면서 살 수 있다. 한 번 사는데 입고 싶은 건 입고, 먹고 싶은 건 먹자! 이런 여러 가지의 느낌으로 쓰일 수 있다.

TOM / Tmrw   tomorrow   내일

[투마로우] '내일'을 나타내는 영어표현에는 2mr, trmr, 2moro, tmw, 2mrw, tmz도 있다.

TMI Too Much Information 과도한 정보를 공유하다

굳이 알고 싶지 않은데 개인적인 정보를 너무 많이 알려주는 경우나 친구가 다른 사람에게 너무 지나치게 자신의 정보를 알려준다 싶을 때 부드럽게 만류하는 **표현**으로 쓸 수 있다.

WYD What You Doing? 지금 뭐해?

TTYL Talk To You Later 나중에 이야기해, 나중에 봐

WBU What 'Bout You? 넌 어때?

'bout은 about에서 약모음인 a를 생략하고 표기한 것. '는 글자가 생략되었다는 표시이다.

L8R Later 나중에 봐

[레이럴] **Later의 발음 [레이럴]을 약어로 표기한 경우.** 알파벳 L과 숫자 8(eight), 그리고 R의 [ㄹ-에일-얼]을 연결해 발음하면 [레이럴]이 된다.

CU See You 또 봐

발음을 약어로 표기한 경우

Cmon   Come on   어서! 아 진짜! 덤벼! 오너라! 화이팅! 자, 어서! 왜 그래! 말도 안 돼!

[컴온] Come on은 참 여러 가지 의미로 쓰일 수 있는 표현이다. 어떤 상황에서 쓰이냐에 따라서 의미가 다양하다.

NVM   Never Mind   아니야 잊어버려, 신경 꺼

주로 내가 말했던 의도를 포기하면서 쓰인다. '아무것도 아니니까 그냥 잊어버려, 신경 쓰지 마.'라는 의미. **기분이 상할 때도** 쓸 수 있고, 누구에게 **걱정하지 말라는 의미로도** 쓸 수 있다.

Rite   Right   응, 그래

[롸잍] 발음이 같아서 Right의 의미로 온라인상에서 맞장구칠 때 간단히 쓰이는 표현이다.

RN   Right Now   지금 당장

'지금 당장'을 줄여서 rn으로 많이 쓴다.

OMW   On My Way   지금 가고 있어

TBH   To Be Honest   진짜 솔직히 말해서, 솔까말 (솔직히 까놓고 말해서)

TBD   To Be Determined   정해질 것 (아직 안 정해졌지만 나중에 정해질 것)

TBT   Throw Back Thursday   과거를 회상하는 목요일

인스타에서 많이 봤을 것이다. 과거를 회상하며 목요일날 옛날 사진을 하나 올리고 #TBT(과거를 회상하는 목요일)라고 적으며 기념한다.

R U?   Are You?   너는?

이때 R과 U는 띄어쓴다. 예를 들어 채팅을 하다 상대가 뭔가 기분이 상했나 싶을 때면 이 약어를 써서 R U mad, bro?(화 났어, 친구?)라고 재빨리! 간단하게! 물어볼 수 있겠다.

BF   Boyfriend   남친

GF   Girlfriend   여친

BFF   Best Friend Forever   평생 최고 절친

SMH   Shake My Head   쯧쯧, 절레절레

shake my had는 고개를 좌우로 절레절레 흔든다는 뜻. 아무 말도 없이 고개를 좌우로 절레절레하는 건 **뭔가 아니다 싶을 때** 쓰이는 제스처이다.

WTF   What The Fuck
무슨 말도 안 되는? 뭐지 ㅆㅂ?

WTH   What The Hell   WTF와 같은 의미

AKA   Also Known As   또 다르게는 이렇게 알려짐

BRB   Be Right Back   잠깐만, 바로 돌아올게

AFK   Away From Keyboard   자리 비움, 잠수

'키보드에서 떨어져 있음', 즉 자리를 비웠다는 의미이다. **게임할 때 쓰는 약어**인데, **채팅이나 문자를 할 때도** 유용하게 쓰인다. 지금 **채팅하기 어려운 상황**이라는 것을 나타낸다.

SOB   Son Of Bitch   ㄱㅅㄲ

son of ~는 누구의 아들이란 뜻이다. bitch는 여러 가지 의미를 가지고 있지만, 주로 '암캐' 또는 '창녀'의 뜻으로 정의하며, 여성을 비하하는 표현이다. 그래서 son of bitch는 우리말로 '개새끼'에 가장 가깝다.

IDK   I Don't Know   몰라, 모르겠어

IDC   I Don't Care   신경 안 써, 난 상관없어

IKR   I Know, Right?   (나도 그렇게 생각해) 그러니까 말야?, 맞아, 그치?

상대의 말에 공감할 때 쓴다.

IFK　　I Fucking Know　완전 알아

친구가 정말 너무 웃긴 이야기를 공유할 때 IFK it's hilarious.(나도 완전 알아, 존나 웃겨.)처럼 친구의 이야기에 동조하며 쓴다. 또, 했던 얘기 또 하고 또 하며 자꾸 잔소리하는 친구에게 **짜증 내며 IFK**(나도 완전 알아, 존나 잘 안다고!)라고 **쓸 수도** 있다.

ILU/ILY　　I Love You　사랑해

IMO　　In My Opinion　내 생각에는, 나의 의견은

IMHO　　In My Humble Opinion　제 소견으로는

IU2U　It's Up To You　네가 알아서 해, 네가 결정해

FR　For Real　진짜로, 실제로

Alr　❶ Alright 알았어　❷ Already 이미, 벌써

Tho　though　～이긴 하지만, 근데, ～인데도

[도우] 상황에 따라 별 의미 없는 추임새로도 쓰인다.

FML   Fuck My Life   존망 (빌어먹을 내 인생)

뭔가 안 좋은 일이 닥쳤거나 한숨이 나올 만한 상황에서 한탄하거나 화 내면서 쓸 수 있다.

ASAP   As Soon As Possible   최대한 빨리

TOA   Time Of Arrival   도착 예정 시간

ETA   Estimated Time of Arrival   도착 예정 시간

LOL   Laughing Out Loud   ㅋㅋㅋㅋㅋ (소리 내서 크게 웃다)

LMAO   Laughing My Ass Off   지금 빵 터졌음, 배꼽 빠짐

한마디로 우리말의 '배꼽 빠짐'에 해당하는 미국버전이다. 우리가 '배꼽 빠지게 웃는다'라는 표현을 쓴다면 영어에서는 '똥꼬 빠지게 웃는다'는 표현을 쓴다. 뭔가 빠질만큼 쎄게 웃는다는 표현이 뭔가 비슷해서 신기한 것 같다.

ROFL   Rolling On the Floor Laughing   포복절도

[뤄플] 너무 웃겨서 배를 잡고 바닥을 구르고 있는 모습을 상상해 보라. 바로 그 정도로 웃기다는 의미로 쓰는 채팅용 약어이다. 우리말의 '포복절도'와 비슷하겠다. ROTFL이라고도 한다.

OFY Oh Fuck Yeah 졸라 좋지

BTW By The Way 아 그리고, 아 근데
화제를 바꿀 때 쓰는 표현

OFC Of Course 당연하지

NOYB None Of Your Business
네가 신경 쓸 일이 아니야, 남의 일에 신경 꺼

MYOB Mind Your Own Business 네 일이나 신경 써, 남의 일에 신경 꺼

OMG Oh My God 맙소사, 세상에, 아 이럴 수가

OMFG Oh My Fucking God 아 씨ㅂ 이럴 수가

GR8 Great 아주 좋아
[그레잍] L8R와 마찬가지로 **발음을 약어로 표기**한 경우이다.

HYFR
Hell Yeah Fucking Right   그래 당연, 아주 당연하지, 당근이지!

QT
Cutie   귀요미

Pls/Plz
Please   부디, 제발

[플리즈] Pls 또는 Plz라고 쓰고 Please라고 말한다.

NP
No Problem   문제없어

TGIF
Thank God It's Friday   (고맙게도) 드디어 금요일이구나

BYOB
Bring Your Own Beer (bottle, beverage, booze)
마실 술은 각자 들고 오셈

파티 초대장이나 파티 초대 문자에서 흔히 발견할 수 있는 약어. 즉, 초대장에 (It's) BYOB라고 적혀 있으면 '자기 마실 술을 따로 들고 오라'는 의미이다. 파티뿐 아니라, 코르키지(corkage) 서비스가 있는 것처럼 **식당이 BYOB 식당이면 내 술을 직접 가져가서 식당에서 마실 수 있다.** 참고로, 처음 가는 레스토랑이 BYOB인지 알고 싶다면 전화해서 Is this place BYOB?라고 물어보라.

TIP 코르키지(corkage)는 자신이 마실 와인을 직접 가져가서 식당에서 마실 수 있게 해주는 서비스를 말한다. corkage fee가 따로 있는 식당도 있고, 무료로 서비스가 제공되는 식당도 있다.

OP

Over Power 너무 강함, 사기캐(사기 캐릭터)

Ppl

People 사람들

[피플/피쁠] 미국인도 온라인 세상에 익숙치 않으면 여기 등장한 SNS 약어들 중 생소한 게 많을 수 있다. 하지만 Ppl은 웬만한 미국인들이 다 아는 약어이다.

XOXO

Hugs & Kisses 포옹과 키스

애정 표현 약어이다. 우리의 하트모양 미국버전을 xoxo라고 생각하면 될 것 같다. xoxoxoxo처럼 여러 번 반복해 애정 표현을 더 열렬하게 할 수도 있다.

RSVP

(French) **Répondez S'il Vous Plaît (Please Reply)** 회답 요망

프랑스어 Répondez S'il Vous Plaît(답장해 주세요)의 약자. **파티나 이벤트 초대장을 보낼 때** RSVP라는 문구를 넣어 참석인원을 확인하고자 한다. **비즈니스 이메일에서 회신을 바랄 때도** RSVP를 쓴다. 하지만 일상생활에서 일상적인 표현으로 쓰는 용어는 아니다.

POV

Point Of View 보는 시각

FAQ

Frequently Asked Questions 자주 묻는 질문

N/A

❶ **Not Available** 재고 없음, 품절, 이용불가

❷ **Not Applicable** 해당사항 없음, 유효하지 않음

[엔-에이] **주로 서류 같은 것을 작성할 때** 가장 많이 쓰인다. **해당사항이 없을 때**, 작성 부분에 칸을 빈칸으로 비워두거나 아니면 N/A(해당없음)를 적어둔다. 또는 **창고 정리하는 서류에 N/A 라고 적으면 현재 재고가 없다는 것을 의미**하기도 한다.

MoF

Male or Female 남성 또는 여성

MIA

Missing In Action 행방불명

ONS

One Night Stand 원나잇

하룻밤 성관계를 우리는 '원나잇'이라고 하는데 이는 one night stand라는 영어표현에서 비롯된 말이다.

FWB

Friends With Benefits 성관계까지 하는 친구 사이

연인으로 서로를 속박하는 부담스러운 관계는 피하고 친구 관계는 그대로 유지한 채 남녀의 본능인 성적 욕구를 서로 충족시켜주는 그런 혜택을 서로 나누는 친구 관계를 의미한다.

GOAT

Greatest Of All Time 역대 최고, 역사상 최고

[곳트] **어떤 한 분야의 '역대 최고'를 부를 때 쓰는 표현.** 특히 농구의 황제 LeBron James(르브론 제임스), 테니스의 여왕 Serena Williams(세리나 윌리엄스) 같은 **스포츠계의 역대 최고 선수를 가리킬 때** GOAT라고 칭하는 경우가 많다.

FOMO   Fear Of Missing Out   포모

[F오-모] 좋은 것 또는 재미있는 무엇인가를 놓칠까봐 생기는 두려움도 나타내고, 사람들 속에 자신이 끼지 못하고 **소외될까봐 두려워하는 감정**을 나타낸다.

JOMO   Joy Of Missing Out   조모

[조-모] 무엇인가를 참석 안 해서 생기는 나만의 즐거움을 나타낸다. 즉, **사람들 속에 끼지 않고 자신만의 시간을 즐기는 감정**을 나타낸다.

KK   Kay Kewl   그래 좋아

KK를 okay okay를 줄인 말이라고 착각하는 사람들이 많은데 실은 **Okay Cool**을 좀 더 힙스터하게 **Kay Kewl**이라고 말하다가 **KK**로 줄여진 것이다.

FB   Facebook   페이스북

IG   Instagram   인스타그램

DM   Direct Messages on FB or IG or Twitter   (일반 문자가 아닌 페북, 인스타, 트위터 등에서 개인 대 개인으로 주고받는 메시지) 디엠

RT   Re Tweet   리트윗

트위터에서 나온 슬랭약어이다. **누군가 SNS에 올린 게시물, 콘텐츠를 자기 페이지에 그대로 다시 올리는 것**을 나타낸다.

PFP
Profile Picture 프사(프로필 사진)

HMU
Hit Me Up! 연락해!

'연락달라'는 슬랭 약어. **'같이 만나서 뭐 하자~', '같이 놀러 나가자~'** 이런 비슷한 뉘앙스로 쓰인다.

PHAT
Pretty Hot And Tempting 굉장히 섹시하고 유혹적인

[F얩] 섹시하고 매력적인 여자나 옷 같은 게 눈에 띄었을 때 자주 쓰는 표현. 자동차, 노래, 앨범 등과 같이 뭔가가 **'끝내준다, 멋지다'**고 할 때도 PHAT을 쓸 수 있다.

Obvi
Obviously 명백하게, 당연하지, 당연한 거 아님?

[아-V이] 상대의 말에 강하게 긍정할 때 쓴다.

IDGAF
I Don't Give A Fuck 1도 상관 안 함, 1도 관심 없음

가수 Dua Lipa(두아 리파)의 노래제목이기도 하다. **'전혀 신경 안 쓴다~'**라는 의미로 I don't **care의 센 버전**이라고 생각하면 된다.

Slang

핫한 슬랭 표현

영어의 슬랭은 참 다양하고 많다. 슬랭은 지금 이 순간에도 새로 만들어지고 있을 것이다. 언어는 사람들과의 관계 속에서 생겨나는 것이기에, 소통하는 과정에서 자기들만의 재미있고 간편한 버전으로 만들어가는 특성이 있다. 드라마나 영화 속에 등장한 재미있는 말이 일상에서 유행처럼 통용되는 일도 자주 있고 말이다. 슬랭은 그 시대를 산다. 슬랭은 펄떡펄떡 살아 숨쉰다. 말에 재미와 활력을 불어넣는다. 그래서 은근 많이 쓴다. 그래서 대중적으로 쓰이는 슬랭은 꼭 알아두어야 한다. 교과서에서 배우지는 못하지만 사람들이 실생활에서 많이 쓴다면 그것은 분명 중요한, 혹은 필수적인 표현일 수 있기에. **Dear Bro,** 요새 사람들이 쓰는 슬랭, 핫한 슬랭! 들여다보면 참 재미있다! 뭐 다 외워야겠다는 강박 같은 건 갖지 말고 그저 '아, 요 표현 괜찮네~'라는 생각이 드는 표현부터 입에 익혀보고 친구랑 채팅할 때도 써보고 그러자!

언어는 사람들과의 관계 속에서 살아 숨쉰다. 사람들이 많이 쓰면 승승장구하고, 사람들이 써주지 않으면 세월의 흔적 속에 사라져버린다. 특히 그 시대를 살아가는 젊은이들은 그들만의 쪼(고유한 습관)와 멋을 담아 늘 새로운 말을 만드는데, 요즘은 말을 줄여 쓰거나 이 말과 저 말을 끌어다 합쳐 쓰는 게 그들도 우리도 마찬가지인 모양. 거칠지만 쿨한 요즘 세대의 영어 슬랭부터 예전부터 있던 슬랭이지만 아직 살아남은 표현들을 모아본다.

hangry = hungry + angry   배고파서 짜증나는

[행그리] 배고픔과 화남을 합친 단어다. **배가 고파서 화가 난 상태**를 hangry라고 한다. 참고로 대략 2018년부터 hangry가 정식 단어로 여러 사전에 등재되기 시작했다고 한다.

hanxious = hungry + anxious   배고파서 초조하고 불안한

[행셔씨] 배고픔과 초조함, 불안함을 합친 단어다. **배가 고파서 초조하고 불안한 상태**를 의미한다.

chilax = chill + relax   긴장 풀고 편하게 쉬어

[칠랙스] **chill은 '긴장 풀어, 진정해, 느긋하게 해'란 뜻이고 relax는 '쉬어, 편하게 해, 휴식해'** 라는 뜻. 따라서 chillex는 '긴장 풀고 편하게 쉬어'라는 뜻이다.

shitfaced = shit + faced   술에 떡이 된

'얼굴이 똥된', 무슨 말일까? 그만큼 술을 많이 마셨다는 뜻이다. 우리말로 **'술에 쩔다', '술에 떡이 되다', '꽐라되다'**라고 할 때 안성맞춤인 표현. 이런 경우 **I'm shitfaced. / I was shitfaced.** 식으로 말한다.

I'm shitfaced. 나 지금 꽐라야.

I was shitfaced. 나 꽐라됐었어.

Let's get shitfaced! 코가 삐뚤어지게 마셔보자!

shwasted = shitfaced + wasted 완전 꽐라된

[sh웨이스티ㄷ] 이제 shitfaced는 무슨 뜻인지 아니까 wasted를 보자. 원래 waste는 '쓰레기', '낭비'를 뜻한다. 하지만 누군가 **I'm wasted.라고 하면 '나 완전히 취했어.'**라는 뜻이 된다. 따라서 **shwasted는 shitfaced에다 wasted까지 붙었으니 아주 많이 취한 걸 더 강조한 표현**인 셈.

holla~ ❶ 친구를 보았을 때 반가워서 내는 소리 ❷ 남성이 여자한테 관심을 보이며 말을 거는 행위 ❸ 전화로 연락하는 행위

[할라] holla~에는 위와 같이 3가지 뜻이 있다. ❶번 같은 경우는 친구를 딱 봤을 때, Is that David?! Holla~(저거 데이빗이야? 할라~~) 이런 식으로 쓸 수 있다. **일종의 반가운 인사**라고 봐도 되겠다.
❷번은 **남자가 주로 예쁘다고 생각하는 여성한테 말을 거는 행위**를 나타낸다. I'm gonna go holla at that girl.(나 저 여자한테 말 걸어 볼 거야.)처럼 말이다.
❸번은 **주로 헤어질 때 많이 쓴다. 문자나 전화로 '연락해~'라는 의미**이다. Holla at me, bro!(브로, 나중에 연락해!)처럼 말이다.

Is that David?! Holla~ 저거 데이빗이야? 할라~~

I'm gonna go holla at that girl. 나 저 여자한테 말 걸어 볼 거야.

Holla at me, bro! (전화를 끊으며) 브로, 연락해!

Holla-at-cha-boi 연락해

[할랱챠보이] **Holla at your boy**란 말이다. **'나한테 연락해'**라는 뜻을 이런 식으로 표현한 것. 한마디로 그냥 '연락해.'를 슬랭으로 재미있게 말하는 거다. boi라고 하긴 하지만 남녀 구분 없이 모두 통용된다. 물론 여자 입장에서는 Holla-at-cha-girl이라고 해도 좋다.

What-chu-ma-call-it 그걸 뭐라고 하지?

[왇츄마콜잍] 미국의 사투리 같은 표현이다. 전라도에서 '그걸 뭐라고 부르지?'라는 뜻으로 '거 시기'를 쓰는 것처럼 미국에서는 **What you might call it?**을 줄여서 빠르게 발음한 거다. 주로 **뭐가 기억이 날 듯 말 듯**하면서 안 날 때 쓰인다.

You num sayin? 내 말 무슨 뜻인지 알지? 내 말 이해하지?

[유남쌔인/유남쌔잉] **Do you know what I'm saying?**을 줄인 말. '내가 무슨 말 하는 지 알지?'라는 뜻으로 할 말을 다 한 후 끝에 덧붙이면 된다. 우리말도 그렇지만 You num saying?도 **상대가 내 말을 잘 이해했는지 확인**을 하고 싶을 때, 혹은 내 말에 **동의하지?**라는 **뉘앙스로** 쓰게 된다.

> You only live once, you num sayin?
> 삶은 단 한 번이야, 무슨 말인지 알지?

lit 쩌는, 대박인

분위기, 기분, 흥이 고도로 업되어 있는 상태를 뜻한다. 술 또는 마약에 취해 몹시 들뜬 사람의 **상태**를 설명할 수도 있고, 사람들이 있는 **파티나 장소의 전체적인 분위기**를 나타낼 수도 있다.

> Dude, I'm so lit right now! 야, 나 지금 기분 쩔어! (엄청 업돼 있어!)
> Yeah, that party was lit. 어, 그 파티 쩔었어.

slap (너무 좋을 때) 지리다, 미쳤다

요즘 떠오르는 슬랭 중 하나. **extremely good(아주 굿)이란 뜻**이다. 음악이 너무 괜찮을 때 우리도 '와, 지린다'라고 말하듯, 우리나라 먹방 유튜버들이 너무 맛있다는 맛 표현을 '미쳤다'라고 하듯, 이럴 때 영어권에서는 slap이라고 한다.

This burger slaps! 이 버거 미쳤다!

workaholic 일 중독자

shopaholic 쇼핑 중독자

bromance = brother + romance 브로맨스

남자들의 로맨스, 즉 '**남자끼리의 특별한 우정**'을 뜻한다. 사랑하는 연인 사이를 뜻하는 게 아니고 돈독한 관계, 서로 간의 의리 정도를 나타내는 표현이다.

womance = woman + romance 워맨스

브로맨스의 여자 버전. **여자와 여자 사이의 강한 우정**을 뜻한다.

selfie 셀카

[셀퓌] 스마트폰 등으로 찍은 자신의 사진을 말한다. self-picture 또는 self-portrait-photography의 줄임말이다. '셀카봉'은 selfie-stick이다.

Stop taking selfies! 셀카 좀 그만 찍어!

swag 스웩

요즘 힙합에 빠져 있는 친구들은 모두 스웩 스웩 하면서 다닌다. 사실 swag은 **swagger**를 줄인 말로 '느낌 있는, 멋있는'이란 뉘앙스. 즉 **자신만이 갖고 있는 고유의 향기나 멋, 분위기를 뿜어낼 때 swag이 있다**라고 한다.

GD has so much swag. 지디는 스웩이 넘쳐.

drip 스웩이 흘러 넘치다, 스웩

drip은 **swag의 다른 표현**이다. 같은 의미를 가지고 있다고 봐도 된다. 또, '누가 drippin'하다'는 식으로 표현해도 좋다. **drippin'은 '스웩이 넘치는'** 것을 뜻하는 dripping의 구어체 표현이다. **drip은 He's got the drip.처럼 명사로 사용해도 되고, 동사로 써서 He's drippin.이라 해도 같은 의미**이다. 굉장히 힙하고 스타일리쉬한 것을 나타낸다고 보면 될 것 같다.

(TIP) dripping에서 g가 생략됐다는 의미로 '를 써서 drippin'처럼 표기하는 게 원칙이나 일상생활에서는 '도 생략하고 그냥 drippin으로 표기하는 경우가 많다.

He's got the drip. 쟤 스웩 있다. (간지난다, 멋있다)

Yo, your outfit is drippin right now! 너 지금 옷 짱 멋있어! (스웩이 넘쳐! 간지 쩔어!)

fam 팸

family를 줄여서 '형제처럼 정말 가까운 친구나 사람', 또는 진짜 '가족'을 칭할 때 쓰인다.

me-time   나만의 시간

나를 위해서 쓰는 시간이다.

I'm gonna have some me-time tonight.
오늘밤엔 나만의 시간을 가질 거야.

turn up   흥을 끌어올리다, 신경 안 쓰고 흥청망청 완전 재밌게 미친 듯이 놀다

극도로 즐거운 시간을 보내는 행복의 상태나, 활기찬 음악 또는 긍정적인 분위기로 인해 생기는 에너지 넘치는 느낌을 말한다. turnt up은 '벌써 흥이 오를 만큼 오른' 상태를 나타낸다.

DJ Soda is coming to the party! Let's turn up!
디제이 소다가 파티에 온대요! 완전 재밌게 놀자고요!

I'm trying to turn up tonight so I can forget about the break up.
나 헤어진 거 잊을 수 있게 오늘밤 완전 미친 듯이 놀려고 해.

bands 1,000달러

1,000달러를 뜻한다. 래퍼 Juicy J(쥬시 제이)의 노래 중 Bands make her dance라는 가사가 있는데 '돈이 그녀를 춤추게 한다'라는 뜻이다.

bling/bling bling 반짝거리는 보석 등

무언가 **'반짝 반짝'하는 것**을 뜻하는데 **주로 다이아몬드 등의 보석**을 나타낸다.

Check my bling, bro! 내 보석 좀 봐, 친구!

50 Cent got some bling. 50센트는 블링블링한 보석 치장을 했어.

TIP 50 Cent는 미국의 가수이자 영화배우이다.

ice 다이아몬드

다이아몬드가 '얼음'을 뜻하는 ice로 불리는 이유는 다이아몬드가 원래 차갑고 열을 전달하는 능력이 높기 때문이라고 한다. '다이아몬드로 치장하다'라는 말을 ice out으로 표현하기도 한다. (ice out에는 '따돌리다, 냉대하다'라는 뜻도 있다.)

guap 많은 양의 돈, 현금, 돈다발

dough 많은 양의 돈, 현금, 돈다발

moolah 많은 양의 돈, 현금, 돈다발

flex 뽐내는 행위, 자랑하는 행위

원래 flex는 근육에 힘을 주는 것을 뜻한다. 여기에서 **근육을 단단하게 하며 다른 사람에게 보여주는 그런 '뽐내는 행위'**를 비유하여 생긴 슬랭이다. **요즘은 차, 돈, 여자, 이런저런 것을 다 flex한다**고 한다.

Are you trying to flex? 너 지금 자랑하냐?

Don't be flexing on me like that. 나한테 그렇게 허세 부리지 마.

clout 인기, 영향력

유튜브나 인스타 등 다양한 플랫폼을 통해 영향력을 발휘하는 세상이다. 이런 시대상을 잘 반영한 단어가 바로 **clout!** 돈(money), 명성(fame), 힘(power), 인기, 영향력(influence) 등을 뜻하는 슬랭으로 랩에 정말 자주 등장한다.

I do it for the clout. 영향력 있는 사람이 되기 위해 이걸 해.

wack 구린, 보기에 형편없는, 보잘것 없는, 쓰레기인

뭔가 구릴 때, 형편없을 때 쓰는 표현이다.

This is wack! 이거 완전 구려! (별로야!)

The new Nintendo is wack! 새 닌텐도 완전 쓰레기야! (완전 구려!)

suck 안 좋다, 별로다, 구리다

You suck! ❶ 너 정말 미워! 너 정말 별로야! ❷ (친근하게) 얄미운 녀석!

정말 상대가 미울 때 '밉다'는 느낌으로도 쓰고, 얄밉게 구는 친구에게 친근하게도 쓸 수 있다. 여러 가지 뉘앙스로 사용된다. 너무 바빠서 쉬지도 못하고 열일하고 있는데 친한 친구가 여행 가서 자꾸 맛있는 음식사진을 보내며 나를 약올린다. 이럴 때 Oh, you suck!(얄미운 녀석!) 이런 느낌으로 쓸 수 있다. 또, 친구집에 놀러 가도 되냐는 딸의 물음에 엄마가 "너 이번 성적 너무 안 나왔어. 한 달 동안 외출금지!"라고 말한다. 이럴 때 딸은 속상해하며 엄마에게 You suck, Mom!(엄마 진짜 별로야!)이라 말할 수 있다.

#정말로 밉고 별로일 때

A You can't use your laptop for a week. 너 일주일 동안 노트북 못 써.

B You suck, Mom. I hate you. 엄마 진짜 너무해요. 엄마 미워요.

#친한 사이에 친근하게 얄밉다고 할 때

A I'm going to be surfing all weekend. It's beautiful here.

B You suck! I gotta work this weekend.

A 나 주말 내내 서핑할 거야. 여긴 진짜 아름다워.

B 얄미운 녀석 같으니라고! 난 이번 주말에 일해야 되는데.

That sucks! (공감해주며) 너무 안됐다! 아 안타까워! 별로겠다!

앞서 나온 You suck!도 많이 쓰는 표현이지만, That sucks!도 정말 많이 쓴다. **'너무 안됐다, 안타깝다, 아쉽다, 별로겠다'** 이렇게 공감해주는 거다. That must suck.이라고 해도 된다.

A I lost my new iPad. 나 새로 산 아이패드 잃어버렸어.

B That sucks! 와, 진짜 안됐다!

suck at ~에 완전 젬병이다

영어공부 좀 했다 하면 항상 거쳐가는 표현이 있다. 바로 be good at. 어떤 일에 능숙하고 잘한다고 할 때 쓰는 표현이다. 물론 못한다고 할 때는 be not good at 또는 be poor at이라고 하면 되는데, 바로 이 말의 속된 버전이 suck at이란 얘기! 즉 suck at은 **어떤 것을 진짜 잘 못한다고 할 때** 쓴다. 이럴 때 우리말로 **젬병**이라는 속어를 쓰긴 하는데, 사실 suck at에 비하면 젬병이란 표현은 점잖은 편이다. 손재주가 젬병일 때 요새 우리말로 '**똥손**'이라는 속어를 쓰곤 하는데 이 '똥손'의 어감이 suck at에 가깝다.

I really suck at soccer. 나 축구 완전 젬병이야.

He sucks at cooking. 걔는 요리 똥손이야.

butt-dial 전화기가 잘못 눌렸어

내가 전화를 걸려고 한 게 아닌데 이따금 실수로 전화를 잘못 걸 때가 있다. 그런 상황을 나타내는 표현. 바지 뒷주머니에 있던 휴대폰이 잘못 눌려 의도치 않게 누군가에게 전화를 걸게 된데서 비롯된 표현이다. 직역하면 엉덩이로 전화를 걸다.

Sorry, I think I butt-dialed you. 미안. 전화기가 잘못 눌렸어.

cellfish = cellphone + selfish
(여럿 모여 있는 곳에서 혼자) 휴대폰만 계속 하며 이기적으로 구는

[셀퓌쉬] 같이 있는 사람에게는 신경도 안 쓰고 휴대폰만 계속 하는 무례한 모습을 칭하는 단어다. 왜 꼭 주위에 그런 사람 한 명 정도는 있지 않은가? 같이 밥을 먹으러 가거나 노래방을 갔는데 상대를 배려하지 않고 계속 자기 혼자 휴대폰만 만지작거리는 사람들. 그런 사람들의 행동을 cellfish하고 한다.

Oh, yeah, he was very cellfish yesterday.
어, 맞아, 어제 걔 진짜 휴대폰만 계속 하고 이기적이었어.

103

ginormous = gigantic + enormous 엄청 거대한

엄청 큰 것을 〈gigantic 거대한 + enormous 거대한〉 합쳐서 ginormous라고도 한다.

duck face 오리 얼굴

주로 여자들이 **사진을 찍을 때 입술을 쭉 내밀고 찍는 것**을 뜻한다. 이렇게 내밀고 있는 입술을 가리켜 duck lips라고 표현하기도 한다.

squad 같이 다니는 그룹[무리]

항상 같이 어울리는 그룹의 친구들을 뜻한다.

flake 약속 잘 어기는 친구

잘 튕기는, 약속을 잘 안 지키는, 뭘 한다고 해놓고 안 하는, 그런 사람을 flake라고 부른다.

couch potato 하루 종일 소파에 널브러져 TV만 보는 사람

하루 종일 소파에 널브러져 감자칩을 먹으며 TV만 보는 모습을 상상해보라. 바로 **이런 몰골로 하루 종일 아무것도 안 하고 TV나 보며 뒹굴뒹굴하는 사람을 가리키는 표현**이다.

> Yeah, I'm a couch potato.
> 응. 난 늘 소파에만 붙어 있어.

gold digger 꽃뱀, 김치녀

dig는 땅 등 무언가를 '파다'는 뜻으로 gold digger를 직역하면 '금을 캐는 사람'이다. 즉 **돈을 쫓아서 남자를 만나는 여성**을 가리키는 말. 우리말의 '꽃뱀', '김치녀'와 비슷한 개념이다. 또, **남편에게 허구한 날 돈, 돈 거리며 돈 벌어오라고 난리인 여성**에게도 쓴다. **한마디로 돈만 밝히는 여성**을 가리키는 표현. (혐오 표현이니 사용은 하지 말고 알아만 두자.)

slay 죽이다, 뭔가를 아주 잘해내다

slay는 뭔가를 살해한다, 끝낸다, 죽인다는 의미. 예전에는 I'm gonna slay that dragon.(저 용을 죽일 거야.)과 같이 칼로 뭘/누구를 죽일 때 쓰던 단어이다. **요즘은 내가 '그 여자와 잘 거다'라는 의미로도 쓰이는데, 보통은 무언가를 엄청 잘해내겠다, 또는 잘해냈다는 의미로 더 많이** 쓰인다. 추가적으로 slay는 '엄청 예쁘다, 섹시하다'라는 의미로도 쓰일 수 있다.

> I'm gonna slay that show. 난 그 공연 작살낼 거야. (공연 엄청 잘해낼 거야.)
>
> Man! I totally slayed that exam! 야. 나 완전 그 시험 작살냈다! (엄청 잘 쳤다!)

kill it   (완전 잘해내다는 의미로) 죽이다, 박살내다

slay도 그렇지만 kill it도 '무언가를 아주 잘해내다'라고 할 때 자주 쓰이는 슬랭이다. 우리도 이럴 때 '죽여주게 잘하다', '죽이다', '박살내다'라는 식으로 말하듯이. 죽여주게[끝내주게] 아주 잘했을 때는 물론 과거형으로 killed it을 쓰면 된다.

> I'm gonna kill it tomorrow.   나 내일 죽여주게 잘할 거야.
>
> Hey, I just took the history exam for Mr. Evans and killed it!
> 야, 나 에반스 선생님 역사 시험 쳤는데 박살냈어! (완전 잘봤어!)

jelly   질투나는, 부러운

질투심의 jealous(질투하는)를 줄여서 귀엽게 jelly라고 말한다. 정말 시기한다기보다는 그냥 부러움을 나타낸다고 보면 된다.

> Whatttt you're going to Hawaii next week for a month? I'm soooo
> jelly!   뭐어어어 너 다음주에 한 달 동안 하와이 간다고? 진짜 너~무 부럽다!

A   Hey! My parents just bought me a brand new truck!

B   Ugh, I'm so jelly! (I'm so jealous!)

A   야! 우리 부모님이 최신형 트럭을 사 주셨어!

B   으, 완전 질투난다!

rad   짱인, 완전 멋진

무언가 엄청 쿨할 때 rad라는 표현을 사용한다. super cool 대신에 사용하면 된다.

A   Check out my new car!   새로 뽑은 차 좀 봐!

B   Bro, that's rad!   야, 차 끝내준다!

Stanky Legg   엄청 유행했던 힙합댄스 중 하나

2008년쯤 뮤직비디오를 통해 뜨기 시작한 Stanky Legg는 사실 노래 제목이다. 뮤직비디오에서 나오는 다리를 흔드는 춤은 엄청 유행했다. '더기(Dougie) 댄스'의 요소를 지니고 있는 이 댄스는 다리를 구부려서 왔다갔다 하는 춤인데, 클럽과 하우스파티에서 엄청난 인기를 끌었다. 지금도 이태원의 힙합클럽에 가면 가끔 들을 수 있다. 노래가 나오면 다들 어떻게 아는지 다리를 흔들어대는 모습을 볼 수 있을 것이다.

(TIP) Stanky Legg는 힙합의 바이브(vibe)가 잔뜩 실린 제목이다. stinky(냄새나는)를 stanky로, leg(다리)를 legg로 멋부려 재미있게 표현한 것. 힙합문화와 흑인 친구들 사이에서 stanky는 자주 쓰이는 표현으로, 경우에 따라 멋지고 신박하다(cool or fresh)는 의미로도 통용된다.

 ▶ Stanky Legg 뮤직 비디오
https://youtu.be/ewufRwrayTI

 ▶ Stanky Legg 춤 가르쳐주는 유튜브
https://www.youtube.com/watch?v=RiSrd9i2PCw

Teach Me How to Dougie   '더기 댄스'를 가르쳐 줘

대표적인 힙합댄스 중 하나인 Dougie는 1980년대 래퍼 Doug E. Fresh의 이름을 딴 것이다. Doug E. Fresh의 트레이드마크였던 춤이 현재의 더기 춤과 비슷했다고. 그후 2007년 미국 남부 텍사스 주(Texas) 댈러스(Dallas)를 본거지로 활동했던 래퍼 Lil Wil이 My Dougie라는 제목의 노래를 발표하면서 더기 춤이 이름을 알리게 된 것. 이후 미국 서부 캘리포니아 주(California) 잉글우드(Inglewood)를 본거지로 활동한 힙합그룹 Cali Swag District가 Teach Me How to Dougie라는 타이틀의 노래와 뮤직비디오를 발표하는데, 이 뮤직비디오가 유튜브에서 엄청난 인기를 끌면서 클럽이나 파티에서 'Dougie 댄스'가 인기 폭발했다. 수많은 셀럽(celeb[səléb])과 운동선수들이 이 춤을 따라 췄으며, 대학 내 행사나 스포츠 이벤트에서도 쉽게 접할 수 있었다.

 ▶ Teach Me How to Dougie 뮤직 비디오
https://www.youtube.com/watch?v=PlHtUxnRN0c

 ▶ Dougie 춤 가르쳐주는 유튜브
https://youtu.be/C1RFlyo8PgE

Nae Nae　네이 네이 (엄청 유행했던 힙합댄스, 단어 자체는 아무 뜻이 없음)

Nae Nae 또한 엄청 유행했던 힙합댄스의 이름이다. 한 쪽 팔을 위로 올리고 다리를 구부려 몸을 좌우로 흔드는 춤이다. 유튜브에서 watch me nae nae를 검색하면 바로 이 춤을 배울 수 있다. 아래는 Watch Me라는 노래의 뮤직 비디오로 여기서 Nae Nae, Stanky Legg를 비롯해 여러 힙합댄스를 눈으로 확인할 수 있다.

 ▶ Watch Me 뮤직 비디오
https://youtu.be/vjW8wmF5VWc

zero chill　너무 흥분한 상태, chill하거나 relax하지 않은 상태

조금도 chill하거나 relax하지 못할 때 이 사람이 지금 zero chill하다고 말할 수 있다.

　David called me 20 times and texted 40 times. He has zero chill.
　데이빗이 나한테 20번이나 전화하고 40번 문자했어. 그는 완전 흥분한 상태야. (전혀 chill하지 않아!)

on point　정확하게 알고 있는, 정확하게 알아듣는, (뭐가) 아주 완벽한

'말귀를 정확하게 알아듣는군', '아주 정확해', '바로 그 말이지'라고 할 때 쓰는 표현. 즉 She's on point.(그녀가 아주 정확하게 알고 있군.)라는 식으로 누군가 on point하면 틀리지 않고 잘 알고 있다는 뜻이다. 또는 **무언가 완벽하다(perfect)는 의미로도** 쓰인다.

　She's on point.　그녀가 아주 정확하게 알고 있군.
　Dude! This fried chicken is on point!　야! 이 치킨 완벽해! (완전 맛있다)

hundo P 백퍼

우리도 완전 확실하다고 할 때 '백퍼'라고 하듯 영어도 **hundred percent!(백퍼센트!)**를 줄여 **hundo P**라고 한다. **'당연하지! 물론이지! 완전 확실해!'**라는 뜻으로 부사로 활용하면 된다.

Keep it real. 항상 진실되라.

Keep it one hundred. 항상 100% 최선을 다해.

Keep it one hundred percent.를 줄인 말로서 '항상 100% 최선을 다하라'는 뜻이다.

meme (인터넷상에서 빠르게 퍼지는) 짤

[밈] 우리는 '짤'이라고 한다. **인터넷상에서 유행해서 빠르게 퍼지는 웃긴 사진이나 이미지, 문구, 영상 등**을 말한다.

make it rain 비를 뿌리 듯 돈다발을 던지다

스트립 클럽에서 탄생한 단어다. 돈다발을 던지면 이 지폐들이 펄럭이면서 천천히 내려오는데, 이 행동을 make it rain이라고 부른다.

man boobs / moobs = man + boobs 남자의 젖가슴

boobs는 원래 여자의 가슴을 뜻하는 반면에 **가슴이 큰 남자의 가슴**을 가리켜 슬랭으로 man boobs 또는 합쳐서 moobs(복수형은 moobies)라고 한다. **뚱뚱한 남자의 처져 있는 가슴**, 또는 **근육으로 인해 엄청 큰 남자의 가슴** 다 가능하다.

men cave 남자들의 소굴

한마디로 남자들의 소굴이다. **미국에서 남자들은 창고나 차고(garage) 같은 곳에 TV, 플레이스테이션(게임기), beer pong table(비어퐁 테이블: 술 놀이 하는 테이블 ▶ p.248 참조) 등의 여러 가지 즐길 거리(entertainment)를 배치해두고 친구들과 함께 미식축구, 야구, 농구 등을 보면서 맥주를 마시고 어울려 논다.** 이런 남자들만의 소굴을 men cave라고 부른다.

sideboob 옆에서 보이는 가슴

여자가 탱크탑, 나시 등을 입었을 때 옆에서 여자의 가슴이 살짝 보이는 걸 보고 side boob이라고 부른다.

twerking 트월킹

주로 여자가 엉덩이를 씰룩거리며 추는 '성적으로 도발적인' 춤을 뜻한다. Miley Cyrus(마일리사이러스)가 뮤직비디오와 MTV쇼에서 twerk를 춰서 센세이션을 불러일으켰다.

virgin (어떤 일에) 무경험자

숫처녀, 숫총각로만 알고 있었는가? **꼭 성관계가 아니라도 뭐든지 한 번도 해보지 않았다면 거기에 대해서 virgin이라 부를 수 있다.** 참고로 이 단어는 슬랭이 아니다. 하지만 다음 단어를 설명하기 위해서 준비했다.

virgin ears 처녀 귀

19금 이야기를 한 번도 들어 보지 못한 사람의 순결한 귀를 뜻한다.

Watch your language! John's got virgin ears.
말 조심해. 잔은 처녀 귀라고(그런 19금 이야기는 한 번도 안 들어봤다고).

the V-card   숫처녀 딱지, 숫총각 딱지, 초짜 딱지

V-card는 virgin card를 뜻하는데 virgin을 좀 더 색다르게 표현하는 것뿐이다. 무언가를 처음 할 때 우리도 초짜 딱지를 뗀다는 식으로 말하곤 하는데 그럴 때 사용된다. 물론 동정 딱지를 뗀다('성적인 관계를 처음으로 갖는다'는 의미)고 할 때도 쓴다. **젊은 친구들 사이에서는 살짝 재밌게 쓰이지만, 나이가 들면서 유치하게 들릴 수도 있다.**

I'm losing my V-card tonight. 오늘밤 초짜 딱지 뗄 거야.

I never played tennis before. But I'm going to play for the first time tonight! I'm about to lose my V-card!
나 여지껏 테니스 한 번도 안 쳐봤는데, 오늘 저녁에 처음으로 칠 거야! 곧 초짜 딱지 떼겠다!

Bitch please   (쨉도 안 되는 게) 까불지 마라

'까불지 마', '나 건드리지 마', '나 장난 아닌 사람이야', '너 쨉도 안 돼' 이런 느낌으로 사용한다.

beast   야수, 짐승남

요새 우리도 남성을 육식계니 초식계니 식으로 부르며 특히 근육이 어마어마하고 남성성이 넘치는 남자를 보면 짐승남이라고 부르는데 이에 딱 맞는 영어표현이 바로 beast이다. 주로 **운동을 엄청 잘하거나 근육이 장난아닌 남자**를 일컫는 표현. 아울러, **엄청난 걸 봤을 때도** 쓰인다.

Dude, Stephen Curry is a beast! 이봐, 스티븐 커리는 완전 짐승남이야!

That guy is such a beast, look at his arm. 저 남자 완전 짐승남이야. 저 팔 좀 봐.

Shout out to ~에게 공개적으로 감사를 표합니다

이따금 인스타 스토리를 보면, 또는 유명인들이 인터뷰를 할 때 Shout out to my boy Drake! 이런 식으로 '누구'에게 shout out을 한다고 한다. 이것은 **내가 이 사람에게 '공개적으로 감사, 인지, 인정, 존경해준다'고 표현**하는 것이다.

(TIP) my boy는 상황에 따라 '아들'을 가리킬 수도, '내 남자', 즉 연인이나 남편을 가리킬 수도 있다.

Shout out to **my boy Drake!** 아들 드레이크에게 공개적으로 감사를 표합니다.

cram 벼락치기, 벼락치기하다

에세이 과제에 주어진 시간은 두 달. 보통 제출 2주 전까지는 거들떠 보지도 않는 게 인지상정이다. 이렇게, 해야 할 일을 뒤로 미루는 것을 procrastination이라 하고 동사로는 procrastinate라고 한다. I've been procrastinating.(나 계속 미루는 중이야.)처럼 쓴다. 이렇게 **뭔가를 미뤄뒀다가 한번에 몰아서 벼락치기한다고 할 때 cram 또는 cram up**을 쓴다.

I have to cram for my exam tomorrow. 내일 시험, 벼락치기해야 해.

hyped ❶ 완전 신난, 완전 흥분되고 들뜬 ❷ (어떤 것이) 너무 과장된, 과대평가되어 엄청 유행하는, 엄청 뜬

아주 신났을 때, 아주 흥분했을 때를 나타내는 표현이다. 또한 너무 유행하는, 너무 과장된, 과대평가되고 있는 무엇을 나타낼 때도 쓰인다. 특히 '너무 유행하는'이란 의미에도 원래 갖고 있는 가치보다 너무 과장되거나 과대평가되어서 그렇게 떴다는 뉘앙스가 기본적으로 깔려 있다.

I'm hyped! = I'm hyped up! = I'm super excited! 완쥔 쒼나!

The new Nike running shoes are hyped.
새로 나온 나이키 런닝화 너무 과대평가 됐어(완전 유행 탔어).

psyched 엄청 신난, 완전 흥분되고 들뜬

hyped의 ❶번 의미와 같은 표현이다. 내가 정신적으로 turnt up(신이 난) 상태라는 뜻으로 사용된다.

I'm psyched! 완쥔 쒼나!

bail 빠져나가다, 도망치다

뭔가에서 빠질 때, 도망칠 때 쓰인다. 파티에서 친구가 Let's bail.이라고 하면 '여기서 나가자.'는 뜻이고, 경찰이 잡으러 올 때 도망치면서 Bail!이라고 하면 '도망쳐!'가 된다.

give someone the cold shoulder
~를 무시하다, 냉대하다

cold shoulder는 '냉대', '무시'를 뜻한다. 따라서 give someone the cold shoulder라고 하면 '누구를 무시하다'는 의미.

She gave me the cold shoulder. 그 여자는 나를 무시했어.

vibe ❶ 느낌, 분위기 ❷ (사이 좋게) 잘 어울리다, 죽이 잘 맞다

주로 사람 또는 장소에 대해 말할 때 쓰인다. **어떤 사람한테 '좋은 느낌'이 난다고 할 때 그 사람이 내게 good vibe를 준다고 한다.** 또, 어떤 장소의 분위기가 좋을 때도 **good vibe**가 있다고 표현한다. **get along처럼 사이 좋게 잘 어울린다는 의미로도** 쓰인다.

Dude, this place has a good vibe. 친구, 여기 분위기 좋은데.

Bro, I'm not getting a good vibe from your friend. 야, 네 친구 느낌 별로야.

They're totally vibing. 걔네는 완전 죽이 잘 맞아.

Don't kill my vibe. 내 흥을 깨지 마.

내 기분, 내 흥을 깨지 말라는 표현이다. 미국 유명 래퍼 Kendrick Lamar(켄드릭 라마)의 노래 제목이기도 하다. vibe라는 단어가 많이 쓰이기 시작하자 켄드릭이 노래를 냈다.

current mood 지금 기분

말 그대로 '현재의 기분, 지금 기분'을 말한다. **나의 현재 기분을 나타내는 사진에다 current mood라고 써넣어 SNS 등에 올리는 게 유행이다.**

hit the road 길을 나서다

'길을 나서다'는 뜻이다. **친구들이랑 다 놀고, "나 이제 집에 갈게~"를 쿨하게 말한다면 Yo, I'm gonna hit the road.라고 할 수 있다. 여행길을 나설 때 '이제 출발하자'는 의미로, 회사 일이나 학교 수업을 마치고 '이제 집에 가자'는 의미로도 Hit the road.라고** 말할 수 있다.

Yo, I'm gonna hit the road. 요, 나 이제 집에 갈게.

low-key 몰래, 비밀리에

무언가를 '비밀리에, 몰래' 한다고 할 때 쓴다. 참고로, **크게 눈에 띄지 않는 걸 좋아하는 사람들**을 우리는 **low-key**라고 부른다. 또, 조용히 놀고, 차분히 스스로 알아서 할 것을 하고, 크게 사람들에게 자기 자신의 존재감을 알리지 않는 사람들은 low-key life style을 가지고 있다고 한다.

I low-key wanna eat a donut. 나 몰래 도너츠 먹고 싶어.

I wanna keep it low-key. 나 이거 비밀로 하고 싶어. (사람들한테 공개하기[알려지기] 싫어.)

Let's keep it low-key. 그냥 조용히 몰래 하자. (우리만 알고 있자. 알리지 말자.)

Low-key, I like pineapples on pizza.
막 공개하고 싶지는 않지만 나 사실, 피자에 파인애플 올린 거 좋아해.

high-key 다 공개적으로, 대놓고, 이목을 끌도록

low-key의 반대 표현으로, low-key보다 훨씬 덜 쓰인다. **그렇게 많이 쓰이지는 않는 표현. '모두가 다 알 수 있도록 대놓고, 이목을 끌도록, 공개적으로'** 정도의 의미이다.

I high-key hate baseball. 나 진짜 공개적으로 야구 싫어해.

A I am high-key in love with her. 나 진짜 그녀를 완전 대놓고 사랑해.

B But you should keep it low-key because she is your boss.
하지만 몰래 좋아하는 게 좋을 거야. 그녀는 네 보스잖아.

Dude 야

Dude는 사실 어떤 상황에서도 쓰일 수 있다. **모든 감정을 다 표현하는 감탄사**로 쓰일 수 있다는 얘기. 영한사전을 보면 '놈, 녀석' 정도로 나오지만, 영영사전을 보면 그냥 a man, a guy로 나온다. 하지만, Oh man!이 '우와! 이런! 젠장! 대박!'이 다 될 수 있는 것처럼 Dude!도 마찬가지이다.

drop a deuce 똥 싸다

drop은 떨어뜨리는 것이고 **deuce는 프랑스어 duex에서 온 단어로 숫자 2를 뜻한다. 영어에서 number 2는 큰 거(똥)를** 뜻한다. 그렇다면 drop a deuce, 어떤 느낌인지 딱 오지 않는가?

Hey, I gotta drop a deuce. 야, 나 똥 싸야 돼.

ride 'Shotgun' 조수석에 타다

미국 친구들은 자동차만 보면 Shotgun!이라고 외친다. 왜? 운전자 옆의 조수석에 타기 위해서다. 예컨대, 6명의 친구들이 한 차에 타고 이동하기로 했다. 차 주인을 제외한 나머지 5명 중 조수석 1명을 제외한 4명은 불편하게 뒷좌석에 타야 된다. 그래서 Shotgun 룰이 생겨났다. 일단 밖으로 나간 상태여야 하며(예를 들어 차가 보이는 집안이나 건물 안에서는 안 된다), 차가 Shotgun!을 부르짖는 사람의 시야에 들어와야 한다. 가장 먼저 '샷건!'이라고 외치는 사람이 바로 조수석에 앉는 권리를 갖게 된다.

finna ～할 예정인, 막 ～하려는 참인

'～할 것이다'란 뜻의 구어체 be gonna(= be going to)에서 gonna와 같은 표현이다. '막 ～하려는 참인'이란 뜻의 about to와도 같은 의미. 따라서 **I'm finna ～ 하면 I'm going to ～ 또는 I'm about to ～와 같다.**

I'm finna watch the Superbowl. 나 슈퍼볼 볼 거야.

aced 엄청 잘한

좋은 성과를 거뒀거나 시험에서 최고점을 받는 등, 무엇을 엄청 잘했을 때 aced했다고 한다.

I aced my math test. 나 수학 시험 엄청 잘 쳤어.

I aced my interview. 나 면접 엄청 잘 봤어.

I'll bring my A-game. 최선을 다하겠습니다.

내가 A 게임, 즉 최고의 게임을 들고 오겠다. 이 말은 최선을 다하겠다는 의미로 쓰는 표현이다. 경기를 앞두고 있는 **운동선수가 인터뷰에서 이렇게 말했다면 '최선을 다하겠습니다.' '최고의 경기를 보여드리겠습니다.'**라는 각오의 표현이다. 또, **상대에게 최선을 다하라고 할 때는 Bring your A-game.**이라고 말하면 된다.

I'm all ears. 듣고 있으니까 말해.

'나는 전부 귀다', 즉 **내 몸이 전부 귀가 된 듯 '완전 귀 기울이고 있다, 집중해서 듣고 있다'**, 그 **러니까 어서 말해보라**는 의미이다.

all-nighter 밤샘

이 표현을 써서 '**밤을 새다**'라고 할 때는 보통 동사 pull과 함께 써서 **pull an all-nighter**라고 한다.

> I pulled an all-nighter. 밤샜어.

on fleek (감탄이 절로 나올 만큼 스타일이) 예쁜, 멋진, 완벽한

스타일이 엄청 근사하다고 할 때 쓰는 표현. 즉 **화장이 참 잘됐다거나 헤어스타일이나 패션 스타일 또는 전체적인 스타일이 엄청 좋다고 칭찬해줄 때** 쓰기 좋은 표현이다. 꼭 미용이나 패션 관련이 아니더라도 이따금 **무엇이 완벽하다고 할 때도** 쓸 수 있다.

> Your makeup is on fleek today! 너 오늘 화장 완전 잘됐다!
>
> Jessica's fashion is on fleek! 제시카 패션 너무 예쁘다!

jacked 몸이 엄청 좋은, 근육으로 미친 듯이 뒤덮인

그냥 몸이 좋은 게 아니라 **몸이 아주 탄탄하고 근육질인 사람을 말할 때** jacked라는 표현을 쓴다. **약물 등의 영향으로 '각성 상태인'**이라는 의미로도 쓰인다.

> Wow, he is jacked! 와, 저 사람 근육 장난 아니다!

Jock (머리는 그리 좋지 않은) 운동선수, 운동을 엄청 좋아하고 잘하는 남자

운동선수나 운동을 좋아하고 잘하는 젊은 남자를 좀 안 좋게 말할 때 쓰는 표현이다. 즉 **몸도 좋고 운동은 잘할지 몰라도 머리는 그리 좋지 않다는 뉘앙스**가 담긴 말이다.

hot mess   (멋있지만, 예쁘지만) 말썽쟁이

생긴 건 예쁘거나 멋있지만 우스꽝스러운 행동이나 실수를 자주 하는, 또는 가끔 문제를 일으키는 사람을 가리킬 때 쓰인다.

Britney Spears is such a hot mess.
브리트니 스피어스는 예쁘지만 참 말썽쟁이야.

pig / po-po / cop / 5-0 (five-o)   '경찰'을 뜻하는 속어

pig(돼지), po-po(포포), cop(짭새), five-o(파이브–오)는 모두 '경찰'을 뜻하는 속어이다. 이런 표현들은 그야말로 우리끼리 하는 표현이지 경찰 면전에서는 쓰지 말도록! 미국 경찰들은 권한이 막강하기 때문에 잘못하다간 더럽게 얻어터진다. 주(state)에 따라서는 경관 모독죄에 걸릴 수도 있다. 장난끼 발동시키지 말고 경찰 면전에서는 꼭 **Officer**라고 불러주는 게 현명하다.

(TIP) 5-0는 1960~70년대에 인기있었던 *Hawaii Five-0*(하와이 파이브 오)라는 미드에서 비롯된 표현이다.

Sup   안녕

친구 혹은 가족에게 편하게 쓰는 인삿말. **What's up?을 줄인 형태로, 어린 친구들이 나름 쿨하다고 생각해서 쓰는 표현**이다.

Suh 안녕

What's up?을 뜻하는 **Sup에서 더 진화된 표현**이라고 보면 된다. **stoner(대마초를 즐겨 피는 사람)의 언어**로 알려져 있다.

kiddo 얘야

kid를 친근하게 부르는 말이다. '아이', '어린이'란 뜻인데, 아이를 부를 때 '얘'라는 의미로도 쓰고, 꼭 아이가 아니더라도 나보다 나이 어린 친구를 아이 다루듯 친근하게 부를 때 '이봐 젊은 친구' 같은 느낌으로도 쓴다.

> Hey kiddo! How's your grandpa?
> 거기 얘야, 너희 할아버지 어떠시니?

booty 여성의 엉덩이

booty는 ass와 같이 엉덩이를 뜻하는 단어이다. 하지만 booty라고 하면 주로 '여성의' 엉덩이를 뜻한다.

foodie 미식가

음식을 엄청 좋아하고, 때로는 전문적으로 음식을 먹는 사람들을 표현하는 단어. 단지 음식이 맛있냐 맛없냐에만 심취하는 것이 아닌 음식에 들어간 재료부터 식감, 요리 과정까지 모두 관심을 갖고 맛을 보고 즐기는 사람을 가리킨다.

woke 깨어 있는

정신적으로나, 사회적으로 무슨 일이 일어나고 있는지 사회적인 문제에 깨어 있고 잘 알고 있다는 뜻이다.

classy 품격 있는

'클래sy'는 '클래sic'(유행을 타지 않으면서도 고급진)과 비슷하지만 살짝 다르다. 여러 가지 좋은 뜻을 담고 있는데, **걷는 모습, 내가 입은 옷, 성격 등등 여러 가지가 고급스럽거나 우아하거나 멋있거나 굉장히 느낌 있을 때**(스타일리쉬하고 패셔너블할 때) 우리는 그것/그 사람이 classy하다고 한다.

baller ❶ (좋은 차에 명품으로 도배를 하는 등) 아주 사치를 뽐내며 생활하는 부자, 성공한 사람 ❷ (비싸고 고급져서 스타일이) 끝내주는 것

요즘 사회적 추세를 잘 반영하는 슬랭 되겠다. 끝내주게 멋진 사람, 멋진 것을 뜻하는데, 이때 멋지고 끝내준다는 것은 바로 '돈', 돈과 관련된다. 즉 자본주의가 극도로 추앙받는 요즘 시대에는 돈도 많고 그 돈으로 좋은 차에 명품으로 도배를 해 아주 스타일이 좋아 보이는 사람들이 멋져 보인다. baller는 바로 이런 식으로 멋진 사람, 즉 **성공해서 아주 사치를 뽐내며 사는 사람을 가리키는 젊은 친구들의 언어**이다. 또한, **아주 비싸고 고급지며 스타일이 좋아서 멋지고 끝내주는 물건을 가리킬 때도** baller라고 한다.

Drake is a baller. He started from the bottom.
드레이크는 돈도 잘 쓰고 완전 성공했어. 맨밑바닥부터 시작해서 말이지.

Man, that Rolex watch is a baller! 이야. 그 롤렉스 시계 끝내주네!

belieber   빌리버 (저스틴 비버 팬을 일컫는 명칭)

Justin Bieber(저스틴 비버)가 얼마나 유명했으면 비버를 사용한 슬랭이 나왔을까? 비버 팬을 Justin Bieber의 Bieber와 '믿는 사람, 신도'란 뜻의 believer를 합쳐 belieber라고 부른다.

Dude, are you a belieber?   야, 너 빌리버(저스틴 비버 팬)냐?

kicks   신발

shoes(신발)를 뜻하는 슬랭이다.

Are those new kicks?   그거 새 신발이냐?

whip   자동차

자동차 car를 뜻하는 슬랭이다. 마차의 채찍에서 유래되었다.

I'll pick you up in my whip and we can go for a drive.
내가 차로 데리러 갈 테니까 우리 드라이브 가자.

ratchet   ❶ 형편없는, 더러운, 찌질한   ❷ (여자) 상스러운

wretched(형편없는)라는 단어를 잘못 적어 쓰다 보니 생긴 슬랭이다. 형용사로 '형편없는, 더러운, 찌질한'이란 뜻으로도 쓰이고, '상스러운' 여자를 지칭하는 경멸적인 용어로도 쓰인다.

Man, that girl is ratchet!   저 여자 너무 상스럽다!

ghetto ❶ 빈민가 ❷ 품위 없는, 볼품없는

'게토'는 정말 문화적인 표현이다. 명사로는 **'가난한 사람들이 모여 사는 지역'**을 뜻할 수도 있고, **'낡아서 버려야 되는데 고쳐서 쓰는 물건'**을 뜻할 수도 있다. 형용사로는 **'품위 없는, 싸구려의'**라는 의미도 있다. 예를 들어, 반으로 부러진 안경을 유리 테이프로 칭칭 감아서 붙여놓은 것을 떠올려보라. 바로 그 안경이 'ghetto'하다고 설명할 수 있겠다.

That's super ghetto.

Our family lives in the ghetto.
우리 가족은 게토[빈민가]에서 살아요.

Yo, your glasses are so ghetto! 야, 네 안경 너무 볼품없어!

That's super ghetto. 그거 너무 없어 보인다/품위 없다.

(something) will put hair on your chest
(무엇이) 널 남자답게 만들 거다

무엇이 너의 가슴에 털을 나게 할 거라는 말은 '널 남자답게 만들 거다'라는 뜻이다. 이 표현을 통해서도 알 수 있지만 서양에서는 예부터 가슴의 털이 남성성을 상징했다.

hole in the wall 작고 허름한 식당

사람들이 잘 모르는 장소, 주로 '작고 허름한 식당'을 뜻한다.

speakeasy 쉬쉬하는 술집, 밀주집, 무허가 술집, 불법 주점

legendary 레전드인

무엇/누군가 또는 어떤 이야기가 '전설적인' 것을 나타낸다. 미국에서 가장 유명했던 미식축구 선수 Troy Polamalu(트로이 폴라말루) 같은 사람을 legendary하다고 표현할 수 있다.

TIP 이런 경우 요즘은 GOAT(Greatest Of All Time 역대 최고, 역대급)를 더 많이 쓴다.

Man...Troy Polamalu is legendary. 크으… 트로이 폴라말루는 전설이지.

so gangster 완전 깡패인 (개쩐다는 의미)

'와, 완전 쩐다! 죽이네! 개쿨하네!'라는 의미를 우리도 '와, 완전 깡팬데!'라고 말하는 것처럼 영어에서도 so gangster를 써서 **That's so gangster!**처럼 말한다.

Netflix and chill 넷플릭스 보며 쉬다
(우리말의 '라면 먹고 가나'에 해당되는 어감)

이성이 '우리집에서 하룻밤 같이 보낼래?' '우리집에서 자고 갈래?'라는 얘기를 에둘러서 표현할 때 우리는 '라면 먹고 갈래?'라고 한다. 바로 이런 경우 요새 유행하는 영어 표현이 Netflix and chill이다.

Hey, do you wanna come over to Netflix and chill?
저기, 와서 넷플릭스 보며 쉴래? ('와서 같이 자고 갈래?'라는 의미. 19금 표현이니 주의!)

party foul 파티 반칙 (파티에서 불쾌하거나 용납할 수 없는 행동 또는 사례)

조금 이해가 어려울 수 있는 표현이다. 미국에서 많이 하는 house party를 떠올려보자. 부모님께서 주말에 여행을 가셔서 몰래 친구들을 엄청 많이 불러 큰 파티를 열었다. 다들 어느 정도 취해서 분위기가 업되고 파티는 너무 재밌다. 그런데 어떤 여자애가 갑자기 부모님께서 엄청 아끼는 비싼 소파에 토를 하기 시작한다. 그럴 때 나와 나의 친구들은 이렇게 말할 수 있다. "That's a party foul.(저건 파티 반칙이야. 용납할 수 없어.)"

> She threw up on the couch? That's definitely a party foul!
> 걔 소파에 토했어? 그건 완전 파티 반칙이지!

rip-off 바가지, 사기 / rip off 바가지 씌우다, 사기치다

물건이 터무니없이 비쌀 때 우리는 그걸 '바가지'라고 표현하는데 이에 해당되는 영어 표현이 rip-off이다. '사기'라는 의미로도 쓴다. 하이픈을 빼고 rip off라고 하면 동사가 된다. (물론 구어체에서야 하이픈 유무가 중요하지는 않지만.)

> These designer shirts are such a rip-off! 이 명품 셔츠 완전 바가지야!
> That guy totally ripped you off. 그 사람 너한테 완전 사기쳤구만.

extra 투머치한, 오바인

누군가의 말이나 행동이 너무 과할 때 요샛말로 우리는 '투머치', '오바'라고 한다. 이에 해당되는 영어 표현은 extra!

> David was being extra today because he didn't get invited to Emma's party. 에마의 파티에 초대받지 못해서 데이빗이 오늘 투머치하게 굴었지.

No shit! 당연하지!

상대가 너무 당연한 걸 말할 때 쓴다. 참고로, 끝을 올려 No shit?이라고 말하면 '아 진짜? 사실이야?'라는 의미이다.

A Hey, they're saying that he is the greatest baseball player ever.

B No shit! He can pitch and bat! No one has ever done that before!

A 야, 저 사람이 역대 최고의 야구 선수라고 해.

B 당연하지! 그는 투수, 타자 다 해! 이제까지 그런 선수는 없었지!

for shits and giggles 재미로, 재미삼아

그냥 재미삼아 특별한 이유 없이 무엇을 하는 것을 뜻한다.

It's just for shits and giggles. 그냥 웃자고 하는 거야.

f-bomb F폭탄 (욕설, 육두문자)

John dropped the F-Bomb! 누군가 F폭탄을 떨어뜨렸다고 하면 놀라지 마라. fuck이란 단어, 즉 욕설을 날렸다는 말일 뿐이다. **누군가가 fuck이나 fuck you 같은 입에 담지 못할 욕설을 썼을 때 그 말을 전하는 입장에서 f-word(f 단어)라고 완곡하게 말하듯 같은 용도로 f-bomb(f 폭탄)이라고 표현**하는 것.

John dropped the f-bomb! 존이 f 폭탄을 날렸지 뭐야!

(TIP) John used the f-word!(존이 f 단어를 썼지 뭐야!)라고 해도 같은 의미

slacker 게으름 피우고 일을 제대로 안 하는 사람

게으름 피우고 일을 제대로 안 하는 사람을 가리키는 말이다. **인생의 목적도 딱히 없고 뭘 해야 겠다는 의지나 열정, 패기도 없는 무기력한 젊은이**를 말할 때도 slacker라는 표현을 쓴다.

friend zone (이성 간) 그 이상도 그 이하도 아닌 친구 사이

zone은 '구역'을 뜻한다. 따라서 friend zone 하면 '친구 구역'이란 얘기인데, 이게 무슨 말이냐? '친구 사이 그 이상도 그 이하도 아닌 상태/관계'를 의미한다. **주로 이성 간에 한쪽이 한쪽을 좋아하지만 상대의 선긋기로 딱 친구 사이 그 정도에 남아 있게 된 경우**에 쓴다.

A Hey, how are you and Jessica? Have you asked her out yet?

B No. I think I'm stuck in the friend zone.

A 너랑 제시카 어때? 데이트 신청했어?

B 아니. 나 프렌드 존에 갇힌 것 같아. (연인이 아닌 친구 사이로 못박힌 것 같아.)

dawg 야

주로 남성들 사이에서 쓰인다. 나름 쿨하게 상대를 부르는 표현이다. **친한 친구들끼리 부르는 Dog을 '쿨'하게 발음해서, 만나면 "Sup dawg!"이라고 많이 한다.**

(TIP) 그런데! 만약 어떤 여자가 어떤 남자를 설명할 때, Omg yeah, he's such a dog. 이런식으로 말하면, '밝히는 남자'를 뜻하는 부정적인 뜻이 있다는 점도 기억하자.

A Hey, what's up dawg? 야, 웟썹? (그냥 인사말)

B Not much bro, just chillin. 뭐 특별한 거 없어. 그냥 편하게 있어.

MILF 잠자리를 함께하고 싶은 유부녀

사춘기에 접어든 철부지 어린 미국 남자아이들(우리가 보통 '초딩' 또는 '잼민이'라고 부르는 친구들)이 많이 쓰는 표현이다. **Mom I Would Like to F**k(내가 잠자리를 같이 하고 싶은 유부녀)이라는 말의 약어. 친구들끼리 서로 패드립(패륜적인 드립)할 때** 많이 쓴다. **매우 안 좋은 말이니 장난으로도 쓰지 말 것!** 다만 SNS 이용 시 이런 표현이 등장하면 무슨 말인지는 알아야 대처할 수 있기에 다루는 것뿐이다. 철없는 애들이 친구들 사이에서 쓴다.

A Dude, Mrs. Fox is such a milf. 야, 폭스부인이랑 진짜 함 해보고 싶다.

B I agree. Do you know who else is a milf? 맞아. 누가 또 MILF인지 알아?

A Who? 누구?

B Your mom. 네 엄마.

A Fuck you. 엿 먹어라 ㅅㄲ야.

cougar (젊은 남자와 만나는 매력적인) 중년 여성

원래 쿠거는 퓨마, 표범 같은 고양이과 동물을 뜻하지만 슬랭으로는 아주 웃기고 성적인 표현이다. 나이가 좀 있는 중년 여성, 특히 **'섹시하고 매력적이며 젊은 남자와 만남을 가지고 잠자리를 하는 그런 중년 여성'**을 뜻한다.

gat 권총

gat 말고도 '총'을 뜻하는 단어들이 많다. **strap, stick, piece, heat, chopper** 등의 단어 들 전부 '총'을 뜻한다.

strapped 총을 찬

That guy is strapped. 저 자식 총 차고 있어.

Don't fuck with me! I'm strapped! Back off, bro!
나한테 시비 걸지 마! 나 총 가지고 있어! 뒤로 물러서!

designated driver (DD) 지정 운전자, 운전 담당

미국에는 대리운전이라는 직업이 없다. 그래서 **친구들끼리 술을 마시러 나가면 술을 안 마시고 운전해줄 사람을 한 명 정하곤 하는데, 바로 이때 운전 담당으로 정해진 사람을 designated driver, 줄여서 DD**라고 한다. 물론 운전 담당을 따로 정해 놓지 않은 경우엔 택시를 이용한다.

designated drunk driver (DDD) 지정된 음주 운전자

절대 음주를 한 상태에서 운전을 하면 안 된다. 하지만 **모두가 만취한 상태에서 가장 운전을 잘 하는 사람에게 가끔 사람들은 운전을 시킨다**(물론 그러면 안 되겠지만). 그 지정된 '음주' 운전자를 DDD라고 한다.

beef 싸움, 다툼, 불평

got beef는 '악감정을 가지고 있다, 불만이 있다, 뭔가 해결되지 않은 문제가 서로 간에 있다'
라는 뜻이다. beef는 서로의 그 다툼, 싸움, 악감정 그 자체를 나타낸다.

You want beef? 나랑 싸울래? ('육체적으로, 나랑 한판 뜰래?'라는 뜻)

Don't start beef with me, man. 나한테 시비 걸지 마.

You don't want no beef with me. 나랑 다투지 않는 게 좋을 거야.

salty 삐진, 꽁한, 씁쓸한, 언짢은

누가 '꽁하게 있는, 삐져 있는' 감정 상태를 나타낸다. Stop being salty!(삐진 상태로 있지 마!)
로 많이 쓴다.

A Daniel got salty after he lost the game. 대니얼이 게임을 지고 난 후 삐졌어.

B He needs to stop being salty. 그는 그만 꽁하고 있어야 돼.

ghost 잠수타다

유령처럼 누군가의 '눈앞에 안 보인다'는 의미이다. 이를 우리는 흔히 '잠수타다'라고 표현한
다. 아무리 전화해도 전화도 안 받고 문자도 읽씹하며 나타나지도 않는 친구에게 메시지를 남
긴다고 치자. 우리는 그냥 "야, 너 지금 잠수타냐?"라고 하면 되지만 영어로 표현할 때는 보통
ghost 뒤에 누구한테서 잠수타는 것인지 그 누구를 밝혀준다. Hey, are you ghosting me?
요렇게!

Her boyfriend completely ghosted. 그 애 남자친구가 잠수탔어.

He's been ghosting everyone! 최근에 아무도 그를 본 적이 없어!

left on read 문자를 읽씹 당한, 문자를 읽씹했다

left는 leave의 과거형이자 과거분사형이다. **leave**에는 '떠나다'는 뜻도 있지만 **'~한 상태로 두다'**라는 뜻도 있는데, 여기서는 후자의 의미로 사용된 것. 또한 여기서 **read**는 과거분사이기 때문에 [뤼드]가 아닌 **[뤠드]로 발음**해야 한다.

I got left on read. / I was left on read. 읽씹 당했어.

She left him on read. 그녀가 그의 문자를 읽씹했어.

He sent her a text, but he was left on read.
그가 그녀에게 문자를 보냈는데, 읽씹 당했어.

troll 트롤

인터넷 커뮤니티나 게임 안에서 일부러 헛소리나 말도 안 되는 소리를 계속 하는 사람, 또는 고의로 실수하거나 죽어서 팀플레이에 해를 끼치는 사람을 '트롤'이라고 부른다.

That guy is such a troll. 저 사람 완전 트롤이야.

trolling 트롤짓

인터넷 커뮤니티나 게임 안에서 '트롤 같은 짓'을 하는 것을 뜻한다.

Please stop trolling. We can actually win this game.
제발 트롤짓 좀 그만해. 우리 이번 판 이길 수 있어.

hit the spot 딱 좋다

당기는 음식을 먹었는데 딱 원하던 그 맛이 나서 욕구가 충족될 때 '딱 좋아!' '바로 이거지!' '입에 착착 붙네/감기네!' 같은 말을 하게 된다. 여기에 해당되는 영어 표현이 바로 hit the spot!

(TIP) 어떤 음식이 막 당길 때는 craving이라는 표현을 써서 I'm craving tacos.(타코가 당겨.)와 같이 말한다.

Man, that burger really hit the spot! 이야, 그 버거 진짜 입에 착착 붙었어!

shady 수상한, 미심쩍은

누가 shady하게 행동한다고 표현한다. 래퍼 Eminem(에미넴)의 노래 The Real Slim Shady에서 나오는 그 Shady가 맞다. **누가 수상하게, 이상하게, creepy하게 행동하는 것을** 나타낸다.

Don't be so shady, man! 수상하게 굴지 마, 친구!

jonesing 엄청 원하는, 갈망[갈구]하는

무언가를 '엄청 원하는' 마음을 나타내는 표현. 특히 **어떤 음식이 엄청 당길 때는 〈jonesing for + 음식〉과 같이 쓰인다.** '갈망, 열망'을 뜻하는 craving과 같은 느낌이다.

I'm jonesing for some good cheese pizza! 맛있는 치즈피자 엄청 당기네!

booty call 같이 잠자리를 하자고 걸려오는 또는 거는 전화

밤늦게 평소 밀당하던 그 사람한테서 전화가 왔다. 뻔하다. 잠자리를 함께 하고 싶어서 전화를 건 거다. 이렇게 **'성관계를 가지자고 거는, 또는 걸려오는 전화'를 booty(엉덩이) call(전화)이라**고 한다.

spill the tea 가십거리를 쏟아내다

민감하거나 흥미진진한 **'가십거리를 쏟아내다'**, 즉 '이런저런 소문, 스캔들에 대해 폭로하다'라는 뜻이다.

Do you wanna spill the tea? 소문 이야기 해줄래?

Hey, I heard something happened to David and Lauren. You wanna spill the tea? 데이빗이랑 로렌한테 무슨 일이 있었다고 들었어. 이야기해줄래?

in no time 눈 깜빡할 사이에, 금세

A Gosh, when do we get to go home? This is gonna take forever!

B Hey chill, man. It'll be over in no time.

A 아이고, 언제 집에 갈 수 있냐? 이거 진짜 오래 걸릴 거야!

B 진정해. 금세 끝날 거야.

basic 유행하거나 인기있는 것만 좋아할 뿐 자기만의 개성이 없는 사람

힙하지도 않고 그냥 모두가 다 좋아하는 것, 유행하는 것만 따라갈 뿐 개인 취향이 크게 없는 사람을 나타낸다. **따분한 사람, 크게 흥미있는 점이 없는 사람**을 나타내는 표현으로 부정적인 표현이다.

Taylor is so basic. She only likes what everyone else likes.
테일러는 진짜 자기 취향이란 게 없어. 그냥 모두가 좋아하는 것만 좋아해.

sausage fest 소시지 축제 (완전 남자들 판, 남자들밖에 없는 모임이란 의미)

진짜 소시지 축제를 뜻하는 표현으로 쓸 수도 있지만… 슬랭으로는 생판 다른 뜻으로, **'남자들만 바글바글 모여 있는 경우'**를 의미한다. 참고로, 미국인들은 **festival**(축제)을 줄여 **fest**라고도 한다.

SAUSAGE FEST

> Damn dude, this is a sausage fest…
> I'm just gonna go home.
> (파티에서) 헐 야, 이거 완전 소시지 축제네…
> 나 그냥 집에 갈게.

Hell to the No ➜ hell no 절대 안 되지!

흑인들이 옛날에 많이 쓴 슬랭인데, 시간이 지나면서 hell no처럼 더욱 짧게 쓴다.

thirsty 이성에 목마른

원래는 '목이 마른, 갈증이 나는'이란 뜻이지만 슬랭으로는 '이성에게 목이 마른' 상태를 의미한다. 19금 뜻이다.

zaddy 멋지고 섹시한 남자

인터넷에서 생겨난 단어로 **멋지고, 옷 잘입고, 섹시하며, Swag이 뿜뿜한 남성**을 나타낸다.

'끝내준다' 모음 표현

'멋지다'를 '쩔~게' 표현하는 방법

2-03.mp3

Good! / Great! / Awesome! / Amazing! / Wonderful! / Cool! 다 좋다. 근데 재미가 없다. 우리도 '멋 진데!' '좋은데!' 이런 식의 말은 본능적으로 재미가 없는지 '끝내주는데!'부터 시작해 '죽인다!', '미쳤다!', '쩌 는데!', '완전 대박!'처럼, 말하자면 요샛말, 조금은 거친 슬랭을 쓴다. 미국아이들도 마찬가지! 잠시 이들의 '끝내주고 쩌는' 표현들 한번 살펴보고 가시겠다.

kick ass   쩐다, 죽여준다

kick ass 하면 '엄청 쿨하다'는 뜻. **무언가가 '쩐다!', '죽여준다!'는 느낌으로** That kicks ass! 라고 쓸 수 있고, '내가 끝내줬지!'라고 으쓱하며 I kicked ass!라고도 쓸 수 있다.

(TIP) kick someone's ass는 누구를 '혼쭐을 내다, 쉽게 무찌르다'라는 뜻으로도 쓰여서 I can kick your ass in basketball![농구에서 혼쭐내주마! 너를 농구에서 쉽게 이길 수 있다는 의미]과 같이 말할 수 있다. 또한 실제로 누구를 패버렸을 때도 I kicked his ass.[내가 그를 흠씬 팼어.] 이런 식으로 쓸 수 있다.

That was epic!   완전 대박이었어! 말도 안 되게 끝내줬어!

dope!   쩔어! 대박! 끝내준다!

Dude, this new game is dope!   야, 이 새 게임 완전 쩔어!

Gucci   (매우) 좋은

유명 브랜드 '구찌'가 슬랭이 되었다. **무엇을 good이라고 하는 대신 그냥 Gucci라고 하면 된 다.** It's so Gucci!(엄청 좋아!), I feel Gucci.(기분 좋아.)와 같이 사용된다.

sick 쩌는, 끝내주는

젊은 친구가 멋진 람보르기니를 보고 **That car is sick!**이라고 한다면 '**정말 끝내준다!**' '**멋있다!**' '**쩐다!**' 정도로 생각하면 된다.

That's sick! 끝내준다!

It's pretty sick! 완전 쩔어!

I'm shook! 충격!

충격을 받았다는 표현이다. **너무 좋아서 충격을 받았을 때도 쓰지만 너무 실망해서 충격을 받았을 때도** 쓴다.

It's the bomb! 완전 끝내주는데!

가끔 온라인에서 이 표현이 '안 좋은 무엇을 표현할 때 쓰인다'고 하는 사람들이 있는데, 전혀 그렇지 않다. **정말 무엇이 엄청 끝내줄 때 쓰이는 표현.** '완전 끝내주는데!' 이런 느낌이다.

the real deal 진짜(배기), 진국

우리도 요새 "진짜가 나타났다." 이런 식의 표현을 자주 쓰는데, 이때의 '진짜'에 해당되는 표현이 바로 the real deal이다. **제대로 된 무엇, 또는 진국인 사람**을 뜻한다.

This diamond necklace is the real deal. 이 다이아몬드 목걸이 제대론데.

Our history professor is the real deal! 우리 역사 교수님은 진짜(배기)야!

foodgasm = food + orgasm 음식이 너무 맛있어서 입으로 느끼는 오르가즘

음식이 너무 맛있어서 오르가즘을 느낄 정도로 행복하다는 감정을 나타내는 표현이다.

Bad Words

쓰진 않아도 알아들어야 할 **영어 욕**

욕이란? 남의 인격을 무시하는 모욕적인 말이다. 좋든 싫든 욕은 언어의 일부이다. 악한 의도로 쓰일 수도 있지만 때로는 단순히 감정을 나타낼 때 특별한 의미 없이 감탄사로 가볍게 쓰이기도 한다. 욕은 문화의 일부이며, 표현의 유래나 어원에서 나온 뜻에 상관없이 재미로 사용되기도 하고, 그러다가 유행어로 퍼지기도 한다. 참고로, '욕'을 영어로는 **bad words** 또는 **swear words**라고 하며 '욕하다'는 **swear**라고 한다. '신성 모독, 불경스런 비속어'란 뜻의 **profanity** 라는 표현도 있다.

우리가 굳이 욕을 알아야 하는 이유 중 가장 큰 이유는 바로 외국인이 나를 욕했을 때 적어도 알아들을 수는 있어야 하기 때문이다. 나를 모욕하는데 생글생글 웃고 있을 수만은 없잖은가? 아쉽지만 '인종차별' 분명 존재하고 '욕'은 없어지지 않을 거다. 새로운 언어를 배울 때 욕을 항상 먼저 배운다고 하는 사람이 있을 정도로 욕은 유혹적이고 입에 착착 감긴다. **_Dear Bro,_** 욕을 써먹으라고 하는 것이 절대 아님을 미리 말한다. 그냥 알고만 있었으면 하는 바람이다.

✦

Watch your thoughts or they

become your words.

Watch your words or they

become your actions.

Watch your actions or they

become your character.

And watch your character for it

becomes your DESTINY.

주의하라.
당신의 생각은 당신의 말이 되고,
당신의 말은 당신의 행동이 되고,
당신의 행동은 당신의 특성이 되고,
당신의 특성은 당신의 운명이 된다.

Carefully watch your thoughts, for they become your words. Manage and watch your words, for they will become your actions. Consider and judge your actions, for they have become your habits. Acknowledge and watch your habits, for they shall become your values. Understand and embrace your values, for they become your destiny.

- Mahatma Gandhi -

주의 깊게 생각하라. 당신의 생각이 당신의 말이 된다. 말에 신중하라. 당신의 말이 당신의 행동이 될 것이다. 잘 생각하고 판단해서 행동하라. 당신의 행동이 습관이 된다. 습관을 깨닫고 조심하라. 당신의 습관이 당신의 가치가 될 것이다. 가치를 이해하고 받아들여라. 당신의 가치가 운명이 된다.

— 마하트마 간디 —

Fuck

2-04.mp3

우리나라의 욕 1순위가 'ㅆㅂ'이라면 영어의 1순위 욕은 아마도 fuck일 것이다. 기본적으로 불경스러운 단어다. 경멸의 표시이기도 하고 '성교하다'라는 뜻도 담겨 있지만 꼭 그렇게만 쓰이지는 않는다. 어떤 표현의 의미를 강조할 때도 쓰이고 부정적인 것을 묘사할 때도 쓰이지만 별 의미 없이 그냥 감탄사로 쓰일 때도 있다. 한국에서도 문턱에 새끼발가락을 부딪혔을 때 '아야' 하는 사람들이 있는가 하면 'ㅆㅂ!' 먼저 입에서 나오는 사람들이 있다. 마찬가지로 fuck도 '아야' 또는 '제길' 대신 감탄사로 무슨 특별한 의미 없이 쓰일 때도 많다. 어떤 사람은 친한 친구한테 농으로 또는 입버릇처럼 편하게 쓰기도 한다. fuck의 여러 가지 사용법을 한번 보자.

⚠ **WARNING** 욕을 잘못 사용해서 당사자에게 생기는 불이익을 책임지지 않습니다. 당신의 인생이고, 당신의 인성, 감정을 표현하는 말들, 조심해서 사용합시다.

fucking　존나, 염병할, 빌어먹을

fucking이란 표현은 주로 뭔가를 강조할 때, 또는 부정적으로 말할 때 쓰인다. **강조하는 부사로 사용될 때는 '존나'와 뉘앙스가 가장 가깝다.** 즉 '진짜, 엄청나게, 아주, 무지막지하게'라는 뜻의 강조어로 쓰인다는 것이다. 또, **부정적으로는 '염병할, 빌어먹을, 망할, ㅆㅂ' 등으로 쓰인다.**

He's fucking pissed off.　걔 존나 빡쳤어.

I hate that stupid fucking English teacher!　그 멍청한 염병할 영어 선생 싫어!

Are you fucking serious?　지금 존나 농담하는 거지? 존나 진심이야?

Fuck you!　엿 먹어!

분노, 경멸, 반항을 표현한다.

(TIP) Fuck you 대신 쓸 수 있는 비슷한 표현들

Screw you! / Eff you! / Fork you! / Go to hell! / Damn you! / Kiss my ass! / Piss off! / Fuck you very much! / Shove it up your ass! / Get lost! / Beat it! / Scram! / Go fuck yourself!

fucked up ❶ 망쳤다 ❷ (도덕적으로) 잘못된

fuck up은 '망치다, 파괴하다, 부셔버리다'라는 뜻. 따라서 fuck up의 과거인 **fucked up**은 행동으로 '망쳤다', 신체를 '망쳤다'고 할 때 쓴다. 또, 과거분사형이기도 한 fucked up은 일반 사람이 보기에 **도덕적인 관념에서 상당히 벗어난 '잘못된'** 것을 나타낼 때도 쓴다.

바람을 피운 후 여자친구에게

Sorry, I fucked up. 미안, 내가 망쳤어.

장난치다가 팔꿈치를 다쳤을 때

I fucked up my elbow. 내 팔꿈치를 다쳤어(망쳤어).

대학교에서 선배들이 술에 가래침, 담배재 등등을 섞어 신입생에게 마시게 할 때

Wow, that's really fucked up. 와, 이거 진짜 잘못됐다.

(TIP) 도덕적인 관념에서 잘못됐다고 할 때는 That's fucked up. 외에 That's messed up.이란 표현도 완전히 같은 뜻으로 쓸 수 있다.

I'm fucked. 망했다. 좆됐다.

I fucked up.이라고 하면 내가 무엇을 '망쳤다, 실패했다, 조졌다'라는 뜻이지만, I'm fucked.라고 한다면 '나 망했다.' '나 좆됐다.'라는 뜻이다.

축구를 하다가 공을 찼는데 교장선생님의 새 차 벤츠가 찌그러졌다. 그런데 그걸 무섭기로 소문난 수학선생님이 보고 나에게 다가오고 있다.

Oh shit… I'm fucked. 아 젠장… 나 망했다.

(TIP) 이 경우 Fuck my life!라는 표현도 쓸 수 있다. 이런 '빌어먹을 내 인생!'이란 뜻인데 문자 약어로 FML로도 많이 쓴다.

I don't give a fuck. 1도 상관 안 해. 1도 신경 안 써.

'나는 상관 안 한다, 신경을 1도 안 쓴다'는 의미이다. **문자 약어로 IDGAF**라고도 쓴다. Dua Lipa(두아 리파) 노래 제목이기도 하다.

Who gives a fuck? 누가 그걸 신경 써?

아무도 신경 안 쓴다는 의미로 하는 말이다.

Zero fucks given. 정말 1도 신경을 안 쓴다.

조금도 신경 쓰지 않는다는 말을 강조한 것이다. **There's no fucks given.**이라고 표현하기도 한다.

A Hey, Mason, I don't like it when you talk to Daniel like that.

B Hey, Erin, guess what? Zero fucks given!

A 야, 메이슨. 난 네가 대니얼한테 그런 식으로 말하는 게 싫어.

B 야, 에린. 너 그거 알아? 나 ㅈ도 신경 안 써.

No fucking way. 말도 안 돼.

No way.를 더 강하게 말하는 거다.

as fuck (af) 존나

문자로 줄여서 af라고 많이 쓴다.

I'm tired as fuck. 나 존나 피곤해.

I'm hungry as fuck. 나 존나 배고파.

I'm drunk as fuck. 나 존나 취했어.

fuck around   장난치다, 희희덕대고 노닥거리며 시간을 낭비하다

Stop fucking around. 그만 좀 장난쳐.

I don't have time to fuck around. 나 희희낙락 노닥거리면서 낭비할 시간 없어.

Fuck me!   제기랄! 이런 젠장! 나 망했다! 정말 뭣 같네!

Don't fuck with me!

나 건드리지 마라! 시비 걸지 마라! 나한테 장난치지 마라!

Fuck it!   에라 모르겠다! 아 됐어 뭐! 될 대로 되라지 뭐!

귀찮거나 더 이상 어쩔 수 없을 때, 또는 그닥 중요하지 않을 때 쓴다.

Fuck this!   너무 싫어! 이거 개싫어! 존나 싫어!

Fuck it!과 같은 뜻으로도 쓰인다.

Fuck that.   절대 안 해. 꺼지라고 해. 됐거든.

'나 그거 싫어하고 절대 안 할 거야'라는 의미로 쓴다.

Fuck no.   절대 No야.

아주 강한 **No**로 보면 된다.

Fuck my life! 인생 망했다!(존망!) 내 인생 뭐 같네! 아 ㅆㅂ 내 인생!

뭔가 안 좋은 일이 닥쳤거나 한숨이 나올 만한 상황에서 한탄하거나 화내면서 쓸 수 있다.

Fucking-A / Fuckin-A 존나 찬성

Fucking Affirmative를 줄여서 [f억킹 에이]라고 말한다. **상대방의 말에 동의할 때** 쓴다.

fuckload / fuck ton 존나 많은 양

The professor gave us a fuckload of homework! Wtf!
교수님이 숙제를 존나 많이 주셨어! 젠장 이게 뭐야!

* Wtf! What the fuck!의 줄임말

Wow, that's a fuck ton of cereal. 우와, 시리얼 양 존나 많다.

fucktard / fucking retard 존나 병신

fuck-face ㅈ같은 새끼

Shut the fuck up! 입 닥쳐 ㅆㅂ!

What the fuck is wrong with you?
ㅆㅂ 너 도대체 왜 그러냐?

fuck보다는 쪼~끔 약하지만 fuck만큼 많이 쓰는
Shit!

2-05.mp3

요즘 우리도 '쎗'이라고 하는 사람이 많은데… Shit!은 감탄사로 '빌어먹을!', '젠장!' '아, C발! 이런 뜻이기도 한 반면, 동사로 '똥을 싸다', 명사로는 '똥'이라는 뜻도 있다. 그 외에도 shit이 들어간 표현들이 엄청 많은데, 한번 살펴보자.

⚠ **WARNING** 욕을 잘못 사용해서 당사자에게 생기는 불이익을 책임지지 않습니다. 당신의 인생이고, 당신의 인성, 감정을 표현하는 말들, 조심해서 사용합시다.

feel like shit   기분이 더럽다, 기분이 우울하다, 몸이 아프다

take a shit   똥을 누다

Hey, I gotta take a shit. 야, 나 똥 눠야 돼.

shitty   좆같은, 엿같은, 안 좋은, 엄청 구린

You have such a shitty behavior. 너 참 태도가 엿같다!

This is my shitty car. 이거 엄청 구린 내 차야.

as shit   존나

as fuck도 많이 쓰지만 as shit도 많이 쓰인다.

TIP as fuck은 요즘 다 af로 줄여서 쓴다.

This donut is good as shit! 이 도너츠 존나 맛있네!

= This donut is good as fuck! / This donut is good as hell!

145

Holy shit! (감탄사) 오마이갓! 와우! 우와! 대박!

Wow!/Oh my God!과 같은 급의 감탄사이다. 정말 대단한 무언가를 접했을 때, 또는 많이 놀랐을 때 등에 쓴다.

Holy shit! Look at that guy run! He's fast as fuck!
대박! 저 사람 뛰는 거 봐! 졸라 빠르다!

A   I can bench press 300 kgs. 나 벤치프레스 300kg 할 수 있어.

B   HOLY SHIT! You're a BEAST! 대박! 너는 괴물이야! (야수야!)

No shit! 당연한 거 아니야! 당연하지!

No shit? 아 진짜? 그게 사실이야?

talk shit (누구를 또는 무엇에 대해서) 욕하다

Yo, are you talking shit about me? 야, 너 내 욕하냐?

bullshit 거짓말, 말도 안 되는 말, 열받는 말

piece of shit 쓰레기 같은 놈

You're a real piece of shit, you know that? 너 진짜 완전 쓰레기다, 그거 알어?

Eat shit! 엿 먹어!

Fuck you!와 같은 의미.

146

for shits and giggles 재미로, 재미삼아

A Dude, why did you put flour in the hairdryer? My little sister cried cuz of that this morning.

B It's all for shits and giggles.

A 야, 너희 왜 헤어드라이기에 밀가루 넣었어? 그것 때문에 내 여동생이 아침에 울었잖아.

B 재밌잖아.

* cuz because를 줄인 말로, 구어체 표현

full of shit 거짓으로 꽉 찬

You're full of shit. 넌 입만 열면 거짓말이야.

in deep shit 곤경에 처한, 안 좋은 상황에 빠진

'깊은 똥에 빠진', 즉 '곤경에 처한' 상황을 나타낸다.

Dude, you need to help me. I'm in some deep shit!
야, 너 나 좀 도와줘. 나 완전 안 좋은 상황에 처했어!

Get your shit together. 정신차려. 행동 제대로 해.

I don't give a shit. 나 1도 신경 안 써! 나 완전 무관심해!

chickenshit 겁쟁이

shitload / shit ton 존나 많은 양

I have a shitload of shoes. 나 신발 존나 많아.

We have a shit ton of beer at the house. 우리 집에 맥주 존나 많아.

shit(-)faced 존나 취한

I'm so shit-faced right now. 나 지금 존나 취했어.

(The) shit hit the fan. 똥됐어. 난장판이야. 상황이 심각해.

똥이 선풍기를 치면? 여기저기 사방에 똥이 튀게 된다. 그래서 이 표현은 '**갑자기 큰 골칫거리가 생겼다**', '**상황이 심각하다**'는 것을 뜻한다.

함부로 내뱉으면 여러분의 안전 보장 못할

미국인들이 많이 쓰는 욕설 모음

2-06.mp3

☠ 사용빈도/수위 매우 높음

'가는 말이 고와야 오는 말이 곱대(What goes around, comes around)'지만 아무리 말을 곱게 해도 욕
으로 답하는 이들은 어디에나 있다. 아니, 심지어는 가만있는 나에게 무턱대고 욕설부터 퍼붓는 이들도 있
다. 그래서 최소한 이 눔들이 나한테 지금 욕하고 있구나 정도는 알아야 한다. 이 눔들이 할 수 있는 최고
수위의 욕들을 모아보았다. 쓰지는 말고 알아듣는 데만 참고하시길!

⚠ **WARNING** 욕을 잘못 사용해서 당사자에게 생기는 불이익을 책임지지 않습니다. 당신의 인생이고, 당신의 인성, 감정을
표현하는 말들, 조심해서 사용합시다.

Fuck! 젠장! 제기랄! ㅆㅂ! 썩을!

Shit! 젠장! 제기랄! ㅆㅂ! 썩을!

Damn!/Damn it! 젠장! 제기랄! ㅆㅂ! 썩을!

Fuck you! 엿 먹어! 좆까!

Fuck off! 꺼져 ㅆㅂ!

bitch 쌍년, ㅆㅂ 년, 개같은 년

ass/asshole 재수없는 ㅅㄲ

fucker ㅈ같은 놈

motherfucker ㅆㅂ 놈

dumbass 바보 ㅅㄲ, 병신

dick ㅈ같은 ㅅㄲ

douche ㅈ같은 ㅅㄲ

douchebag ㅈ같은 ㅅㄲ

pussy 쫄보 ㅅㄲ

fag / faggot 동성애자 ㅅㄲ

slut 창녀

cunt 씹 개ㅈ같은 쌍년

영어 욕 중에서 '가장' 거의 1순위로 강한 욕이라고 볼 수 있다. 제일 모욕적이고 공격적 (offensive)이다. 여성의 질을 의미하는데, 진짜 '씹 개ㅈ같은 쌍년' 이런 느낌..? 그냥 **여성을 모욕하는 최악의 단어**라고 생각하면 된다.

소중한 당신이 함부로 들어서는 안 될
그 외 별의별 욕들

2-07.mp3

☠ 사용빈도 중하/수위 상중

욕이란 건 그렇다. 어느 언어를 막론하고 그렇다. 별의별 욕이 다 있다. 우리말도 그렇지 않은가? 참 똑같은 뜻인데도 별의별 다양한 표현들이 있다. 앞서 다루지 않았지만 알아둬야 낭패를 모면할 수 있는 그 밖의 별의별 욕들을 살펴보자.

⚠ **WARNING** 욕을 잘못 사용해서 당사자에게 생기는 불이익을 책임지지 않습니다. 당신의 인생이고, 당신의 인성, 감정을 표현하는 말들, 조심해서 사용합시다.

shithead   똥같은 ㅅㄲ

piece of shit   똥같은 ㅅㄲ

prick   ㅈ같은 ㅅㄲ

stalker   스토커

psycho   싸이코

skank   기분 나쁜 ㅅㄲ

asswipe   얼간이, 꼴 보기 싫은 놈

cock-sucker   아첨꾼 ㅅㄲ, 비열한 ㅅㄲ, 아부하는 ㅅㄲ, 아부꾼 ㅅㄲ

whore 창녀

ass-kisser 아첨꾼 ㅅㄲ, 비열한 ㅅㄲ, 아부하는 ㅅㄲ, 아부꾼 ㅅㄲ

bum 게으른 건달놈

creep 섬뜩하고 소름끼치고 기이한 사람

chub / chubby 통통이(통통한 사람), 토실토실한 사람

choad 남성의 성기(penis)가 작음(short and thick)을 가리키는 표현

crackhead 코카인 약중독자

dick-head ㅈ같은 ㅅㄲ

dumb-shit 병신 ㅅㄲ

fat-ass 돼지 ㅅㄲ

fatty 뚱뚱한 놈

homo 동성애자

jack-ass 바보 얼간이

perv/pervert 변태

junkie 약쟁이(마약 중독자)

pig 돼지

turd 똥같은 놈

twat 등신, 병신

retard 저능아, 병신

dyke 여자 동성애자, 레즈비언 (모욕적으로 쓰임)

queer 동성애자

rat 쥐새끼

배신하는 사람을 부를 때 쓰인다. **조직을 배반하는 그런 자를 rat이라 부른다. Did you rat on us?**(우리에 대해서 불었냐?)**처럼 동사로도** 쓸 수 있다. 경찰 또는 갱스터 관련 영화를 보면 많이 들을 수 있는 표현이다.

(TIP) snake와 snitch도 모두 '배신자'라는 뜻이다.

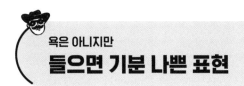

2-08.mp3

⚠ 사용빈도 상/수위 중

바보, 등신, 루저, 쫄보, 찌질이, 또라이 등, 딱히 욕이라고 할 수는 없지만 상대를 깔보고 무시하는 무례한 말들이다. 배워서 막 쓰라는 게 아니다. 제대로 알고 상대가 들어서 기분 나쁠 만한 표현은 피하자.

⚠**WARNING** 욕을 잘못 사용해서 당사자에게 생기는 불이익을 책임지지 않습니다. 당신의 인생이고, 당신의 인성, 감정을 표현하는 말들, 조심해서 사용합시다.

idiot 바보

dummy 바보

jerk 나쁜 놈, 찌질한 새끼

loser 패배자, 패자

old-fart 어리석은 놈

chicken 겁쟁이, 쫄보

wuss 겁쟁이, 쫄보

wimp 겁쟁이, 약골

weak sauce 약한 놈

baby 아기

crybaby 울보

cheater 사기꾼

traitor 배신자

cannibal 식인종

monster 괴물

flake 약속을 잘 어기는/깨는/째는/펑크내는 사람

gay 게이

lesbo 레즈비언

freak 괴짜, 괴물 같은 사람

주로 사람이 어떤 한 분야에서 '괴물처럼' 뛰어나게 '사람같지 않게' 무언가를 잘할 때, 그를 freak이라고 부를 수 있다. 예를 들어, 어떤 친구가 다른 사람들이 다 30분 이상 걸려서 겨우 푸는 수학 문제를 2분 만에 풀었다면 그를 freak이라고 할 수 있다. 또는 100미터를 9초 아닌 8초 만에 뛰었다면 그 또한 freak이라고 부를 수 있다.

nerd   너드 (범생이, 똑똑한 찌질이)

너드는 **주로 똑똑하고 공부 잘하는 공부벌레, 범생이**를 나타낸다. **안경을 끼고, 책을 몇 권씩 들고 다니는 소심한 이미지를 생각하면 되겠다.** 과학자, 프로그래머, 음악가 등의 직업을 많이 가지고 있다고 한다. 긍정적으로 쓰이기보다는 부정적으로 쓰이는 표현이다. smart and obsessed with something을 부정적으로 표현한 단어라고 보면 될 것 같다.

geek   엉뚱한 괴짜, 덕후 (컴퓨터, 전자기기, 과학)

주로 전자기기, 컴퓨터, 만화, 과학 영화 등 특정한 분야에 엄청난 지식을 가지고 있으며, 그 취미에 엄청 푹 빠지는 사람들을 나타내는 표현이다. IT, 디자이너, 바리스타, 엔지니어 등의 직업을 많이 가지고 있다고 한다.

dweeb   샌님

dweeb은 **머리는 좋지만 사회성이 떨어지는 사람**을 말한다. 1980년대 Dim-Witted Eastern-Educated Boor의 약어로 미국 동부쪽 대학인 하버드, 예일 출신의 전형적인 아이비리그 졸업생을 묘사하는 말에서 유래했다.

dork   찌질이

찐따, 찌질이라고 번역되기도 하는데 사실 한국어로 딱 맞는 단어가 없다. dork는 **유행에 뒤처지고 사회성이 떨어지거나, 덜 떨어져서 사람들과 어울리기 힘든 부류**를 부른다. nerd나 geek에 비해 똑똑함과는 거리가 멀다.

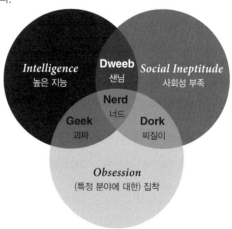

욕이 아닌데 욕처럼 들리는, 욕하기 싫은 사람들이
욕 대신 쓰는 귀여운(?) 표현들

2-09.mp3

★ 사용빈도 중/수위 하

다음의 표현들은 주로 욕이 자연스러운 감탄사처럼 튀어나오는 걸 살짝 변경하여 욕을 욕이 아닌 '그냥 웃긴(?)' 말로 바꾼 표현들이다. 정말로 많은 사람들이 욕을 하지 않기 위해서 이런 재미난 표현들을 쓴다. 우리가 쌍욕을 '신발', '식빵' 같은 말로 바꿔 쓰듯.

Shut the front door! Shut the fuck up!을 대신하는 표현

Mother father! Motherfucker!를 대신하는 표현

문턱에 새끼발가락을 찍었을 때와 같이 순간 **어디가 정말 아플 때 우리도 'ㅆㅂ!'라는 말이 자연스럽게 튀어나오는 것처럼** 미국인들도 마찬가지. 그런 상황에서 말을 조금은 순화시켜 **Motherfucker! 대신 Mother father!**라고 한다.

Mother puffin Motherfucking을 대신하는 표현

Shitake mushrooms Shit을 대신하는 표현

입에 배인 습관 때문에 먼저 **Shit!!**이라고 해놓고 괜히 주위에 듣는 사람들이 있으니까, 아니면 스스로 욕을 쓰지 않는 것을 연마하려고 '타키 머쉬룸스'라고 갖다 붙인다. 웃긴 표현이다.

Shoot! Shit!을 대신하는 표현

욕이 아니다. 그냥 Shit 대신에 정말 많이 쓴다. **Shit!**이라고 욕하기 싫은 사람들에게 인기있는 감탄사다.

Chuck it! Fuck it!을 대신하는 표현

Fudge! Fuck! 대신 정말 많이 쓰는 표현

God bless it! God damn it!(이런 저주할!) 대신 쓰는 표현

Son of a gun! Son of a bitch! 대신 쓰는 표현

Son of a biscuit eater! Son of a bitch! 대신 쓰는 표현

Go lick a duck! Go suck a dick!(가서 거시기나 빨애) 대신 쓰는 표현

Eat soap! Eat shit! 대신 쓰는 표현

Holy cow!/Holy smokes!/Holy Moly!/Holy balls!/Holy crap!/Holy fuck!
Holy shit! 대신 쓰는 표현

부끄러운 줄 모르고 쓰는 개념 밥 말아먹은
인종차별(Racism) 욕들

2-10.mp3

어딜 가나 인종차별을 하는 사람들이 있다. 개념 없고 무례한 사람들은 어디에나 있는 법이니까. 특히 서구권 사람들은 자신들이 뭐가 그리 우월한 냥 다른 인종들을 아래로 보는 마인드가 무의식 중에 깔려 있다. 그래서 영어에는 각종 인종, 민족을 비하하는 표현들도 많다. 차별받고 있는데 차별받는지도 모르는 불상사를 피하기 위해 준비했다.

⚠ **WARNING** 욕을 잘못 사용해서 당사자에게 생기는 불이익을 책임지지 않습니다. 당신의 인생이고, 당신의 인성, 감정을 표현하는 말들, 조심해서 사용합시다.

Negro / Nigger / Nigga' (흑인 비하 표현) 깜둥이

Negro, Nigger, Nigga' 등의 표현들은 주로 영어를 쓰는 나라에서 흑인을 멸칭하는 욕설이다. Nigger, Negro는 그냥 '깜둥이'라는 욕설 그 자체라고 생각하면 된다. 같은 흑인들 사이에서는 친하면 Nigga'라고 친근감 있게 서로를 부르기도 하지만 흑인의 피가 섞이지 않았다면 절대로 사용하면 안 되는 표현이다. 그래서 이런 단어를 가리켜 N-word라고 부른다. 인종차별적 욕설로 받아들일 수 있다. 그냥 쿨하다고 생각해서 사용했다가는 얻어맞을 수도 있고 최악의 경우에는 목숨이 위험해질 수도 있다. 일반적인 룰은 이러하다. "Never use the N-word.(절대 N단어를 쓰지 말라.)" 그냥 절대 쓰지 말기 바란다.

(TIP) 흑인을 칭하는 단어 Negro의 유래는?
1442년경 포르투갈인들이 남아프리카에서 만난 민족들을 제일 처음으로 Negro라고 부르기 시작했는데, 이 Negro라는 단어는 스페인어와 포르투갈어로 '검은색'이라는 뜻이다.

Brown-Sugar (흑인 비하 표현) 황설탕

(TIP) Once you go black, you never go back.이라는 표현이 있다. 한번 흑인에게 사랑에 빠지면 다른 인종에게 돌아가지 않는다는 표현이다. black과 back의 라임(rhyme)을 맞춰 지어낸 말인 듯하다.

Monkey (흑인 비하 표현) 원숭이

Gook (나이 많은 사람들이 주로 쓰는 동양인 비하 표현) 국

Gook은 '창녀'라는 뜻으로 필리핀인 여성들을 비하하는 의미로 원래 쓰였다고 한다. **주로 베트남이나 필리핀 등 동남아시아 사람들에게 많이 쓰지만, 미국인들이 아시아 국가명에 '국'이 들어가는 것을 보고 gook people이라고 불렀으며, 한국전쟁을 통해 Gook은 한국사람들을 칭하는 게 되었다고 하는 사람들도 있다.** 확실한 것은 Gook이란 단어 자체는 조금 더 나이가 많은 옛날 사람들의 인종차별 욕이란 것이다.

Chink (동양인 비하 표현) 칭크

가장 많이 쓰이는 동양인 인종차별 욕일 것이다. '눈이 쫙 째진'이란 뜻으로 동양인 모두를 모욕하는 표현이다. Chinkie라고도 한다. 중국의 청나라에서 온 말이라고 하는 설도 있고, 중국인 노동자들이 철도건설 현장에서 칭칭거리는 쇳소리를 내서 비롯됐다는 말도 있다. 어떤 것이 진짜인지는 그렇게 중요하지 않다. 그들이 쓸 때 모욕하려는 의도를 가지고 동양인을 우습게 생각하며 이 표현을 쓴다는 데 가장 큰 문제가 있다. 원래 중국인 비하 표현으로 시작했던 게 서양인들 눈에 동양인이 다 똑같아 보여서 그냥 전반적으로 다 싸잡아 동양인을 비하하는 표현이 됐다.

Open your eyes, you chink! 눈 떠, 이 칭크야!

You are very chinky. 너 눈이 아주 쫙 째졌구나.

Ching Chang Chong (동양인을 놀리는 표현) 칭챙총 칭챙총

미국사람들이 동양인들의 언어를 따라 하는 척하면서 놀리는 것이다. "칭챙총 칭챙총" 이러면서 모욕하는 사람들이 있다.

Chinaman 중국에서 온 사람

Banana (아시아계 미국인 비하 표현) 바나나

겉은 노란색으로 동양인의 모습을 하고 있지만 미국에서 자라서 백인처럼 말하고 행동하여 **겉은 동양인처럼 노란색이고 속은 백인처럼 하얀색이라는 의미에서 바나나라고 비하**한다.

Yellow people (동양인을 놀리는 표현) 노랑이들

노랑색 사람들. 동양인들을 노란색이라고 놀리며 쓰는 표현이다.

Jap (일본인 비하 표현) 잽

우리가 일본인을 비하해 '쪽발이'라고 하듯 **Japanese(일본사람)를 줄여서 Jap**이라고들 한다. **상당히 모욕적인 표현**이다.

They all look alike. (동양인 비하 표현) 걔들은 다 똑같이 생겼어.

FOB (Fresh Off the Boat의 약자) 이제 막 이민 온 사람

[F압] Fresh Off the Boat의 약자로, '배에서 막 내린', 즉 '이제 막 이민 온 사람'을 뜻한다.

He's a FOB. 쟤는 이민 온 지 얼마 안 된 놈이야.

Rice Burner 기름 대신 쌀을 연료로 써서 가는 자동차

'쌀을 태우는 기계'라니 무슨 말일까? 미국에는 혼다나 도요타 같은 일본 자동차를 쓰는 사람들이 많다. **인종차별이 심하거나 인종차별 농담을 즐기는 사람들은 이런 일제차나 한국차들을 Rice Burner라고 부르는데**, 기름을 태우는 게 아니고 대신 쌀을 태운다고 해서 생겨난 표현이다.

TIP 다른 인종에게 동양인의 매력에 푹 빠지게 하는 것을 Asian Persuasion이라고 한다.

Beaner　멕시칸 비하 표현

콩을 많이 먹는 멕시칸들을 비하하는 표현이다.

Wetback　멕시칸 비하 표현

바다를 헤엄쳐서 미국으로 건너온다고 해서 '젖은 등'이라고 부른다. **엄청 모욕적인 표현**이다.

Puto　멕시칸 비하 표현

Puto는 스페인어로 **Bitch라는 표현**이다.

(TIP) 참고로 멕시코 사람들은 백인들을 Gringo라 부르고, 한국, 일본, 중국 관계없이 동양인들을 다 싸잡아 Chino(중국남자)라고 부른다.

Cracker　(백인 비하 표현) 크래커

하얀 크래커를 비유해서 백인들을 모욕하는 표현 중 하나다.

Redneck　빨간 목 (촌놈, 시골촌뜨기라고 백인 농민을 비하하는 표현)

미국에서 저소득 백인 농민들을 비하하는 표현이다. '촌놈' '시골촌뜨기' 정도로 생각하면 된다.

Trailer trash　트레일러 쓰레기

20세기 중반(1952) 정도에 주택을 살 형편이 안 돼서 트레일러에서 사는 백인들을 비하하는 데서 나온 표현이다.

White trash _(백인 비하 표현) 백인 쓰레기

Whitey _(백인 비하 표현) 흰둥이

Yankee _(백인 비하 표현) 양키놈

Hillbilly _(백인 비하 표현) 촌뜨기

대놓고 욕을 하거나 인종차별을 하는 무례한 사람들을 마주하게 되면 〈① 무시한다. ② 모르는 척 친한 척 능글맞게 칭찬이나 날씨 이야기 등으로 화제를 돌리거나 딴청을 피운다. ③ 말로 또는 진짜로 싸운다. ④ 사랑으로 다 감싸고 그래도 어쩔 수 없으면 그냥 이해하고 넘어간다.〉 등 여러 방법이 있을 수 있다. 여기서는 이런 사람들에게 대응할 수 있는 영어 표현들을 모아본다.

Excuse me? Were you saying something?
실례지만, (저한테) 뭐라고 하시는 거죠?

Sir, Sorry but you need to watch what you're saying around us. We can actually hear you.
죄송한데 말씀 좀 조심해 주세요. 저희 다 들려요.

Hey, you're being extremely rude.
저기요, 지금 상당히 무례하시네요.

Are you being racist right now?
지금 인종차별하는 겁니까?

You're clearly being racist.
지금 명백하게 인종차별을 하고 계십니다.

Please don't. 제발 하지 마시죠.

You're gonna regret it. 후회하실 겁니다.

Why are you saying that? 왜 그런 말을 하는 거죠?

Did I do something wrong? 제가 뭔가 잘못했나요?

Do I know you? 저 아세요?

You don't even know me. 절 알지도 못하잖아요.

How dare you? 감히 어떻게?

Are you out of your mind? 정신 나갔어요?

I wouldn't do that if I were you.
제가 당신이라면 그러지 않겠어요.

I don't want any trouble.
심각한 상황 만들고 싶지 않습니다.

I'm going to call the police. 경찰에 신고할 겁니다.

Should I call the cops? 경찰을 부를까요?

Do you want me to call the cops?
경찰에 신고하기를 바라세요?

Touch me and see what happens.
어디 건드려 봐요, 어떻게 되는지 보자고요.

Get off me. 나한테서 떨어져. 꺼져.

Get out of my way. 내 앞에서 꺼져.

Get the fuck out here! 여기서 꺼져!

Fuck off! 꺼져!

Get lost! 꺼져!

Back off! 뒤로 물러서! 비켜! 내 일에서 빠져! 꺼져!

Stay out of it! 참견하지 마!

It's none of your business. 네 알 바 아냐.

Mind your own business. 네 일이나 신경 써.

You need to mind your own business.
당신 일에나 신경 쓰시죠.

Can you just leave me alone, please?
그냥 절 좀 내버려 두시겠어요?

Don't fuck with me. 나한테 시비 걸지 마라.

Don't mess with me. 나한테 시비 걸지 마라. 장난치지 마라.

I've had enough. (보자보자 하니까) 그만하면 됐어요. 그만하시죠.

Don't get any closer. 더 이상 가까이 오지 마.

**I'm gonna spray you with my pepper
spray.** 후추 스프레이로 쏠 거야.

Who do you think you are? 넌 네가 누구라고 생각해?

Who ARE you? 너 누구야?

Who do you think I am? 너 내가 누구라고 생각해?

Who do you think you're talking to?
네가 누구한테 이야기하고 있다고 생각하니?

How dare you speak to me like that?
감히 네가 나한테 그런 식으로 말을 해?

Part 3

Manners Maketh Man

Good Quotes

브로의 '**인생문구**'

언젠가부터 내 가슴 깊은 곳에는 Live to the fullest.라는 표현이 자리를 잡고 있었다. 한 번 사는 짧은 인생을 가능한 꽉 차게 살고 싶었고, 지금도 마찬가지이다. 누구에게나 마음 깊숙이 자신을 이끌고 지탱해주는 그 어떤 문구가 있지 않을까? 이번 챕터에서는 내가 미국에서 지낼 때 많이 들었던, 그리고 와 닿았던 그런 문구들을 모아보았다. 그냥 좋은 말도 있고, 도움이 되는 말, 또는 문화적인 마인드를 나타내는 말들도 있다. **Dear Bro,** 그대들을 이끄는 마음 속 문구는 무엇인가?

오래도록 마음에 남았던
영어 인생문구 모음

누구든 사는 게 녹록지 않다. 원하든 원치 않든 서로가 서로에게 알게 모르게 영향을 미치고 있으며 그러다 보니 사람이, 세상이 나를 지탱해 주기도 하지만 때로는 나를 벼랑 끝으로 몰아세우기도 한다. 이런 녹록지 않은 삶과 세상 속에서 포기하지 않고 나를 지키는 방법! 바로 내가 나에게 해주는 따뜻한 말이다. 오늘 당신의 SNS에 당신을 어루만져줄, 혹은 북돋아줄 인생문구 한 줄, 영어로 써보는 건 어떨까?

① **"Live to the fullest."** 최대한 꽉 찬 인생을 살라.

아인슈타인이 이런 말을 한 적이 있다. **"Live life to the fullest.** You have to color outside the lines once in a while if you want to make your life a masterpiece. Laugh some every day. Keep growing, keep dreaming, keep following your heart. The important thing is not to stop questioning."** (인생을 꽉 차게 사세요. 인생을 걸작으로 만들고 싶다면 가끔은 규칙을 벗어나 창의적으로 생각해야 합니다. 매일 조금씩 웃으세요. 계속 성장하고, 계속 꿈꾸고, 계속 당신의 마음을 따라가세요. 질문을 멈추지 않는 것이 중요합니다.) **아인슈타인은 Live life to the fullest.라고 했지만 보통 그냥 Live to the fullest.라고 life를 생략하고 많이 쓴다.**

② **"Don't judge others."** 남을 판단하지 마라.

누가 무엇을 입고 어떤 말을 하고 어떤 행동을 하든 타인을 함부로 평가하고 재단하지 말라는 뜻이다. 미국인들이 가장 중요시 여기는 덕목 중 하나다.

③ **"Be yourself."** 너답게 하라. (자기다운 게 제일 좋다.)

미국사람들이 가장 중요하다고 생각하는 룰이다. '자기 자신이 되라'는 이 말, 남을 보고 부러워하고 따라 하며 내가 아닌 다른 사람이 되려 하지 말고 자기 자신만의 색깔을 찾고 거기에 만족하고 자랑스러워 하면 된다는 거다. 이 우주 은하계에서 하나밖에 없는 당신 그 자체가 되란 말이다. 한마디로 자기다운 게 제일 좋다는 의미!

④ **"You are who you think you are."**
네가 생각하는 네가 바로 너다.

너는 네가 생각하는 바로 그 사람이다. **남이 뭐라고 하든지 네 자신에 대해 스스로 어떻게 생각하느냐가 중요하다**는 의미이다.

⑤ **"Everything in moderation."**
조금씩 다 해보되 하나에 너무 치우치지 말라.

친구의 할아버지 SOB(Sweet Old Bob)이 돌아가시기 전에 남긴 편지에 적혀 있던 구절이다. 그는 하버드를 졸업하고 프로미식축구 선수부터 아나운서, 간호사 등등 여러 가지 일을 하셨던 멋진 분이셨다. '모든 것을 적당히, 양도 것만 하라'는 뜻이다. 한마디로 '조금씩 다 해보되, 하나에 너무 치우치지 말라'는 뜻으로 말씀하셨다. 참고로, SOB은 그 분 애칭이었다. SOB는 원래 Son of Bitch를 줄여서 많이 쓰이는 욕인데 둘 다 initial이 같아 친한 주변 사람들이 재밌다고 생각해서 할아버지에게 붙여드린 별명이다.

⑥ **"Better late than never."**
늦게라도 하는 게 아예 안 하는 것보다 낫다.

⑦ "Try everything once."

뭐든지 한 번쯤은 해보라.

⑧ "You never know until you try."

해보기 전까지는 모른다.

⑨ "May you only feel the truth, see the truth, hear the truth, speak the truth." 항상 진실만을 느끼고, 진실만을 보고, 진실만을 듣고, 진실만을 말하라.

⑩ "One sees well only with the heart. The essential is invisible to the eyes."

마음으로 보아야 보인다. 정말 중요한 건 눈에 보이지 않으니까.

여전히 많은 이들의 사랑을 받고 있는 생텍쥐페리의 ≪어린왕자≫에 나오는 말이다. 여기서 **essential**은 명사로 '필수적이고 근본적이고 가장 중요한 것'을 나타낸다. 즉 '정말 중요한 것은 눈으로 볼 수 없고 마음으로 볼 수 있다'는 멋진 말이다. 참고로 ≪어린왕자≫의 원작은 프랑스어다.

⑪ **"Love has taught us that love does not consist in gazing at each other but in looking outward together in the same direction."** 사랑은 우리에게 서로 마주 보는 것이 아니라 둘이서 같은 방향을 내다보는 것이라고 가르쳐 주었다.

사랑에 관한 명언으로 잘 알려진 이 문구 역시 생텍쥐페리가 한 말이다.

⑫ **"You're not perfect. But you're limited edition."**
당신은 완벽하지 않아요. 하지만 당신은 한정판이랍니다.

우리는 모두 완벽하지는 않지만 **이 세상에 나는 나밖에 없다**는 것을 한정판이라는 말로 표현한 문구 되겠다. 그러니 **우리 모두는 소중한 존재**라는 얘기!

⑬ **"Great minds think alike."**
훌륭한 사람들은 같은 생각을 하지.

보통 두 사람이 같은 의견을 냈을 때 "역시 똑똑한 사람들은 생각하는 게 같단 말야." 정도의 뉘앙스로 그 사람들을 치켜세워주는 표현으로 쓰인다. 또, 때마침 상대방이 나랑 같은 의견을 냈을 때도 "역시 똑똑한 사람들은 생각하는 게 똑같단 말야." 그러면서 상대방도 치켜세우고 은근슬쩍 자기도 똑똑한 사람이라고 농담삼아 내비칠 때 쓸 수 있다.

⑭ "Better safe than sorry."
나중에 후회하는 것보다 조심하는 편이 낫다.

직역하면 '쏘리하기보다(미안해 하거나 안타까워하기보다) 안전한 편이 낫다'이다. 즉 **나중에 가서 미안할 일이나 아쉬워할 일을 만들기보다는 애초에 조심성 있게 조금 더 안전한 쪽으로 하는 게 좋다**는 의미. 하늘을 보니 비가 올 것 같다. 비가 올지 안 올지 사실은 알 수 없는 일이지만 그래도 안전하게 우산을 챙겨가자 하는 마인드가 바로 Better safe than sorry.이다.

⑮ "It's now or never." 지금이 아니면 평생 못한다.

지금 아니면 절대 안 된다, 즉 **기회는 지금뿐**이라는 의미. 지금의 기회를 놓치면 평생 다시 이런 기회는 오지 않는다는 얘기이다. 정말 좋아하는 여자가 다른 나라로 이민을 가려 한다 치자. 그녀가 당신에게 와서 "나 잡을 거야? 잡으려면 지금 잡아줘." 라고 하면서 "기회는 지금뿐이야."라고 하는데… 바로 이때 쓰는 말이 It's now or never.이다.

⑯ "Keep your integrity." 자신의 고결함을 지키라.

integrity란? '절개(節槪), 청렴결백, 진실성, 완전한 상태'를 뜻한다. 미국에서는 이 integrity 라는 단어를 굉장히 중요시 여기는 사람들이 많다. 비양심적인 행동을 하는 누군가에게 Keep your integrity.라고 하면 '정직한 사람이 되라, 선을 지키는 사람이 되라, 바르게 살아라' 이런 뉘앙스이다. 한마디로 옮기자면 **'자신의 고결함과 가치를 지키라.'**인데, 여기에는 **'스스로에게 부끄러운 사람이 되지 말자, 스스로 떳떳한 사람이 되자'** 이런 의미가 담겨 있다.

⑰ "It's better to be an hour early than a minute late." 1분 늦는 것보다 1시간 일찍 가는 게 낫다.

⑱ "Action speaks louder than words."
말보다 행동이 중요하다.

직역하면 '행동이 말보다 소리가 크다.' 미국에서도 행동하지 않고 말만 거창한 사람들이 많다.
'말로만 하지 말고 행동으로 보여달라'는 뜻이다.

⑲ "Think before you speak."
말하기 전에 생각하라.

뼈 없는 허가 심장을 찌를(pierce a heart) 수 있다. 일단 입으로 뱉은 말은 되돌릴 수 없기에
말실수하고 나서 후회하지 말고 말하기 전에 두 번 세 번 깊이 생각하고 내뱉자.

⑳ "Thoughts become your words. Words become your actions. Your actions become your habits and your habits make you who you are." 생각은 말이 되고, 말은 행동이 된다. 자신이 하는
행동은 곧 자신의 습관이 되고, 그 습관이 곧 진정한 자신을 만든다.

㉑ "It's easier said than done." 말이야 쉽지.

누가 말만 번지르하게 할 때 쓸 수 있는 표현이다. 행동이 말로만 하는 것보다 훨씬 어렵다고 말하는 것이다. 예를 들어서, 누가 "난 올해 살도 10킬로 빼고, 돈도 엄청 벌 거야!"라고 한다면, 옆에서 It's easier said than done.이라고 할 수 있겠다.

㉒ "No one gets more than who wants it the most."
제일 원하는 사람보다 더 가질 수 있는 사람은 없다.

다시 말해, **뭔가를 가지고 싶다면 그만큼 절실하게 원해야 한다**는 의미이기도 하다.

㉓ "Don't make promises you can't keep." 지키지 못할 약속은 하지 마라.

㉔ "Keep in mind that people are generally good, but not all."
사람들은 대부분 선하지만 모두가 다 그렇지는 않다는 걸 명심하라.

㉕ "Fool me once, shame on you. Fool me twice, shame on me."
처음 속을 땐 속인 네가 잘못이지만, 두 번째 속으면 속은 내가 잘못이다.

여기서는 표현 두 개까지 건져가자. 먼저 **fool은 동사로 누구를 '속이다'는 뜻.** 따라서 fool me는 '나를 속이다'란 의미이다. 다음, 영어 공부를 하다 보면 Shame on you!라는 말, 한 번쯤은 들어봤을 것이다. 뭔가 잘못한 상대에게 '부끄러운[창피한] 줄 알아라!'는 의미로 하는 말이다. 즉 **shame on someone은 'someone은 자신의 잘못에 대해 부끄러운 줄 알아야 한다'**는 의미.

㉖ "Respect all. Fear none."
모두를 존중하되 아무도 두려워하지 말라.

사촌형이 다니던 학교의 미식축구팀이 티셔츠에 새겨넣던 문구이다.

㉗ "Be a gentleman." 신사답게 굴어라. 점잖게 굴어라.

촐싹대고 있는 꼬마 아이에게 그의 어머니가 할 수 있을 법한 말이다. 또는 **매너없이 행동하는, 배려없이 행동하는 남자에게 쓰기에 적절한 표현**이다. 물론 이 표현을 여자한테 하면 이상할 것이다. 대신, "매너있게 행동하세요."를 살짝 돌려서, **Where are your manners?**라고 많이 쓴다. **"당신의 매너는 어디 있나요?"** 즉, 매너있게 좀 행동해달라고 하는 말이다.

㉘ "Keep clean and tidy." 깔끔하고 청결하라.

정리정돈 잘하라는 말이다. 미국 엄마들이 많이 쓰는 표현이다. 문법 따지면 Keep this place clean and tidy./Keep this area clean and tidy./Keep it clean and tidy. 이런 표현들이 맞지만 그냥 습관적으로 Keep clean and tidy.라고 쓴다.

㉙ "Manners maketh man." 매너가 사람을 만든다.

영화 *The King's Man*(킹스맨)에 나온 대사로 유명해진 문구이다. 여기서 **maketh는 옛 영국에서 많이 쓰던 makes의 고어체.** 셰익스피어의 오리지널 원고를 보면 많이 나오는 옛날 영어는 현대화된 영어랑 상당히 다른 점이 많은데 그중 하나가 3인칭 단수에 -(e)th를 주로 붙였다는 점이다. 현대 영어에서는 이 경우 -(e)s를 붙인다.

㉚ "Would you like you if you met you?" 만약 당신이 당신을 만난다면 당신은 당신을 좋아할까요?

우리나라도 보면, 누군진 모르지만 쓰레기를 무단 투기하거나 하는 사람들을 대상으로 전봇대나 벽에 주민이 글귀를 붙이곤 하는데, 미국도 마찬가지다. 어딜 가나 사람 사는 곳은 다 같은 것 같다.

(31) **"Confidence is silent, insecurities are loud."** 자신감은 조용하고 불안감은 시끄럽다.

진짜 자신 있는 사람은 굳이 요란을 떨 필요가 없다. 그냥 실력으로 보여주면 되니까. 하지만 자신이 없어 불안한 사람은 요란하게 허세만 떠는 경우들이 많다. 우리말의 '빈 깡통이 요란하다.' '빈 수레가 요란하다.'와 일맥상통하는 부분이 있는 표현이다. 참고로, Al Pacino(알 파치노)가 활약한 영화 *Godfather*(대부)의 명대사로도 유명하다.

(32) **"Don't say sorry unless you mean it."** 진짜 미안한 게 아니면 미안하다고 하지 마라.

(33) **"Make eye contact when in conversation."** 이야기를 할 때는 눈을 마주쳐라.

(34) **"Don't act like you know something when you don't, that makes you look foolish."** 모르면서 아는 척하지 마라. 바보처럼 보인다.

③⑤ **"Treat all the girls and ladies as if they were your sisters and mothers."**

모든 여자를 당신의 여동생, 누나 혹은 어머니처럼 대우하라.

③⑥ **"We're all equal human beings; money or good looks don't make you a better person. In fact, there's no such thing as a better person."** 우리는 모두 똑같은 인간이다. 돈이나 외모가 더 잘난 인간이 되게 해주지는 않는다. 사실, '더 잘난 인간'이란 없다.

③⑦ **"Don't do something that you don't want others to do to you. Do unto others like you would have them do unto you."** 남한테 당하기 싫은 짓을 남한테 하지 마라. 남이 해줬으면 하는 것을 남에게 해줘라.

㊳ "Live, Laugh, Love." 살고, 웃고, 사랑하라.

1904년, Bessie Anderson Stanley(베시 앤더슨 스탠리)는 그의 시(poem) *Success*(성
공)에서 성공한 사람은 **"lived well**(잘 살고), **laughed often**(자주 웃고), **and loved
much**(많이 사랑했다)."라고 했다. 여기서 시작된 이 문구가 나중에 액자 포스터, 장식품, 머그
잔 등에 **Live, Laugh, Love**로 변형되어 사용되기 시작했다.

㊴ "Eat, Pray, Love." 먹고 기도하고 사랑하라.

Elizabeth Gilbert(엘리자베스 길버트)가 쓴 책의 제목이
다. 주인공이 이혼 후 이탈리아, 인도, 발리를 돌아다니며
스스로 치유해가는 내용의 소설이다. 책은 베스트셀러가
되었고 영화로도 개봉되며 이 문구는 아주 유명해졌다.

㊵ "Know yourself." 너 자신을 알라.

델포이 아폴로 신전 현관 기둥에 새겨진 격언으로 플라톤의 스승인 고대 그리스의 철학자 소크
라테스가 자신의 철학과 활동의 시발점으로 삼은 말이다. **신에 비해 인간의 지혜는 보잘것없으
니 무지함을 깨닫고 겸손한 자세를 갖춰야 한다는 말이다. 자신의 무지를 아는 것이 진리의 출
발점**이다.

㊶ "Make yourself useful."
가만 있지 말고 도움되는 일 좀 해라.

가만 있지 말고 너도 좀 도우라는 의미로 잔소리할 때 쓰는 말이다. 또, 룸메이트가 혼자 분주하게 청소하고 집안일 하고 있을 때 나는 빈둥빈둥 거리며 TV나 보고 있다가 '이제 나도 도움되는 일 좀 해볼까' 싶을 때는 make myself useful을 활용하면 되겠다.

㊷ "Say Please & Thank you."
항상 공손하게 부탁하고 고맙다고 말하라.

영어는 우리처럼 특별히 존칭이 발달해 있지는 않다. 그래도 누군가에게 부탁을 할 때는 공손하고 예의바르게 해야 한다는 건 만국 공통의 기본 상식! 부탁할 때는 Please를 붙이는 게 예의이고, 누군가 호의를 베풀면 Thank you.라고 하는 것 또한 예의이다. 그래서 **버릇없이 구는 아이에게 엄마들이 자주 하는 말로 Say, "Please."**("Please"라고 말해야지. 공손하게 부탁해야지.), **Say, "Thank you."**("감사합니다."라고 해야지.)가 있다.

㊸ "Mind your own business. If it's none of your concern, stay out of it." 당신 일이나 잘하세요. 남의 일에 신경 끄고.

남의 일에 지나치게 상관하는 오지라퍼들이 새겨야 할 명언이다. 내 인생을 가장 걱정하는 것은 바로 나 자신이며, 이는 남들도 마찬가지다. 당신이 신경 쓸 일이 아니라면 간섭하지 말자(If it's none of your concern, stay out of it). 친절한 금자씨도 그랬다. "너나 잘 하세요(Mind your own business)."

⑭ "Cross my heart and hope to die."
맹세코. 맹세할게.

직역하면 '성호를 긋고 죽기를 희망한다', 즉 '**하느님께 맹세하며 그 맹세를 지키지 않으면 목숨을 걸겠다**'는 것이다. **뭔가를 맹세할 때 숙어처럼 쓰이는 표현**이다. 뭔가 이루고 싶은 게 있다면 그 의지를 이 문구에 담아 일을 이룰 때까지 SNS에 박제해두고 매일 의지를 새롭게 다져보는 것도 좋겠다.

㊺ "Choose your friends wisely."
친구를 현명하게 선택하라.

㊻ "Don't make enemies."   적을 만들지 마라.

㊼ "Keep your friends close, but your enemies closer."
친구는 가까이, 허나 적은 더 가까이 두어라.

원래는 〈손자병법〉에 나온 말이다. 영화 *Godfather*(대부)의 명대사로도 유명하다. 접속사는 but 대신 and도 많이 쓴다.

185

㊽ "A good friend is like a four-leaf clover; hard to find and lucky to have." 좋은 친구는 네잎클로버와 같다. 찾기는 어렵지만 일단 갖게 된다면 행운이다.

아일랜드 속담(Irish Proverb)이다.

㊾ "Speak with honesty, think with sincerity, and act with integrity."

정직하게 말하고, 진실하게 생각하고, 고결하게 행동하라.

㊿ "Don't talk behind someone's back." 뒤에서 욕하지 마라.

우리도 뒤에서 남의 말을 하는 것을 **'뒤에서 욕하다, 뒷담 까다, 험담하다'**라고 하는데 **talk behind someone's back**이 딱 여기에 해당되는 표현이다.

(51) "Don't take that is not yours."

네 것이 아닌 것은 취하지 마라.

(52) "Take only what you need." 필요한 것만 취하라.

(53) "Don't dream, be it." 꿈만 꾸지 말고 되어라.

누구나 꿈은 꿀 수 있다. 그러나 이루고 싶은 것이 있다면 꿈에서 머물지 말고 현실로 바꾸기 위한 도전과 노력이 필요하다.

(54) "Time is limited." 시간은 한정되어 있다.

대학 때 경제학 교수님께서 opportunity cost(기회 비용)를 설명하시면서 늘 하시던 말씀이다. **시간은 한정되어 있으니 항상 시간을 아끼고 소중히 하라**는 의미에서 하시던 말씀같다. 참고로 2005년에 Steve Jobs(스티브 잡스)도 스탠포드대 졸업연설 때 "**Your time is limited**, so don't waste it living someone else's life.(당신의 시간은 한정되어 있으니, 다른 사람의 인생을 사느라 시간을 낭비하지 마세요.)"라는 말을 했다.

(55) "Take responsibility for all your actions." 자신의 모든 행동에 책임을 져라.

⁵⁶ "Spend less than you make."
버는 돈보다 적게 써라.

물질이 넘쳐나고 쇼핑이 편리해진 요즘 같은 시대에는 자칫 내 수입은 생각도 않고 막무가내로 카드를 긁다 빚에 허덕이게 되는 경우도 비일비재하다. 자칫 그런 함정에 빠질 것 같으면 바로 이 말 Spend less than you make.를 떠올리며 경제관념을 챙기자.

⁵⁷ "Save your money for a rainy day."
어려울 때를 대비해 돈을 모아두라.

일상생활에서도 정말 많이 쓰이는 표현이다. 여기서 **a rainy day**는 '예기치 않게 돈이 필요해질지도 모를 때, 궁해질 때'라는 의미이다.

⁵⁸ "Work hard, play harder."
열심히 일하라, 그리고 더 열심히 놀아라.

⁵⁹ "Set priorities and always plan ahead." 우선순위를 정하고 항상 미리 계획하라.

⑥⓪ "If you fall 9 times, get back up 10 times." 9번 넘어지면 10번 일어나라.

Fall seven times, stand up eight.(7번 넘어지면 8번 일어나라.)의 칠전팔기를 넘어 9전 10기의 정신을 보여주는 **표현**이다. 중요한 것은 꺾이지 않는 마음(indomitable spirit) 인 것이다.

⑥① "The more that you read, the more things you will know. The more that you learn, the more places you'll go." 읽으면 읽을수록 더 많은 것을 알게 될 것이다. 배우면 배울수록 더 많은 곳을 가게 될 것이다.

⑥② "You learn something new every day." 매일 뭔가 새로운 것을 배운다.

우리가 뭔가 새로운 걸 알게 됐을 때 "또 하나 배웠네."라는 식으로 말하듯이 영어권에서는 You learn something new every day.라고 말한다. 여기서 You는 상대를 향하는 표현 이 아닌 나를 포함한 일반적인 사람을 가리킨다.

63 **"Be kind and respectful to all living creatures."**

살아 있는 모든 것을 존중하고 친절히 대하라.

64 **"Don't take credit for the work of others."** 다른 사람의 공을 가로채지 마라.

65 **"Don't do evil to others."**

다른 사람에게 못되게 굴지 마라.

66 **"Step out of your comfort zone— push yourself to the limit."**

편한 곳에서 벗어나라. 자신을 한계까지 밀어붙여라.

67 **"Don't take yourself too seriously."**

스스로에게 너무 가혹하게 굴지 마라.

(68) "Don't sweat over the small stuff."
사소한 일에 안달하지 마라.

(69) "When one door closes, another door opens." 하나의 문이 닫히면 또 다른 문이 열린다.

미국의 발명가 알렉산더 그레이엄 벨(Alexander Graham Bell)이 한 말로, 이어지는 문장은 "but we often look so long and so regretfully upon the closed door that we do not see the ones which open for us.(그러나 우리는 이미 닫힌 문에 연연해서 지금 우리 앞에 열려 있는 문들을 보지 못할 때가 많다.)"이다.

(70) "All for one, and one for all."
모두가 하나를 위해서, 하나가 모두를 위해서.

한 사회의 구성원 모두가 일치단결하여 한 목표를 추구하고 그 사회는 다시 각 구성원을 돌본다는 깊은 뜻이 담겨 있다. 달타냥이 나오는 《삼총사》에 나와서 유명해진 말이다.

(71) "Take pride in your work and in yourself." 당신이 하는 일과 당신 스스로에게 자부심을 가지라.

⑦₂ "Don't forget where you came from." 네가 어디서 왔는지 잊지 마라.

많은 유명인들이 항상 하는 말이다. **당신이 어디서 어떻게 자랐고 지금 있는 그 위치까지 어떻게 올라왔는지 잊지 말라**는 뜻이다.

⑦₃ "Call your parents more often." 부모님께 더 자주 전화해라. (그들은 평생 살지 않는다.)

미국사람들도 이런 말을 한다는 게 좀 의아할 수도 있겠으나 가족애라든가 부모에 대한 마음, 자식에 대한 마음은 사람 사는 곳 어디나 다르지 않다. 부모가 우리 곁에 무한정 살아 계시지는 않으므로 가능한 부모님께 자주 연락을 드리는 게 좋다는 생각은 자식이라면 마음 저 밑바닥에 기본적으로 깔고 가는 정서이지 않을까?

⑦₄ "Remember that you're never alone." 당신은 절대 혼자가 아니라는 것을 기억하라.

⑦₅ "No one said life was gonna be easy." 누구도 삶이 쉬울 것이라고 하지 않았다.

76 "Don't sell yourself short."
자기 자신을 깍아내리지 마라.

직역하면 '너 자신을 짧게 팔지 말아라.'인데, 이 말은 곧 '**스스로의 가치를 알고, 대우/대접/월급 등을 받아야 하는 만큼 받아라**'라는 의미이다. 스스로를 너무 과소평가하거나 지나치게 겸손을 떠는 사람에게 '자신을 너무 과소평가하지 마라.' '너무 겸손한 걸.'이란 의미로도 쓰인다.

77 "The brave man is not he who does not feel afraid, but he who conquers that fear."
용감한 사람은 두려움을 느끼지 않는 사람이 아니라 그 두려움을 극복하는 사람이다.

78 "Fill your life with experiences, not things. Have stories to tell, not stuff to show."
삶을 물건이 아닌 경험으로 가득 채우라. 보이기 위한 물건이 아닌 들려줄 수 있는 이야깃거리를 쌓아라.

79 "You don't need to prove yourself to others."
다른 사람들에게 스스로를 증명할 필요는 없다.

⑧⁰ **"Don't let others tell you what you can or can't do."** 남이 네게 뭘 할 수 있고
할 수 없는지 말하게 두지 마라. (그들은 너에 대해서 아무것도 모른다.)

self-confidence 자신감, 자기 확신에 대한 이야기이다. 나를 가장 잘 아는 것은 나 자신이니
남의 말에 휘둘려서 스스로의 가능성을 함부로 재단하지 말자.

⑧¹ **"Don't let it get to you when others talk about you. They don't know you like you know yourself."**

남이 너에 대해 뭐라고 말하든 신경 쓰지 마라. 그들은 네가 네 자신을 아는
것처럼 너를 알지 못한다.

⑧² **"Control your emotions or they will control you."**

감정을 지배하라, 그렇지 않으면 감정의 지배를 받게 될 것이다.

⑧³ **"Go big or go home."** 할 거면 제대로 해라.

직역하면 '크게 가던지 아니면 집에 가라.' 즉 '**모 아니면 도다, 할 거면 제대로 하든지 안 그러
면 집에 가라, 제대로 안 할 거면 다 집어치우라**'는 의미이다.

84 "Whatever floats your boat."

(나는 아무래도 괜찮으니까) 너 하고 싶은 대로 해. 좋을 대로 해. 네 맘대로 해.

식당에 가서 친구가 '뭐 먹을래?'라고 물을 때, 극장에 가서 친구가 '뭐 볼래?'라고 물을 때 등등, 이럴 때 나는 아무래도 괜찮으니까 '너 좋을 대로 하라.'는 의미로 답하는 표현이다. 이 문구를 SNS에 박제해두고 나 자신에게 '너 하고 싶은 대로 하라.'고 맘을 다독이는 문구로도 활용해볼 수 있겠다.

85 "Learn the rules well, so you can bend them."

규칙을 잘 익혀라. 그래야 유연하게 이용할 수 있다.

86 "Rules are made to be broken."

규칙은 깨지라고 있다.

87 "Wisdom over knowledge."

지식보다 지혜

88 "Don't be too desperate."

너무 필사적으로 할 필요 없다.

89 "Do what others can't do. That's how you become rich."

남들이 할 수 없는 걸 하라. 그게 부자가 되는 방법이다.

90 "If you're good at something, don't do it for free."

잘하는 일이라도 공짜로 해주지는 마라.

91 "Shoot for the moon, if you fail, you'll at least land on a star."

달을 목표로 하면 실패해도 최소한 어떤 별에는 떨어진다.

92 "Slowly but surely."

천천히 하지만 확실히. 느리지만 확실하게.

93 "Whatever doesn't kill you, only makes you stronger." 아무리 힘들어도 죽지 않고 버텨내면 더 강해진다.

⑨⁴ "Everything happens for a reason."
모든 일에는 (일어나는) 이유가 있다.

⑨⁵ "Shit happens." 나쁜 일도 생기는 법.

shit은 '똥 = 나쁜 일'로 생각하면 된다. 살면서 나쁜 일도 생기는 게 당연한 거라고 생각하면 살아가기가 조금 더 편하다.

⑨⁶ "Be careful what you wish for."
함부로 소원을 빌지 마라.

"아, 아팠으면 좋겠어. 학교 안 가게." "아, 세상이 망했으면 좋겠어." "아, 귀신 한번 보면 좋겠네." 등등, 소망이나 소원을 함부로 내뱉는 이에게 할 수 있는 말이다. '그 소원 네가 진짜로 원하는 거 맞아? 함부로 소원 빌지 마라. 말이 씨가 될 수 있어(You just might get it).'라는 의미. 지금 간절히 이렇게 되면 좋겠다고, 혹은 반농담으로 저렇게 되면 좋겠다고 하지만 진짜 그런 일이 일어나기를 바라는 건지, 그런 일이 일어나도 되겠는지, 안 그럴 걸?, 그러니 말 조심하라는 얘기인 거지.

⑨⁷ "Been there, done that."
나도 겪어봐서 다 알아.

직역하면 '거기 가봤고, 그거 해봤다.'이다. 상대가 말하는 there와 that을 나도 이미 다 겪어봐서 잘 알고 있다는 얘기. 놀 거 다 놀아보고 볼 거 다 본 사람들이 많이 하는 말이기도 하다.

98 "I scratch your back, you scratch mine." 서로 도우며 살자.

직역하면 '내가 네 등을 긁어주면, 너도 내 등을 긁어준다.'이다. 내가 다른 이의 가려운 곳, 즉 다른 이에게 베풀면 다른 이도 나에게 베푼다, 베풀며 살자라는 생각을 **SNS**에 한 줄로 딱 박아놓고 싶을 때 활용해보라. 일상생활에서는 내가 도움이 필요할 때 **If you scratch my back, I'll scratch yours.**(나 도와주면 나도 너 도와줄게. 상부상조하자.)라는 식으로 쓸 수 있다.

99 "What goes around, comes around."
뿌린 대로 거둔다.

좋은 일을 하면 좋은 일을 하는 대로, 나쁜 짓을 하면 나쁜 짓을 하는 대로 모든 것이 돌고 돌아 되돌아온다는 뜻. 즉, **인과응보**를 이야기하는 표현이다. 말과 관련된 상황에서는 '가는 말이 고와야 오는 말이 곱다'는 의미로 쓰인다. 본질적인 의미는 사실 똑같다.

100 "Early bird gets the worm."
일찍 일어나는 새가 벌레를 잡는다.

101 "Count your blessings."
네가 받은 축복을 모두 헤아려보라. (감사하라는 뜻)

⑩ **"Ask for help when you need it."**
도움이 필요하면 청하라.

⑩ **"Always stay true to yourself."**
자기 자신에게 항상 솔직하라.

⑩ **"A conscience is that, still, small voice that people won't listen to."**
양심이라는 것은 사람들이 들으려 하지 않는 작고 조용한 목소리이다.

동화 속 인물 **피노키오(Pinocchio)**가 한 말이다. 여기서 **still**은 '조용하고 고요한', '소리 없는' 상태를 나타낸다.

⑩ **"When in Rome, do as Romans do."**
로마에 가면 로마법을 따르라.

직역하면 '로마에 있을 때는 로마인처럼 행동하라.' 즉 **다른 나라, 다른 지역, 다른 무리**에 들게 되면 그곳의 **문화와 룰을 따르라**는 뜻이다.

⑩⑥ "Inch by inch, step by step."
한 걸음 한 걸음 차근차근 해나가라.

대학시절 연세 많은 어떤 할머니께서 내게 해주신 조언이다. **뭐든지 일 인치 일 인치씩, 한 걸음 한 걸음씩, 조금씩 조금씩 차근차근 해나가라는 의미**이다. 눈앞에 산더미 같이 쌓인 일에 압도되어 얼음처럼 굳어 있는가? 꿈은 있으나 꿈을 향해 가야 할 길이 어마무시해 두려워하고 있는가? 일단 두려움은 접어두고 한 걸음을 내딛어보라. 그리고 그냥 차근차근 한 걸음씩 한 걸음씩 걸어가보라.

⑩⑦ "Risk comes from not knowing what you're doing."
위험은 자신이 무엇을 하고 있는지 모르는 데서 온다.

미국의 기업인이자 투자가인 워렌 버핏(Warren Buffett)이 한 말이다.

⑩⑧ "Imperfection is beauty."
불완전하기에 아름답다.

나는 사춘기가 상당히 뒤늦게 왔다. 세상이 참 더럽다고 생각했다. 세상은 불공평하다며 한탄만 하던 어느 날 이 문구를 보았다. **세상에 완벽한 것은 없으며 그 불완전함이야말로 진정한 아름다움이라는 것을 Marilyn Monroe(마릴린 먼로)는 이렇게 말했던 것**이다. "Imperfection is beauty." 나는 이 말에 100% 공감한다.

Manners Maketh Man

매너 표현과 **팁** 문화

상대방에게 정중하게, 공손하게 말을 시작할 줄 안다는 것은 매우 중요하다. 내가 어떤 태도로 말을 하고, 어떤 단어를 선택하고, 상대에게 어떤 느낌을 주냐에 따라서 상대방의 시선이, 태도 가 완전히 바뀌기 때문이다. 예를 들어, **전혀 모르는 사람한테 Can I use your eraser?(지우 개 써도 돼?)라고 물어보는 것과 Do you mind if I use your eraser?(지우개 좀 써도 될까요?) 하는 것에는 확실한 매너의 차이가 있다.** 이번 챕터에서 소개할 표현들은 어느 정도 공손하고 정중한 패턴들이다. 정중한 표현이라고 해서 우리 식으로 아랫사람이 윗사람에게 하는 표현이 라고만 생각해서는 안 된다. 나이를 막론하고 상황이나 분위기에 따라 다소 공손할 필요가 있을 때 쓰는 표현이라는 얘기니까. **Dear Bro,** 조금은 공손하고 정중한 표현들도 열심히 익혀 두시라. 그리하여 상황과 분위기 봐가며 딱딱 써보시라. 사회생활이 훨씬 부드러워질 터이 니.

말이란 건 서로 관계를 맺으며 오손도손 살아가는 데 필요한 수단이다. 그래서 공손하고 정중한 어법은 모든 언어의 필수 아이템. 영어에 우리와 같은 식의 존댓말이 없다고 해서 오해하면 안 된다. 특히 처음 보는 사람, 친하지 않은 사람, 격식을 갖춰야 하는 자리 등에서 제안/부탁을 하거나 허락을 구할 때는 정중하게 말하는 게 좋지 않겠나! 분위기에 따라서는 가까운 사이더라도 조심스럽게 공손하게 물어보고 답하는 경우도 비일비재하다.

① If it's not a problem, 괜찮다면, 문제가 안 된다면

If it's not a problem, I would like to ask you about your family.
괜찮다면, 당신의 가족에 대해서 물어보고 싶어요.

If it's not a problem, I would like to go home.
괜찮나면, 집에 가고 싶네요.

If it's not a problem, could I borrow one of your umbrellas?
괜찮다면, 우산을 하나 빌릴 수 있을까요?

② Is it okay if I ~? ~해도 될까(요)? ~해도 괜찮을까(요)?

Is it okay if I come in? 들어가도 될까요?

Is it okay if I invite David? 데이빗을 초대해도 될까요?

Is it okay if I finish the apple juice? 내가 사과주스 다 마셔도 될까?

③ **It would be very nice of you if you could ~** ~해주실수 있다면 정말 감사하겠습니다

It would be very nice of you if you could **drop me off at the airport.**
공항에 내려주시면 정말 감사하겠습니다.

It would be very nice of you if you could **help me with my project.**
제 프로젝트를 도와주실 수 있다면 정말 감사하겠습니다.

It would be very nice of you if you could **give me some advice.**
조언을 해주신다면 정말 감사하겠습니다.

④ **May I ~?** ~해도 될까요?

May I **come in?** 들어가도 될까요?

May I **use the phone?** 폰 좀 써도 될까요?

May I **ask who's calling?** (전화 통화 시) 누구신지 여쭤봐도 될까요?

May I **make a suggestion?** 제가 제안을 해도 될까요?

⑤ **Could you please ~?** ~해주실 수 있나요?

Could you please **give us a minute?** 저희에게 잠깐 시간 좀 내주실 수 있나요?

Could you please **wait for me in the car?** 차 안에서 기다려 줄래요?

Could you please **bring me a napkin?** 냅킨 한 장만 갖다주시겠어요?

⑥ Could I possibly ~? 혹시 ~해도 될까요?

Could I possibly invite my friend David?
혹시 제 친구 데이빗을 초대해도 될까요?

Could I possibly ask you for your number?
혹시 전화번호 좀 받을 수 있을까요?

Could I possibly ask you for a smoke?
혹시 담배 한 대 부탁드려도 될까요?

Could I possibly ask you to come in tomorrow? We're short-handed.
혹시 내일 일 오시라고 해도 될까요? 저희가 일손이 부족합니다.

⑦ Could I trouble you for ~?
번거로우시겠지만[죄송하지만] ~ 좀 부탁드려도 될까요?

뭔가를 빌리거나 갖다달라고 정중히 부탁할 때 쓰는 표현. 여기서 trouble은 동사로 쓰였다.
**trouble someone for something의 형태로 '누구에게 폐를 끼쳐 ~를 빌려쓰다/갖다쓰
다'**라는 의미. 따라서 Could I trouble you for ~? 하면 '내가 당신에게 ~를 빌리는/갖다달라
는 폐를 끼쳐도 될까요?', 즉 '번거로우시겠지만[죄송하지만] ~ 좀 부탁드려도 될까요?'라는 의
미가 된다.

Could I trouble you for a glass of water?
번거로우시겠지만 물 한 잔만 부탁드려도 될까요?

Could I trouble you for toilet paper?
죄송하지만 화장지 좀 부탁드려도 될까요?

Could I trouble you for a light?
죄송하지만 불 좀 빌릴 수 있을까요? (담뱃불 때문에 라이터를 빌릴 때)

⑧ Could I ask you ~?

~ 여쭤봐도/부탁해도/초대해도 될까요?

동사 ask는 크게 두 가지 의미로 알아두자. 첫째는 ask you a question(너에게 질문을 묻다, 즉 네게 질문하다)에서 보듯 '묻다'라는 뜻으로 쓰인다. 이 경우 보통 **ask someone something**(~에게 …을 묻다)의 형태로 쓰인다.

둘째는 '요청하다, 부탁하다'는 의미로 쓰인다. 그래서 **ask you for a favor**라고 하면 '너에게 부탁을 하나 청하다', 즉 '부탁 하나 하다'는 뜻이고, 〈**ask someone to + 동사원형**〉 하면 '누구에게 ~해달라고 요청하다[부탁하다]'라는 의미가 된다. 여기서 나아가 〈**ask someone to + 장소/행사**〉로 쓰면 '~에 오라고 청하다', 즉 '초대하다'는 의미가 된다.

Could I ask you a question? 질문 하나 해도 될까요?

Could I ask you for a favor? 부탁 하나 드려도 될까요?

Could I ask you to watch my son? 우리 아들 좀 봐줄 수 있어요?

Could I ask you to dinner after the show?
이 공연 후 저녁식사에 초대해도 될까요?

⑨ Perhaps I could ~?

아마 제가 ~할 수도 있지 않을까요?

Perhaps I could help? 아마 제가 도움을 드릴수 있지 않을까요?

Perhaps I could be of some assistance? 아마 제가 도움이 되지 않을까요?

Perhaps I could come to your house afterward?
끝나고 아마 제가 당신 집에 갈 수도 있지 않을까요?

⑩ Do you mind if I ~?

(제가) ~해도 괜찮을까요? (실례가 안 될까요? 이런 느낌)

Do you mind if I borrow this? 이거 좀 빌려도 괜찮을까요?

Do you mind if I change the channel? 채널 좀 바꿔도 괜찮을까요?

Do you mind if I turn up the volume? 소리 좀 키워도 괜찮을까요?

⑪ Would you mind if I ask ~?

~ 여쭤봐도/부탁해도 괜찮을까요?

Would you mind if I ask why? 이유를 여쭤봐도 괜찮을까요?

Would you mind if I ask you a favor? 부탁 하나 드려도 괜찮을까요?

Would you mind if I ask you to sign this petition?
이 탄원서에 서명 좀 부탁드려도 괜찮을까요?

⑫ If you don't mind, 괜찮으시다면, 상관없으시다면

If you don't mind, you can use my car.
괜찮으시다면 제 차를 사용하셔도 됩니다.

If you don't mind, you can sleep over at my place.
괜찮으시다면 저희 집에서 자고 가도 돼요.

If you don't mind, I'm gonna take the last piece of the pie.
괜찮다면 내가 파이 마지막 조각 먹을게.

⑬ I'd like ~   ~로 할게요 / ~하고 싶어요

원하는 걸 말할 때 쓰는 패턴. 여기서 **I'd는 I would의 줄임말**로 [아드]라고 발음하면 된다. I want ~보다 부드럽고 공손한 표현이기는 하지만 누구한테라도 흔히 쓰는 표현이다. **뒤에는 바로 명사를 붙일 수도 있고,** 〈**to + 동사원형**〉**이 올 수도 있다.**

I'd like that. 그게 좋겠네요. / 그걸로 할게요.

I'd like a pepperoni pizza. 페퍼로니 피자를 먹고 싶어. / 페퍼로니 피자로 할게요.

I'd like to watch a movie. 영화를 보고 싶어(요).

I'd like to play a game. 게임을 하고 싶어(요).

⑭ I'd love to, but ~   (제안을 거절할 때) 그러고 싶지만 ~

No, I don't. / I don't like to ~ / I don't want to ~로 대놓고 거절하기보다는 요런 표현으로 제안한 상대가 무안하지 않도록 부드럽게 거절해보자.

I'd love to, but I'm too tired tonight.
그러고 싶지만 오늘밤은 너무 피곤하네요.

I'd love to, but I already made plans.
그러고 싶지만 이미 계획이 있어요.

That sounds great! I'd love to, but I have to work.
너무 좋을 것 같네요! 정말 그러고 싶지만 저는 일해야 된답니다.

⑮ I wish I could, but ~

(제안을 거절할 때) 그럴 수 있으면 좋겠지만, 그러면 좋겠지만

I wish I could, but I've already made plans.
그러면 좋겠지만 이미 선약이 있어.

I wish I could, but I got too much stuff to do.
그러면 좋겠지만 해야 할 게 너무 많아.

I wish I could, but I have to work this weekend.
그러면 좋겠지만 이번 주말에 일해야 돼.

⑯ It sounds great, but ~

(제안을 거절할 때) 정말 좋을 것 같은데 (하지만) ~

It sounds great, but I feel kinda sick.
정말 좋을 것 같은데 나 몸이 좀 안 좋아서.

* kinda kind of(좀)의 줄임말로 구어체 표현

It sounds great, but I'm going to see my parents this weekend.
정말 좋을 것 같은데 이번 주말에 부모님 뵈러 갈 거라서.

It sounds great, but I think it's out of my price range.
정말 좋을 것 같은데 내 예산 밖인 것 같네.

거절할 때 많이 쓰이는 핑계거리 표현들

친구가 놀자고 하는데 그냥 No라고 하기에는 마음이 불편하다.
그럴 때 원어민들이 최고로 많이 쓰는 표현들을 몇 개 소개한다.

I've got family stuff, sorry. 미안, 가족이랑 계획이 있어.

I gotta run some errands. 나 볼일이 좀 있어.

I'm going away for the weekend. 나 주말에 어디 가기로 했어.

I'm visiting my parents for the weekend. 나 주말에 부모님 뵈러 가기로 했어.

I'm gonna be out of town this weekend. 나 주말에 여기 없을 거야. (어디 갈 거야.)

---

⑰ Would you like to ~? ~하시겠어요? ~할래?

이때 to 뒤에는 동사원형을 쓴다.

Would you like to **leave a message?**
메시지 남기시겠어요?

Would you like to **come over for dinner?**
저녁식사하러 오시겠어요?

Would you like to **watch a movie this weekend?**
이번 주말에 영화 볼래?

⑱ Would you be kind enough to ~?
~해주신다면 정말 감사하겠습니다

이때 to 뒤에는 동사원형을 쓴다.

Would you be kind enough to **help me?**
도와주신다면 정말 감사하겠습니다.

Would you be kind enough to **pass me that napkin?**
그 냅킨 좀 주시면 정말 고맙겠어요.

Mom, would you be kind enough to **lend me 10 dollars?**
엄마, 10달러만 빌려주신다면 정말 감사하겠어요.

⑲ I would really appreciate it if you could ~   ~해주시면 정말 감사하겠습니다

I would really appreciate it if you could **turn down the volume.**
소리 좀 낮춰주시면 정말 감사하겠어요.

I would really appreciate it if you could **pay me in advance.**
돈을 미리 지불해 주시면 정말 감사하겠습니다.

I would really appreciate it if you could **just tell me the truth.**
그냥 사실대로 말해준다면 정말 감사하겠어요.

⑳ Please feel free to ~

(부담 갖지 말고) 편하게 ~하세요

이때 to 뒤에는 동사원형을 쓴다. 상대방에게 최대한 맞춰주고 싶을 때, 어떤 행동이나 부탁을 마음 편히 하라고 권할 때 쓸 수 있다.

Please feel free to **ask for my assistance.** 편하게 도움을 요청해 주세요.

Please feel free to **tell me anything.** 뭐든지 편하게 말씀 주세요.

Please feel free to **disagree.** 부담 없이 반대/거절하셔도 됩니다.

㉑ Please allow me to ~

(허락해 주신다면) 제가 ~하고자 합니다

'내가 ~할게'라고 할 때는 보통 **Let me ~**를 많이 쓰는데, 조금 더 격식을 차려야 하는 상황에 서는 **Please allow me to ~**를 쓰는 것이 더 좋다. 직역하면 '제가 ~할 수 있게 허락해 주세 요'로, 보다 자연스러운 우리말로 바꿔보면 허락해 주신다면 '제가 ~하고 합니다, 제가 ~했으 면 합니다' 정도의 어감 되겠다. to 뒤에는 동사원형을 쓰도록.

Please allow me to **finish.** 제가 마무리하고자 합니다.

Please allow me to **introduce myself.** 제 소개를 드리고자 합니다.

Please allow me to **give you a tour.**
(관광 또는 시찰 현장에서) 제가 가이드해 드리고자 합니다.

㉒ You're more than welcome to ~

얼마든지 ~해도 됩니다 (~하는 거 대환영이에요)

You're welcome to ~는 '~하는 것은 환영이에요', 즉 '얼마든지 ~해도 좋아요'라는 의미의
마음 따뜻해지는 표현이다. 이를 좀 더 강조해 말하고 싶을 때 more than을 추가한다. 역시
to 뒤에는 동사원형을 쓴다.

> You're more than welcome to stay. 얼마든지 여기 계속 계셔도 됩니다.
>
> You're more than welcome to join us. 얼마든지 저희와 함께하셔도 됩니다.
>
> You're more than welcome to come with us.
> 얼마든지 저희와 함께 가셔도 됩니다.

㉓ I look forward to ~ / I'm looking forward to ~ ~(하는 것)을 기대합니다

look forward to는 앞으로 다가올 일을 '기대하고 고대한다'는 의미. 보통 I look forward
to ~나 I'm looking forward to ~의 형태로 많이 쓰인다. 기본적으로 둘 다 의미는 같다. 단,
이 패턴의 경우 **to 뒤에는 명사나 동명사를 써야 한다**는 점에 주의하자.

> I look forward to doing business with you.
> 당신과 비즈니스하기를 기대합니다.
>
> I look forward to being friends with you. 당신과 친구가 되기를 기대해요.
>
> I'm looking forward to Saturday night. 토요일 저녁을 기대합니다.
>
> I'm looking forward to our Christmas party.
> 우리의 크리스마스 파티를 기대하고 있어요.

㉔ I was hoping ~ ~하면/해주시면 좋겠다 싶은데

I was hoping we could talk. 우리 얘기 좀 하면 좋겠다 싶은데.

I was hoping you could do a small favor for me.
작은 부탁 하나 들어주십사 하는데.

I was hoping I could ask you a few questions.
질문 몇 개 드리면 좋겠다 싶은데.

㉕ I was wondering if you could ~
혹시 ~해주실 수 있을까요?

직역하면 '~해주실 수 있을지 궁금해하고 있었어요'로, 결국 '혹시 ~해주실 수 있을까요?'라고
물어보는 표현 되겠다. 여기서 **wonder는 '궁금해하다'**란 뜻.

I was wondering if you could give me a ride.
혹시 저 차 좀 태워주실 수 있을까요?

I was wondering if you could deliver a message for me.
혹시 메시지를 전달해주실 수 있을까요?

I was wondering if you could help me with something.
혹시 저 뭐 좀 도와주실 수 있을까요?

㉖ **by any chance** 혹시

문장 앞에 쓸 수도 있지만, 거의 90% 이상 문장 끝에 덧붙여 쓴다.

Would you be interested, by any chance? 혹시 관심 있으실까요?

Ever been to Korea, by any chance? 혹시 한국에 가봤어?

Is Emma here, by any chance? 혹시 에마 여기 있나요?

㉗ **If you get a chance** 기회 되면

'혹시라도 당신한테 시간이 있으면' 그렇게 하면 좋지만 강요나 의무는 아니라는 어감이 담겨 있다.

If you get a chance, please come to my office.
기회 되면 제 사무실로 와주세요.

If you get a chance, read the article I sent you.
기회 되면 제가 보낸 기사를 읽어봐요.

I'd like to talk to you about that sometime if you get a chance.
기회 되면 그것에 대해 언제 한번 이야기 나누고 싶네요.

Call me if you get a chance. 기회 되면 전화주세요.

(28) **What are your thoughts on ~?**

~에 대한 당신의 생각은 어떠신가요?

What are your thoughts on **genetic modification?**
유전자 변형에 대한 당신의 생각은 어떠신가요?

What are your thoughts on **pornography?**
포르노에 대한 당신의 생각은 어떠신가요?

What are your thoughts on **all this?**
이 모든 것에 대한 당신의 생각은 어떠세요?

(29) **I'd be glad to ~**   ~하면 기쁘겠어요, 기꺼이 ~할게요

직역하면 '~할 수 있다면 기쁘겠습니다', 즉 '기쁜 마음으로 기꺼이 (무엇을) 하겠다'는 뜻을 나타낼 때 쓰이는 표현이다. **구체적인 부탁을 하는 상대에게 기꺼이 그렇게 해주겠다고 응할 때는 I'd be glad to! 한 마디면 족하다.**

(TIP) glad 대신 happy, delighted, honored 등의 형용사도 애용된다.
I'd be happy to ~ ~하면 행복하겠어요
I'd be delighted to ~ ~하면 기쁘겠어요
I'd be honored to ~ ~할 수 있다면 영광이죠

I'd be glad to **help you!** 당연히 도와드리죠! (도와드릴 수 있다면 기쁘겠어요!)

I'd be glad to! 기꺼이요! 좋고 말고요!

I'd be glad to **when I'm free.** 시간이 나면 기꺼이 해드리죠.

(TIP) 상황에 따라 '도와주겠다'는 의미로도 쓸 수 있고, '지금은 시간이 안 돼서 못 도와준다'는 의미로도 쓸 수 있다.

⑳ I'd be more than happy to ~
기꺼이 ~하겠습니다

직역하면 '내가 ~할 수 있다면 더없이 행복하겠습니다', 즉 '아주 기쁜 마음으로 기꺼이 (무엇을) 하겠다'는 뜻을 나타낼 때 쓴다.

I'd be more than happy to **help you.**
기꺼이 도와드리겠습니다.

I'd be more than happy to **explain it to you.**
기꺼이 설명해 드리겠습니다.

I'd be more than happy to **discuss these with you.**
이 일들에 대해 당신과 상의한다면 더없이 기쁘죠. (상의하자는 뜻)

줘, 말어? 얼마면 돼? 은근 고민되는
계산법 & 팁문화

3-3.mp3

미국에서 일하는 웨이터들은 시간당 2.5달러의 임금을 받는다. 나머지는 팁으로 벌어야 되는 시스템이다. 그러니 아무리 서비스가 안 좋다고 해도 팁을 최소 10%는 줘야 한다. 정말 인간 취급 받기 싫고, 그 레스토랑에 두 번 다시 안 갈 거고, 팁 안 주는 동양인이라고 손가락질 받아도 괜찮다면 안 줘도 된다. 우리에게 팁문화가 익숙하지 않아서 자칫 간과할 수 있지만 팁을 안 주면 욕먹고 손가락질 받고 나라 욕까지 먹을 수 있다. 돈 아깝다고 20~30달러어치의 음식을 먹고서 팁을 '1, 2달러 정도 줘도 괜찮겠지'라는 생각은 하지 않았으면 좋겠다.

미국에는 5~6명 그룹으로 가면 자동으로 팁을 15~20% 계산하는 법이 있다. 미국 식당에서는 손님이 5~6명(주마다 다를 수 있다) 이상 가면 법적으로 식사비에 팁을 자동으로 포함시킬 수 있다. 식당을 처음 등록할 때 이를 실행할 것인지 안 할 것인지 사장이 정하는데, 많은 식당들이 이 법을 행하니 꼭 기억하자.

6명 이상이 같이 밥을 먹으러 가면 주로 음식값 합계에서 똑같이 나눠서 낸다고 보면 된다. 내가 5달러 더 비싼 것을 먹든 싼 것을 먹든 보통 다 똑같이 나눠서 낸다. 만약 **각자 먹은 만큼 따로 계산할 거면** 주문하기 전에 웨이터한테 계산서를 따로(**separate bills**) 달라고 부탁한다.

Could we have separate bills, please?
저희 따로 계산할 수 있을까요?

미국에서는 6명 이상이 레스토랑에 오면 웨이터에게 갈 팁을 15~20% 법적으로 계산서에 포함시키는 식당이 많다. 계산할 때 팁이 미리 포함되어 있는지 확인하고 싶다면 **Is tip already included?**라고 물으면 된다. 이미 팁이 포함됐다면 더 이상 안 줘도 된다. 하지만 팁을 자동으로 포함 안 시키는 식당도 있으니 '꼭' 확인하길 바란다.

Is tip already included?

계산서에 이미 팁이 포함됐나요?

팁을 10% 주는 경우

- 서비스가 별로 마음에 안 들었다.
- 음식이 마음에 안 들었다.
- 이곳에 다시는 오기 싫다.
- 음식이 너무 비싸서 10%만 줘도 상당히 후한 팁이다.
- 내가 돈이 정말 없다.
- 웨이터가 한 게 아무것도 없다. (또는 거의 없다.)

팁을 15% 주는 경우

- 나는 그냥 항상 좋든 나쁘든 15%를 준다.
- 20%를 주고 싶지만 그러기엔 좀 과히디 싶다.
- 음식도 나쁘지 않고, 서비스도 나쁘지 않았다.

팁을 20% 주는 경우

- 서비스가 아주 마음에 들었다.
- 음식이 엄청 맛있었다.
- 웨이터가 서비스로(무료로) 무언가를 주었다. (사실 이럴 때는 20% 조금 넘게 주는 게 좋다고 생각한다.)
- 웨이터가 너무 바빠서 서비스를 제대로 못 해줬지만, 나는 웨이터를 이해하고 그에게 힘이 되는 20%를 주고 싶다.

팁을 20% 이상 주는 경우

- 음식 맛이 미쳤다. 오늘 감동을 받았고, 나는 앞으로 여기 단골이 될 작정이다.
- 음식은 그저 그랬지만 웨이터가 진짜 마음에 든다. 너무 친절하고 재밌고 상냥하고…
- 웨이터가 추천해준 모든 게 다 아주 흡족하다. 덕분에 오늘 기분이 아주 좋다.

- 내가 올 때마다 작은 서비스를 준다. 평소에는 그래도 20%를 주었는데 오늘은 기분이 아주 좋으니, 30%!
- 웨이터가 내 친구다.
- 셰프가 갑자기 나한테 먹어보라면서 서비스로 맛있는 걸 만들어 주었다.
- 난 여기 단골이고, 술에 취해서 기분이 아주 좋다.
- 난 이 식당이 아주 아주 잘됐으면 좋겠다. 웨이터 홧팅!

이와 같이 **여러 가지 요소가 섞여 팁을 얼마나 줄지 결정을 하게 되는데, 평균적으로 15%를 준다**고 보면 된다. 기분이 정말 나쁜 게 아닌 이상 10%는 피하는 게 현명하며(돈 몇 푼 아끼고 손가락질 받는다), 정말 모든 게 좋았다면 20%를 주는 게 바람직하다.

다시 말하자면, 보통 15~20% 선에서 원하는 대로 내면 된다. **서비스가 보통이었다 싶으면 15% 정도 내고, 서비스가 좋았다 생각되면 20%,** '서비스가 아주 만족스럽다. 그리고 나는 이 식당의 완전 단골이다. 항상 그 웨이터가 아주 마음에 든다'라고 한다면 25~100% 줘도 말릴 사람은 없다. 미국에선 실로 그런 경우가 상당히 많다. 주로 바텐더에게 팁을 많이 주면 서비스로 술이 나오기 마련이고 유명 셰프에게 어마어마한 팁을 준다면 그 팁에 마땅한 서비스를 받는다. 이 모든 게 다 Give and Take이다.

패스트푸드나 뷔페가 아닌 웨이터가 있고 웨이터가 주문을 받고 음식을 꺼내오는 식당이나 레스토랑이라면 항상 팁을 주어야만 한다. 주로 혼자 나가서 먹으면 음식값이 평균 8~15달러 정도 나온다. 8달러에는 팁으로 1.50달러, 10달러에는 2달러, 13~14달러에는 2.5달러 정도, 15달러에는 3달러 정도의 팁이 바람직하다. 계산기로 15~20% 또는 25%를 계산해서 줘도 된다. **팁은 항상 후하게 주자!**

카드 영수증에 팁 적는 방법

SUBTOTAL	$ 29.92
TAX	1.20
TOTAL:	$ 31.12
TRANSACTION TYPE:	SALE
AUTHORIZATION:	APPROVED
+ TIP: _____	
= TOTAL: _____	
x _____	

CUSTOMER COPY

THANKS FOR VISITING

* subtotal 소계 | tax 세금 | transaction type 거래 유형 authorization 〔거래〕 승인 | approved 승인됨

Part 4

Party
&
Alcohol

Let's Party!

파티와 술에 관한 다양한 표현들

영화나 미드에서 많이 접해서 그런지 미국에서 '파티'는 왠지 뭔가 거하게 느껴진다. 거대한 주택에, 집안에 사람들이 꽉 차고, 뒤뜰에는 왠지 수영장에 DJ까지 있는 모습이 머릿속으로 그려진다. 뭐, 다 틀린 것은 아니다. 하지만 **모든 파티가 다 그렇게 거창하지는 않다**는 점은 짚고 넘어가는 게 좋겠다. **2-3명이 조용하고 분위기 있는 파티**도 할 수 있는 거니까. 우리가 생각하는 'wild'한 파티는 대부분 '대학생' 시절, 즉 **고등학교 4학년 때부터 20대 중반까지** 주로 즐긴다(미국에서는 고등학교를 4년 다닌다). 미국인들도 20대 후반에 들어가면서는 'wild'한 파티를 그렇게 막 자주 하지는 않는다. 30대에 들어서면서 더욱 '정서적이게' 알코올을 즐긴다고 하는 게 좋겠다. 물론 그 또한 case by case이겠지만⋯ *Dear Bro*, 말만 들어도 설레는 파티! 이번에는 미국인들의 술과 파티에 관련된 영어 표현, 문화적 이야기를 해보겠다.

223

자, 즐길 준비됐나? 말만 들어도 흥분되는
파티와 술

우리도 친구들과 모여 신나게 놀기엔 주말로 돌입하는 금요일과 토요일 밤이 좋지 않나? 미국인들도 주로 금토가 파티를 열기에 만만한 날이다. 특히 젊은 20대들은 꽤나 자주 파티를 하는 편. 젊은이들의 파티에 특히 술은 빠질 수 없는 아이템이다. 먼저 파티와 술에 관한 전반적인 표현들을 모아본다.

rager 큰 격렬한 파티

파티를 부르는 또다른 단어이다. rage는 명사로 '격노, 격렬한 분노' 이런 의미가 있는 반면 '(불길이) 타오르다, (바람 등이) 몰아치다, 휘몰아치다' 이런 의미 또한 있다. **rager는 주로 술을 격하게 많이 마시는 crazy하고 wild한 파티**라고 생각하면 된다.

blowout 엄청 큰 파티

마찬가지로 파티를 뜻하는 또 다른 단어이다. 하지만 **blowout은 주로 규모가 꽤나 큰 파티**를 뜻한다. 친구 6-7명이 오는 그런 작은 파티가 아니고 **50-100명 이렇게 많은 사람들이 초대되는 그런 파티**말이다.

bash 큰 파티

bash 또한 '크고 재밌고 핫하고 **wild**한 파티'를 주로 뜻한다. basher라고도 한다. **주로 뭔가를 축하하기 위해서 열린다.**

throwdown 파티

throw down 하면 동사로 '돈을 보태다'라는 뜻도 있고, **누군가 싸울 때 그 '싸움의 도전장을 내밀다'는 뜻으로 throw down the gauntlet**이라고도 한다. 또 다른 의미로는 **명사 '파티'**를 뜻하는데, 이때는 **throwdown**처럼 한 단어로 **붙여** 쓴다.

I'll throw down 5 bucks. 내가 5달러 보탤게.

He's gonna throw down the gauntlet. 걔가 싸움을 신청을 할 거야.

There's gonna be a throwdown at Taylor's this weekend.
이번 주말에 테일러 집에 파티가 있을 거야.

throw a party 파티를 열다

Jason is throwing a party this Saturday. 이번 주 토요일에 제이슨이 파티를 열어.

crash a party 초대되지 않은 파티에 가다

파티를 **crash**(박살내다, 부닥치다)한다는 건 초대되지 않은 파티에 그냥 몰래 들어가서 논다는 의미다. 영화 *Wedding Crashers*(웨딩 크래셔)가 좋은 예가 되겠다.

party foul 파티 반칙

파티에서 하면 안 되는 행위를 가리킨다. 또는 다들 싫어하는 행위를 누군가 저질렀을 때 그것을 party foul이라고 한다.

BYOB = Bring Your Own Beer 술은 각자 지참

'당신의 맥주는 당신이 직접 가져오세요.'라는 뜻의 Bring Your Own Beer의 약자. 즉 파티가 BYOB라면 술이 어느 정도는 있지만 파티에 초대된 인원이 많아 술이 부족할 수 있으니 **각자 마실 술을 챙겨와라~**는 의미다.

Chug! Chug! Chug! 마셔라! 마셔라! 마셔라!

chug[쳐그]라는 단어는 동사 속어로 '(음료를) 단숨에 들이키다'라는 의미를 지니고 있다. 따라서 **Chug! Chug!라고 하면 '마셔라! 마셔라!'**는 의미. 한국에서 누가 술잔을 들고 마실 때 옆에서 "원~ 샷! 원~ 샷!"이라고 하는 것과 똑같은 의미라고 보면 된다.

Bottoms up! 원샷! 죽 들이켜!

직역하면 '(잔) 바닥을 위로!' 이 구호를 외친 후 술을 원샷한다. 원샷하고 나서는 잔을 머리 위에 거꾸로 들고 다 마셨다는 제스처를 이따금 취하기도 한다. 결국 '원샷하라'는 뜻이다.

Beer me. 맥주 줘.

'나에게 맥주를 하나 건네주렴.'이라는 뜻이다. Can you hand me a beer? 또는 Can you bring me a beer?, Can you give me a beer?라고 하기엔 너무 만취한 사람들에게서 나온 표현일까? 짧아서 굉장히 편하다.

2nd round 두 번째 샷[술]

누가 **I'll get the 2nd round.**라고 하면 얼른 따라가라. **자기가 두 번째 술을 사겠다는 뜻이** 다. 당연히 **첫 잔은 1st round**이다. **Are you buying the 1st round?**(네가 첫 잔 살 거야?) 참고로 한국은 통이 큰 편이다. 누가 '내가 1차 쏠게'라고 하면 첫 장소에서 마신 술값 전체를 쏜다는 뜻이지만, 미국에서 **I'll get the first round.**라고 하면, **첫 한 잔만 자기가 사겠다는 뜻**이다.

pre-gaming 술을 제대로 마시기 위한 워밍업

미국 친구들은 술을 마시러 어디 가기 전에 pre-game이라는 것을 한다. 이것은 바로 **미리 술을 좀 마셔서 워밍업을 하며(warm up) 제대로 놀 준비를 하는 것**이라고 생각하면 되겠다.

bar hopping 술집을 옮겨가며 계속해서 술을 마시는 것

술집이 많은 거리에서 계속 여기저기 다른 술집을 들르면서 술을 마시는 것을 bar hopping이라고 한다.

throw up 토하다

She threw up on the couch. 걔는 소파에 토를 했어.

David is throwing up in the bathroom. 데이빗이 욕실에서 토하고 있어.

puke 토하다, 토사물

동사로 '토하다'로도 쓰이고, 명사 '토사물'로도 쓰인다.

Did I puke last night? 나 어젯밤에 토했어?

You puked on her shoes. Do you remember?
너 그 애 신발에 토했는데. 기억 나?

There's puke on your shirt. Gross! 너 셔츠에 토 있어. 역겨워!

vomit 토, 토사물, 토하다

동사로 '토하다'로도 쓰이지만, 명사 '토사물(토 그 자체)'로 훨씬 많이 쓰인다.

I feel like I'm gonna vomit. 나 토할 것 같아.

There's vomit in front of the door, be careful. 문앞에 토 있어. 조심해.

black out 필름이 끊기다

술을 너무 퍼마셔서 필름이 끊긴 경우를 말할 때 쓰는 표현. 과거 상황을 얘기하는 경우가 대부분이므로 blacked out처럼 보통 과거형으로 쓰인다.

> I totally blacked out last night. How did I get home last night?
> 간밤에 완전히 필름이 끊겼어. 어젯밤에 나 집에 어떻게 온 거야?

lightweight 술을 잘 못 마시는 사람

> Tyler is lightweight! 타일러는 술이 약해.

can't hold/control one's drink 술을 잘 못 마시다

> Jessica can't hold her drink. 제시카는 술을 잘 못마셔.

heavy drinker 술고래

반대로 **술을 잘 마시는 사람**을 나타낼 때는 '그는 heavy drinker이다'라고 한다. 또, Chris can drink!(크리스는 술 좀 마실 줄 알지! 크리스는 술 잘 마셔!)라고 해도 된다.

hangover food 숙취 해소 음식

미국에서는 '해장' 문화가 따로 없다. 숙취에 먹는 음식을 그냥 **hangover food라고 부를 뿐**, 피자, 햄버거 등 그냥 아무거나 먹는다. 머리가 너무 아프면 아스피린(aspirin), 이부프로펜(ibuprofen)이 들어간 애드빌(advil) 같은 진통제를 주로 먹는다. 미국에 있는 한국 친구들은 해장국과 가장 흡사한 베트남 쌀국수(Pho)를 많이들 먹곤 한다.

DD = Designated Driver (파티 일행 중에서) 운전 당번

designate는 '지정하다'는 뜻. 따라서 **designated driver**는 '지정된 운전자'이다. 미국에서는 항상 차로 이동을 하며, 택시나 버스가 지역에 따라서 너무 비싸거나 아예 운행하지 않는 경우도 많기 때문에 **여러 명이 파티를 가면 한 명을 DD로 정해놓고 가는 경우가 가끔 있다. DD는 절대로 술을 마시면 안 된다.**

Open Bottle Law 열린 술뚜껑 법

미국에서는 길거리에서 술을 따고 마시면 불법이다. 길거리에서 오픈된 술을 들고 있는 것만으로도 법에 걸리기 때문에 술을 사면 종이봉투로 안 보이게 가려진 상태로 다녀야 한다.

Everything closes at 2 am. 2시면 다 닫는다.

미국에서는 술집 등 대부분의 가게나 클럽이 새벽 2시면 다 문을 닫는다.

Can I bum a smoke? 담배 한 가치만 줄래?

bum은 누구에게서 무엇을 거저 얻을 때 쓰는 **표현**이다.

흥에 취하고, 술에 취하고, 그리고 또…
여러 가지 '취한' 표현들

4-2.mp3

파티의 흥을 돋우는 데 빠질 수 없는 술! 술 하면 또 '알딸딸하다', '취했다', '완전 꽐라됐다' 등과 같은 '취한' 상태와 관련된 표현들, 놓칠 수 없다. 영어에서 이런 의미를 전하는 표현들은 주로 형용사의 모습으로 be/get 동사와 함께 쓰인다.

tipsy   알딸딸한

취기가 살짝 올라와 '알딸딸~'한 상태를 표현하는 단어다. 만취 상태가 아니다.

saucy   기분 좋게 알딸딸~

이 표현은 **사용빈도가 그리 높지 않은 슬랭**이다. 쓰는 사람도 있고 안 쓰는 사람도 있다. 브로의 친한 친구 한 명이 굉장히 즐겨 쓰던 표현이다. 이 표현은 **'알딸딸~'과 '만취' 그 사이 어디쯤**을 나타낸다.

woozy 살짝 띵~ 한

정신이 흐릿한~ 띵한~ 이런 느낌을 표현할 때 woozy하다고 한다.

shitfaced 꽐라된

직역하면 '얼굴에 똥칠된'인데 술에 완전 쩔어서 '꽐라가 된' 상태를 나타낸다.

wasted 취한

'취했다'는 표현이 영어로 참 많지만 아마 **가장 많이 쓰이는 대표적인 표현 중 하나**인 것 같다. I'm fucking wasted! 또는 Taylor was super wasted last night. 이런 식으로 쓰면 된다.

I'm fucking wasted! 존나 취했어!

Taylor was super wasted last night. 어젯밤 테일러 엄청 취했잖아.

shwasted 완전 꽐라된

위의 두 표현 shitfaced와 wasted가 결혼을 해서 아기를 낳았다면? shwasted는 **'만취한 + 꽐라된' 이 정도의 어감**이다.

drunk 취한

원어민들도 **일상적으로 제일 많이 쓰는 표현**이고 우리에게도 가장 익숙한 표현 되겠다. 앞에 형용사를 붙여서 쓰면 더욱 좋다. 예를 들면, I was super drunk. 또는 I was a little bit drunk. 이런 식으로 쓰면 굿!

I was super drunk. 나 완전 취했어.

I was a little bit drunk. 나 약간 취했어.

turnt 텐션 업된

이 표현은 유행이 지난 지 조금 된 듯하다. **turn up이라는 유행어에 따라온 슬랭**인데, turn up은 파티할 때 '텐션을 미친 듯이 올린다' 이런 의미를 가지고 있다. turnt는 **벌써 '텐션이 끝까지 올라간 상태'**를 뜻한다.

hammered 만취한

우리가 흔히 알고 있는 '망치 hammer'가 동사가 되어, **머리가 망치에 맞은 듯이 띵~ 한 느낌**을 나타낸다. '만취한'이라는 의미로 사용도가 상당히 높다.

> I'm pretty hammered. 나 꽤 취했어.

fucked up 꽐라된

fucked up은 여러 가지 의미로 쓰이는데, 술과 관련해서는 '꽐라된'이라는 의미로 쓰인다.

> I was totally fucked up last night. 나 간밤에 완전 꽐라됐잖아.

trashed 꽐라된

마찬가지로 술에 만취 이상(?)을 경험했을 때 쓴다. **Alex was trashed. 또는 I got trashed.** 이런 식으로 쓸 수 있다.

> David was trashed. 데이빗 완전 취했었어.
> I got trashed. 나 완전 꽐라 됐었어.

plastered 만취한

trashed와 같은 의미이다.

wrecked 완전 가버린, 만취한, 맛탱이가 간

trashed, plastered와 같은 의미로 쓸 수 있다. **wrecked는 뭔가가 완전히 '부서지고 망가진'
모습을 나타낸다. 음주와 관련해서는 술에 의해서 '완전 망가진'** 사람을 표현하는 데 쓴다.

I saw Dan at Tony's party last night. He was wrecked.
나 어젯밤에 토니 파티에서 댄 봤어. 완전 맛탱이가 갔더라구.

smashed 완전 취한, 박살 난

wrecked와 거의 비슷한 어감의 표현이다. smashed 또한 '박살난'이라는 의미이다. 느낌 오
지 않나?

white girl wasted 백인 여자처럼 취한

미국인들이 쓰는 웃긴 슬랭 중 하나다. 일단 **백인 여성이 아닌 사람한테 써야 재밌다.** 백인 여자
가 술에 만취한 듯 만취했다~라는 표현이다.

Dude, Jax got white girl wasted last night.
야, 어제 저녁에 잭스 완전 백인 여자처럼 취했었어. (완전 맛탱이가 갔었어.)

not sober 술 취한, 제정신 아닌

sober는 '술 취하지 않은, 정신이 말짱한'이란 뜻이다. 즉 술을 조금도 마시지 않은 사람의 상
태를 sober하다고 할 수 있다. 따라서 **not sober는 '술에 취한' 상태**를 나타내는 표현인 것.

I'm sober. David is not sober. 난 말짱해. 데이빗은 제정신 아냐.

intoxicated (무언가에) 취한

술 또는 마약에 취해 있는 상태를 뜻한다. 격식 있는 표현이지만 가끔 격식 따지지 않고 일반적으로 쓰기도 한다.

under the influence (무언가에) 취한

'술에 취한' 상태를 나타낸다. **경찰이나 법원에서 법적 용어로 intoxicated 또는 under the influence를 가장 많이 쓴다.** 일상생활 술자리에서 '나 취했어~'라고 할 때 I'm under the influence! 이런 식으로는 절대 말하지 않으니 주의하자. **법률 용어**이다.

high (마리화나에) 취한

주로 high라고 하면 **marijuana(마리화나)에 취한 상태**를 뜻한다. 하지만 꼭 marijuana가 아니더라도 high라는 표현을 쓸 수 있다. **음식에 취해도 food high**인 것이고 운동장을 **달릴 때 기분이 엄청 좋은 것도 runner's high**라고 표현한다. **특정 물질(substance)의 영향을 받지 않고 취할 때는 natural high**라고 한다.

stoned (마리화나에) 취한

이 표현은 무조건 **weed(마리화나)에 의해서 high한 것**을 나타낸다. You look stoned. I'm stoned. Dave was stoned. 이런 식으로 사용한다.

You look stoned. 너 (마리화나에) 취한 것처럼 보여.

blazed (마리화나에) 취한

stoned와 완전 같은 의미다. 똑같이 사용하면 된다.

tripping 만취한, 오버하는

누가 많이 stoned됐을 때를 나타낸다. Yo! I'm tripping!(어이! 나 완전 취했어!) 또는 Chris is tripping balls!(크리스 완전 취했어!) 이런 식으로 끝에 balls를 더해서 쓰기도 한다. **원래는 주로 누가 오버할 때, 쓸데없이 평정심을 잃을 때 쓰는 표현**이다.

Yo! I'm tripping! 어이! 나 완전 취했어!

Chris is tripping balls! 크리스 완전 취했어!

Why are you tripping? 왜 오버해?

Don't trip. 지나치게 그러지 마.

술을 즐기는 다양한 모습

4-3.mp3

우리는 소맥을 즐긴다. 폭탄주도 즐긴다. 요새는 하이볼도 등장했다. 폭탄주를 만들 땐 또 어떠한가? 어떤 이들은 아주 놀라운 신공을 발휘해 마술 같은 쇼를 선보이며 술자리의 흥을 한껏 돋운다. 우리는 그런데… 미국인들은 어떨까? 어떤 술을 어떻게 더 즐기며 마실까? 그들이 술을 즐기는 다양한 모습들을 살펴본다.

Vodka Gummy Bears (곰돌이 모양의) 보드카 젤리

Gummy Bears는 곰돌이 모양으로 생긴 유명한 젤리이다. 미국인들은 이 **'거미베어'를 보드카에 넣고 하루 정도 불려서** 먹기도 한다.

Jungle Juice 정글 쥬스

돈이 많지 않은 대학생들은 **값싼 보드카(cheap vodka)를** 사서 쿨에이드(Kool-Aid)를 비롯해 이것저것 단맛나는 음료와 오렌지, 딸기 등 싸고 쉽게 구할 수 있는 과일을 듬뿍 섞어 큰 통에 넣어 퍼마시기도 한다. 다음날 엄청난 두통을 안겨줄 이 술을 Jungle Juice라고 부른다.

Jello Shot 젤로우 샷

젤로 젤리를 보드카로 만들어서 많이들 마신다.

Keg 술통

keg란 '작은 통'이란 뜻인데, **주로 쇠로 만들어진 꽤 큰 술통**을 뜻한다. 위에는 펌프질을 해서 손잡이를 누르면 술이 쪼르륵 나온다.

Keg stand 술통 물구나무서기

Keg stand란 **'물구나무서기 한 상태에서 10초 동안 맥주를 마시는 행위'**를 뜻한다.

shotgun 샷건, 샷건하다

맥주캔 아래 부분에 칼 또는 차 키로 구멍을 낸 후, 구멍에 입을 댄 상태에서 캔 뚜껑을 따면서 고개를 뒤로 젖힌다. 그러면 입을 댄 구멍으로 맥주가 막 콸콸콸 쏟아진다. 그걸 목구멍으로 빨리 원샷하는 행위를 shotgun이라 한다. 샷건을 정말 잘하는 친구들은 4초 만에 다 마신다. 유튜브에서 How to shotgun a beer like a champ라고 검색하면 재미있는 영상을 볼 수 있는데, 약 2초 만에 다 마시는 사람도 볼 수 있다.

Who wants to shotgun a beer with me? 누가 나랑 맥주 샷건할래?

 ▶ 샷건하는 법을 알려주는 유튜브
https://youtu.be/V_kqS0oQnAs

다양한 모습의 파티 ❶
떠들썩하거나 화려한 파티

4 - 4.mp3

'파티' 하면 우리가 보통 상상하는 그런 화려하고 떠들썩한 파티부터 살펴본다. 그들은 어떤 주제로, 어떤 소재로, 어떤 명분으로 떠들썩한 파티를 열고 광란의 시간을 보낼까? 지금부터 살짝 들여다보자. 미드나 영화에서 한 번씩은 다 접해본 적이 있는 모습들일 것이다.

Toga 토가

토가는 고대 로마의 남성이 로마 시민의 표시로 늘 입던 가사나 두루마기 모양의 겉옷이다. 모두가 **이런 옛날 로마 시대의 겉옷을 걸치고 술을 마시는 파티**다. 옷만 이렇게 입지 다른 특별한 점은 없는 것 같다. 대학생들 또는 고등학생들이 가끔 이벤트성 파티로 토가 파티를 하는데, 테마가 확실한 파티라서 그런지 인기가 많다.

lingerie party 속옷 파티

pool party 수영장 파티

glow party 야광파티

불을 끄면 빛나는 것들을 입고 하는 파티이다.

bachelor party 총각파티

결혼식 전 신랑과 그 친구들이 신나게 노는 파티를 뜻한다.

hen party 처녀파티

결혼식 전 신부와 그 친구들이 신나게 노는 파티이다.

wedding reception 결혼식 피로연

예식이 끝난 후 열리는 파티이다.

frat party (대학교) 남자 사교클럽 파티

fraternity를 줄여서 frat이라고 한다. **frat은 대학교 남학생의 사교클럽이라고 생각하면 된다. 멤버들의 자금으로 운영하는 자치 기숙사에서 생활**하는데, 학교에서 운영하는 기숙사와 달리 거의 맨션 수준에 가깝다. 비싸고 좋은, 큰 유명한 frat은 가입비도 대학교 학비랑 맞먹을 정도로 비싸다(물론 공짜 frat도 존재한다). 소문에 의하면, 이런 곳은 시험 족보도 서로 공유하고, 대학 졸업 후 취업도 보장이 된다고 할 정도로 이들의 동지애는 남다르다. frat에는 자기들만의 handshake 등 서로를 알아볼 수 있는 '비밀 악수'가 존재하는 경우도 많다. 즉 frat을 통해 일찌감치 친목을 도모하며 인맥을 형성해놓는 것이다. 이들은 라이벌 frat을 싫어하고, hazing(신고식)이 심하기로 유명하다.

한 대학에는 frat이 여럿 있으며 frat마다 추구하는 게 많이 다른 편이다. 어떤 frat은 정말 순수히 인맥 때문에 존재하고, 어떤 frat은 정말 순수히 파티만 하려고 존재하는 반면, 종교를 강요하는 frat도 있으며, 공부 잘하는 학교 1, 2등만 들어갈 수 있는 아주 작은 frat 또한 존재한다.

frat의 가장 큰 특징은 거의 매주 큰 파티를 연다는 것이다. 들어가기 힘든 frat일수록 돈이 많고 인맥이 있는 집안 학생들이 모여 있기 마련이며, 그들이 주최하는 파티는 다른 frat의 파티보다 더욱 화려하다. frat은 sorority(여자 사교클럽) 멤버들을 초대해 같이 파티를 한다. sorority도 많기 때문에, 매주 다른 sorority들과 파티를 한다.

sorority party 여자 사교클럽 파티

자치 기숙사로 운영되는 대학교의 남자 사교클럽을 **fraternity**라고 한다면, 여자들의 사교클럽은 **sorority**라고 한다. 거대한 맨션에 몇 십 명이 모여 사는 경우가 많으며, **다른 frat들과 돌아가며 파티를 거의 매주** 한다.

getting together(모임) 정도의 소소한 파티

4-5.mp3

저녁 때 친구들끼리 모여 식사 후 가볍게 간식을 하며 퀴즈를 즐기는 모습(trivia night)을 본 적 있는가? 미드 *Friends*를 보면 확인할 수 있다. 또, 엄마와 남자친구와 함께 영화를 보며 저녁시간을 보내는 모습(movie night)을 본 적 있는가? 미드 *Gilmore Girls*를 보면 나온다. 남자들끼리 모여 캔맥주를 마시며 미식축구를 즐기는 모습(Monday night football)도 미드에서 한 번쯤 접해봤을 것이다. 파자마 파티(pajama party)나 팟럭 파티(potluck party) 같은 말은 이미 많이 들어봤을 테고. 이처럼 가까운 친구들끼리, 가족끼리 모여 소소하게 소박한 이벤트를 즐기는 모임도 그들이 즐기는 또 다른 모습의 파티이다.

trivia night 퀴즈의 밤

친한 친구들끼리 모여서 퀴즈를 내고 푸는 '퀴즈의 밤'이다. 소소하게 퀴즈놀이를 즐기는 모습은 미드에서도 흔히 볼 수 있다. 우리나라 같은 경우는 성인들이 친구들과 모여서 퀴즈를 푸는 놀이는 잘 안 하지만, 미국에서는 나이가 들어서도 이렇게 논다. 가족끼리 하는 경우도 많다.

movie night 영화의 밤

영화를 친구들과 같이 보는, 또는 가족들이랑 같이 보는 밤이다.

Monday night football 월요일 미식축구의 밤

남자들은 미식축구를 워낙 좋아해서 **미식축구 NFL 시즌에 경기가 있는 월요일 저녁이면 모여서 맥주를 마시며 함께 미식축구경기를 보곤** 한다.

pajama party   파자마 파티

조금 더 어린 연령대의 파티일 경우가 많다. 보통 어린이 때부터 시작해서 20대 초반 정도까지 한다. 다들 **편하게 파자마를 입고 소소하게 모여 논다.** 술은 마시지 않고 주로 보드게임을 하거나 영화를 보는 경우가 더 많다. 가족끼리 하는 소소한 테마 파티이기도 하다.

cookout   야외 요리 파티

주로 **야외에서 엄청 많은 양의 음식을 해서 같이 먹는 것을** 뜻한다. 그릴을 쓰는 경우가 많다. 주로 바베큐 등의 요리를 자주 하며, 가끔 크로피시 보일(crawfish boil) 또한 해먹는다.

potluck party   팟럭 파티

파티에 참석하는 사람들이 **각자 조금씩 음식을 준비해와서 나누어 먹는 파티**이다.

다양한 모습의 파티❸
특별한 날에 하는 파티

미국인들은 크리스마스(Christmas)나 추수감사절(Thanksgiving)은 물론이고, 독립기념일(Fourth of July), 밥 말리의 생일(Bob Marley's Birthday), 심지어 봄방학(Spring Break)까지, 떠오르는 모든 공휴일과 명절 같은 날에는 특히나 빠지지 않고 크고 작은 파티를 하는 편이다. 물론, 모든 사람들이 파티를 좋아하지는 않기 때문에 모두가 다 하는 건 절대 아니다.

Halloween   핼러윈 │ 10월 31일 파티 100%

아마 가장 재밌는 파티일 것이다. 모두가 작정을 하고 분장을 하고 파티에 참석하기 때문에 더욱 재밌다. 미국에서는 분장에 너무 진심이어서, 사람들이 **1-2주 전부터 열심히 준비하기 시작**하며, 핼러윈 시작하기 며칠 전부터 Trick or Treat을 위해서 집 앞마당을 무서운 것들로 잔뜩 꾸미기 시작하는 집들도 적지 않다. **Trick or treat!은 'trick(장난질) 아니면 treat(간식) 둘 중에 골라'라는 뜻인데 맛있는 초콜릿 또는 사탕류의 간식을 주지 않으면 장난질을 하겠다는 의미**를 가지고 있다. 쉽게 말해 '간식 안 주면 장난질할 거야!'라는 거다.

New Years   새해 │ 1월 1일 파티 100%

가장 큰 파티 중 하나다. New Years Party의 특징이라면, **새해 카운트다운을 할 때 자기가 좋아하는 사람 옆에 있다가 새해가 되는 순간에 키스**한다.

Fourth of July (Independence Day)

독립기념일 ｜ 7월 4일 　파티 100%

주로 폭죽을 터트리는 이벤트가 여기저기서 열린다. 하지만 몰래 불법적으로 큰 폭죽들을 사서 집 뒤뜰에서 터트리는 경우도 상당히 많다. 독립기념일은 빠지지 않고 꼭 파티를 한다.

Spring Break 　봄방학 ｜ 3월/4월 중 한 주　파티 100%

봄방학은 대학생들이 가장 떠들썩하게 노는 파티로 알려져 있다. 1주 정도의 기간 동안 엄청난 양의 술을 마신다.

Christmas 　크리스마스 ｜ 12월 25일 　거의 무조건 get together 또는 파티

선물 주기를 유난히 좋아하는 미국인들의 1순위 파티이다. 벌써 한두 달 전부터 무엇을 줄지 골라 놓고 예쁘게 포장해서 크리스마스 전날 거실 크리스마스 트리 밑에 선물을 놓아둔다. 크리스마스 당일은 가족끼리 보내고, 친구들끼리는 그 전전날 또는 이브에 주로 파티를 한다. 이때 친구들끼리 많이 하는 파티 중 하나가 **Ugly Sweater Party**이다. **각자가 좋아하는 촌스러운, 못난, 또는 직접 만든 괴상한, 또는 그냥 좋아하는 스웨터를 입고 하는 파티**이다.

Thanksgiving

추수감사절 ｜ 11월 마지막 목요일 　거의 무조건 get together 또는 파티

우리나라로 치면 추석에 가장 가깝다. 며칠 동안 맛있는 음식을 잔뜩 차려놓고 먹는다. 우리가 흔히 알고 있는 칠면조 요리에, 거대한 햄, 크랜베리 소스, 호박파이, 으깬 감자 등을 며칠 전부터 준비해놓고, 당일이 되면 온가족이 모여서 만찬을 즐긴다. Thanksgiving 휴일이 며칠 되기 때문에 이때 또 파티를 좋아하는 이들은 당일은 가족과 모여서 식사를 하고, 그 외 언제 한번 날 잡아서 파티를 거하게 하기도 한다.

Super Bowl

미식축구 챔피언십 경기 | 2월 12일 또는 13일　거의 무조건 get together 또는 파티

매년 2월의 첫 번째 일요일날 한다. 주로 파티를 열어서 많은 사람들이 소리 지르며 같이 미식축구 챔피언십 경기를 본다.

Bob Marley's Birthday

밥 말리의 생일날 | 4월 20일　거의 무조건 get together 또는 파티

Cinco De Mayo 싱코 데 마요 | 5월 5일　거의 무조건 get together 또는 파티

싱코 데 마요(스페인어: Cinco de Mayo)는 **멕시코의 기념일로, 주로 푸에블라 주의 기념일**이다. 이 기념일은 1862년 5월 5일에 벌어진 푸에블라 전투에서 여러 가지 면에서 열세였던 멕시코 군이 이그나시오 사라고사 장군의 지휘 아래 프랑스 군을 기적적으로 물리친 것을 기념한다.

Mardi Gras 마디 그라스 | 사순절을 시작하기 전　주로 get together 또는 파티

프랑스어인 '마디 그라스'는 **Fat Tuesday**라는 뜻이다. **사순절 기간 동안 죄를 참회하니, 그 사순절을 시작하기 전에 마지막으로 먹고 노는 날**이다.

St. Patrick's Day

성 패트릭의 날 | 매년 3월 17일　주로 get together 또는 파티

Fun Drinking Games

파티에서 하는 재미있는 **'술' 게임들**

"아, 어지럽다… 이번에는 꼭 넣어야 이기는데…" 탁구공을 높이 치켜들고, 숨을 깊게 들이마신다. 다시 한번 기를 모아서 집중을 해본다. 빨간 색 플라스틱 컵을 향해서 공을 던진다. 공이 맥주가 반 정도 차 있는 컵 안에 들어간다. "와~~!!!!!" 주위의 친구들이 함성을 지르며 나를 껴안는다. 이겼다… 나는 오늘 비어퐁 챔피언이다.

비어퐁, 플립컵 등은 미국 하우스 파티에서 빠질 수 없는 술 게임이다. 북적북적대는 사람들 사이에 끼어서, 만취한 상태에서 상대를 이기려고 하는 이런 술 게임들은 젊은 친구들에게 몇 십 년 동안 대단한 인기를 끌고 있다. 도대체 뭐가 그렇게 재밌길래 목숨 걸고 파티마다 이렇게 열심히 하는 걸까? *Dear Bro,* 미국 젊은이들은 파티에서 어떤 술 게임을 즐길까? 지금부터 알아보도록 하자.

술과 게임을 좋아한다면 필독
술 게임

4-7.mp3

술과 함께하는 떠들썩하고 화려한 파티, 특히 젊은 친구들의 파티에는 게임이 빠질 수 없다. 특히 술 게임! 한쪽에선 술을 마시며 이야기를 나누고, 다른 한쪽에선 술과 음악과 사람에 취해 춤을 추고, 또 다른 쪽에선 사람들이 우– 모여 술 게임을 한다. 게임에 참여하는 이들과 이를 지켜보며 응원하는 이들의 열기로 파티의 밤은 더욱 무르익어간다. 이들이 밤을 불태우며 즐기는 술 게임에는 어떤 것들이 있는지 살펴보자.

Beer Pong 비어퐁

젊은 층이 많이 하는 술게임으로 광란의(wild) 파티에서는 항상 탁구공을 플라스틱 컵 안으로 던진다. 조금 더 자세히 알아보자.

⚙ 준비물

술(주로 맥주), 긴 테이블, 플라스틱 컵 22개, 탁구공 2개. 국룰이다. 테이블 양끝에 맥주를 채운 플라스틱 컵들을(각 사이드 2캔씩 – 우리쪽에 2캔, 상대팀에 2캔) 피라미드 모양으로 세팅한다. 피라미드 모양으로 맥주를 채운 컵들 옆에 하나 따로 있는 컵은 탁구공을 헹구기 위한 물컵이다.

248

☼ 게임의 시작

2명이 한 팀을 이룬다. 즉 2:2 게임이 가장 대표적이다. **팀원 중 한 명이 대표로 나와 탁구공을 들고 상대팀의 눈을 응시하면서(eye to eye) 서로 탁구공을 던져 공이 컵에 먼저 들어가는 팀이 먼저 시작**한다. 이때 상대팀의 컵을 쳐다보면 반칙!

☼ 게임의 목표

상대팀의 모든 컵을 다 없애는 것이다. 룰에 따라 탁구공을 상대 컵에 넣을 때만 컵을 없앨 수 있다.

☼ 게임 순서

한 팀이 먼저 시작해서 한 명씩 공을 던지고 나면 그 다음은 상대팀의 차례다. 그런데 한 팀에서 두 명이 다 공을 컵에 넣는다면 그 팀은 공을 돌려받고, 다시 공을 던질 수 있는 기회를 얻는다. 또, 두 명 다 똑같은 컵에 공을 넣으면 상대팀은 그 컵을 포함한 총 3개의 컵(나머지 2컵은 랜덤으로 선택)을 마셔야 되고 공도 다시 돌려줘야 된다.

☼ 게임 방법

공을 넣는 방법은 두 가지가 있다. 하나는 바로 공중에 던져서 넣는 것이고, 다른 방법은 공을 테이블에 튕겨 넣는 것이다. 만약 공을 튕겨서 넣는다면 상대팀은 2개의 컵을 마셔야 한다. 단, 공을 튕기면 상대팀은 손으로 그 공을 막을 수 있다.

☼ 그 외 특이사항

- 게임이 진행되고 조금 지나면 마셔야 할 컵이 몇 개가 모일 것이다. 바로 다 원샷하지 않는 경우에는 말이다. 그런데 만약 아직 마시지 못한 컵을 내가 들고 있거나 테이블에 둔 상태에서 상대팀이 그 마셔야 되는 맥주컵에 공을 넣으면 '게임 끝'이다. 그래서 상대팀이 공을 넣어서 마셔야 되는 맥주 컵을 Death Cup이라고 부르며, 빨리 마셔버리거나 잘 지켜야 한다.

- 내가 공을 던졌는데 공이 들어가지 않고 어떻게 어떻게 튕겨서 나에게 다시 돌아왔다. 단, 테이블 위에서 돌아와야 한다. 바닥에 한 번이라도 떨어지면 공을 넘겨야 한다. 만약 테이블 위에서 공이 나에게 돌아오면 나는 그 공을 등 뒤로 던져 넣을 기회가 또 주어진다. 이것을 Chicken Wing Shot이라고 부른다.

- 게임 도중 각 팀은 자기들 차례일 때 상대팀 컵들의 위치를 두 번 재배열할 수 있다. 컵을 여러 개 넣다보면 여기저기 흩어져서 넣기 힘들어지기 때문에 넣기 쉽게 모아준다.

Flip Cup 컵 뒤집기

파티 술 게임 중 함성이 가장 많이 나오는 게임일 것이다. 주로 비어퐁을 하다가 중간중간에 비어퐁을 하던 테이블을 사용해서 하는 게임인데, 인원은 많으면 많을수록 좋지만 20명이 넘어가면 힘들 수가 있다.

☀ 준비물

술, 플라스틱 컵(인원 수만큼), 긴 테이블

☀ 게임 방법

1. 두 팀으로(짝수로) 팀을 나눈다.

2. 팀원들은 양쪽 테이블에 서로 상대팀을 쳐다보며 선다.

3. 모든 선수들 앞에 맥주를 준비해둔다.

4. 한쪽 끝에서부터 게임이 시작되며, 각 팀의 첫 선수들끼리 건배를 하고 시작한다.

5. 한 명이 끝나면 그 다음 사람이 바통을 받아서 하는 릴레이 게임이다. 한 명이 손에 든 **맥주를 다 마신 후 빈 플라스틱 컵을 테이블 끝에 걸친 후 손가락으로 '통' 공중으로 튕겨 컵이 완전 반대로 서야 다음 선수가 바통을 이어받을 수** 있다. 컵이 넘어지거나, 반대로 서지 않았을 경우에는 다시 테이블 끝에 걸치고 될 때까지 계속한다.

6. 한 사람당 한 번씩만 넘겨서 끝까지 가면 게임을 끝내는 경우도 있고, 끝까지 갔다가 다시 반대로 돌아오는 경우도 있다. 이는 게임을 시작하기 전에 정한다. 어떻게 정하든 **마지막 선수가 컵을 튕겨서 그 마지막 컵이 반대로 서면 그 팀은 '승리'**한다.

Power Hour 파워 1시간

한 시간 동안 60잔을 마시는 게임. 즉 1분에 한 잔씩 마시는 꼴이다. 주로 60개의 샷 글래스에 맥주를 가득 채워넣고, 1분마다 하나씩 노래를 바꿔 들어가면서 마시는 극한 술 게임이다. 주로 대학생들이 정말 '만취를 넘어선 그 이상'을 하고 싶을 때 하는 게임.

Edward 40 Hands 에드워드의 1.18 리터 맥주 손

1990년에 나온 **영화 〈가위손(*Edward Scissorhands*)〉에서 유래된 술 게임**이다. 조니 뎁(Johnny Depp) 주연의 작품으로 가위손 에드워드는 손 부분에 칼날이 달린 채로 산다. 이를 따라 칼날 대신 **양손에 40 ounce(약 1.18리터) 맥주를 매달고 다 마시는 게임**이다.

☼ 게임 방법

1. 한 명이 혼자 게임을 해도 되지만, 주로 자신감 넘치는 2명의 친구끼리 한다. 내가 더 잘 마셔, 아니야 내가 더 잘 마셔. 평소에 이 말이 한 번이라도 나왔다면 이 게임으로 승부를 보는 건 어떨까? 꼭 한두 명이 아니라도 단체로 3~4명, 10명이 다 해도 상관은 없다.

2. 1.18리터 맥주병을 개인당 각 2개씩 준비한 후, 양손에 혼자서 절대로 떼어낼 수 없도록 다른 사람이 테이프로 묶어준다. 덕테이프(Duck Tape)나 유리 테이프, 택배 보낼때 사용하는 노랑색 테이프, 두꺼운 초록색 테이프 등 넓고 두꺼운 테이프를 사용하면 편리하다.

3. 파티마다 다르지만 시간에 대한 규칙은 이렇다. 원하는 대로 정하면 된다. 한 번은 친구들이 1시간 안에 다 마셔야 된다는 규칙을 세웠는데, Will(윌)이라는 친구가 20분 만에 다 마시고 그날 저녁에 쇼파에서 토했던 것이 기억난다.

4. 손에 묶여 있는 맥주를 다 마시기 전에는 화장실을 못 간다.

5. 손에 묶여 있는 맥주를 다 마시기 전에는 테이프를 풀지 못한다.

6. 손에 묶여 있는 맥주를 다 못 마시는 사람은 남은 맥주를 머리 위에 부어야 한다.

게임을 하는 방법은 정말 간단하다. **그냥 묶인 상태에서 화장실을 안 가고, 다 마시면 되는 것**이다. 미국 대학생들이 즐겨하는 게임 중 하나로 친한 친구들 사이에서 한 번쯤은 해볼 만하다.

King's Cup 왕의 컵

카드로 술을 마시는 게임으로 Circle of Death, Ring of Fire, Waterfall 또는 Kings라고도 한다.

☼ 게임 방법

사실 게임 룰은 조금씩 다 다르다. 어떤 집에서 누구의 룰로 하느냐에 따라 차이가 있다. 다음은 브로가 주로 했던 King's Cup 룰이다.

1. 주로 폭탄주를 먼저 만들고 엄청 큰 컵에 그 폭탄주를 부은 후, 테이블 중앙에 컵을 두고 카드를 안 보이게 컵 둘레에 엎어둔다. (조커는 제외)

2. 그 후 각자 마실 술을 각자의 컵에 가득 부은 후, 한 명씩 돌아가면서 카드를 뽑는다. 어떤 카드가 나오냐에 따라서 정해진 규칙에 따라 술을 마셔야 하는 게임이다.

 • **A 카드는 '파도'다.** 카드를 뽑은 사람과 함께 동시에 모두가 술을 마시기 시작해야 한다. 카드를 뽑은 사람이 멈추면 그 옆에 있는 사람이 그제서야 멈출 수 있다. 만약 오른쪽으로 순서가 돌아간다면, 옆에 있는 사람이 완전히 멈춰야 멈출 수 있기 때문에 카드 뽑은 사람 바로 왼쪽에 앉아 있는 사람이 가장 많이 가장 오래 마셔야 한다.

• **2 카드를 뽑으면 다른 누군가를 선택할 수 있다.** 선택된 사람은 술을 정해진 시간만큼 마셔야 한다. 시간은 주로 3초에서 5초 정도로 한다. (하우스 룰대로 하면 된다.)

• **3 카드를 뽑으면 내가 마셔야 한다.**

· 4 카드를 뽑으면 게임하는 사람이 모두 바닥을 손으로 터치해야 한다. 바닥을 제일 늦게 터치하는 사람이 술을 마셔야 한다.

· 5 카드를 뽑으면 모든 남자들이 정해진 시간만큼 마셔야 한다.

· 6 카드를 뽑으면 여자들이 마셔야 한다.

· 7 카드를 뽑으면 모두가 하늘을 향해 손을 들어올려야 한다. 가장 늦게 들어올리는 사람이 마신다.

· 8 카드는 '동무'이다. 8을 뽑으면 한 명을 선택해서 그 사람과 내가 같이 마셔야 한다.

· 9 카드는 'rhyme(운, 라임)'이다. 9를 뽑으면 아무 단어를 말하면 된다. 그 다음 사람은 내가 말한 단어의 라임을 맞춰 다른 단어를 말해야 한다. 그 사람이 성공하면 그 다음 사람이 해야 하고 이렇게 누군가 실패할 때까지 돌아간다. 만약 누군가 실패하면 술을 마셔야 한다.

· 10 카드는 '카테고리'이다. 내가 '과일'이라고 하면 그 다음 사람이 '과일' 카테고리에 있는 무언가를 말해야 한다. 가장 먼저 실패한 사람이 술을 마신다.

· J 카드는 Never have I ever라는 게임을 해서 가장 먼저 3개의 손가락을 내리는(즉, 3개 다 걸리는 사람, 3번 말했는데 다 '경험이 있는'에 속하는) 사람이 술을 마셔야 한다. Never have I ever 게임에 대한 설명은 뒤에 나온다.

· Q 카드는 'Questions(질문)'이다. 뽑는 사람은 다른 아무에게나 질문을 할 수 있으며, 질문을 받는 사람은 질문으로만 답변할 수 있다. 예를 들어, What time is it?(몇 시야?)이라고 물으면 Is it almost midnight?(자정 거의 다 됐지?) 이런 식으로 답변할 수 있는 것이다.

· K 카드는 '킹'이다. K 카드는 총 4장 있기 때문에, 첫 3장은 '킹'이 '새로운 룰'을 만들어낸다. 예를 들면, "지금부터 '헐'이라고 하면 마시기" 이런 식으로. 그런데 가장 마지막 4번째 K를 뽑는 사람은 가장 중앙에 있는 폭탄주를 다 마셔야 한다

Quarters 쿼터 게임

25센트 짜리인 동전 쿼터를 테이블에 탁 쳐서 바운스시켜 상대방의 컵 또는 샷 글래스에 넣으면 상대방이 술을 마셔야 하는 게임이다.

술을 마시고도 많이 하지만 굳이 술을 마시지 않을 때도 많이 하는 게임도 있다. 예를 들어, 우리로 치면 진실게임 같은 류의 게임을 미국의 젊은이들도 많이 즐기는 편이다. 다만, 이들이 즐기는 진실게임은 그 종류가 다양하다. 이제 술 마실 때도 안 마실 때도 즐겨하는 재미있는 게임들을 살펴본다.

Never have I ever 그런 적 한 번도 없다

진실게임 같은 게임이다. **Never have I ever ~** 하고 뒤에 내가 한 번도 안 해본, 또는 당해본 적이 없는 무엇을 말하면, 상대방이 **I have**(난 해본 적이 있다) 또는 **I have never**(난 해본 적이 없다)라고 답하면 된다.

예를 들어, Never have I been arrested(난 경찰에게 체포되어본 적이 없어)라고 말하면, 같이 게임을 하는 사람들이 한 명씩 I have 또는 I have never 이런 식으로 답변을 한다. 이때 I have라고 답한 사람은 벌칙을 당하게 되는데, 게임을 계속 진행해 I have라고 말할 때마다 손가락을 하나씩 펼쳐 결국 다섯 손가락을 다 드는 사람이 벌칙을 받는 식으로 진행할 수도 있다. 벌칙은 정하기 나름. 주로 많이 하는 벌칙으로는 '벌주 마시기'가 있다. 벌주는 만들기 나름이지만 심한 경우에는 신발에 역겨운 것을 넣을 때도 있다. 물론 각기 다 다르고, 그냥 술만 마실 때도 많다.

Have you ever? 해본 적 있어?

Never have I ever와 같은 게임이다. **Have you ever ~?** 하고 뒤에 질문 내용을 붙이면 **된다.** Have you ever been arrested?(경찰에 체포된 적 있어?) 이런 식으로 물었을 경우 **답이 Yes면 술을 마시는** 게임이다.

Truth or Dare 진실 아니면 모험

여러 명이서 할 경우 **자기 차례가 오면 Truth(진실) 또는 Dare(모험) 중 하나를 선택**해야 한다. **Truth를 고르면 상대방이 물어보는 질문에 무조건 진실만 대답**해야 한다. 예를 들어, "너 누구 좋아하지?"라고 물으면 사실대로 답변해야 하는 것이다. 만약 Truth가 아닌 **Dare를 하기로 선택하면 상대방이 시키는 어떤 행동을 무조건 들어야** 한다. 예를 들어, I dare you to kiss Emily!(에밀리에게 키스해봐!)라고 하면 에밀리에게 키스를 해야 하는 것이다. 즉, 'Truth 진실을 말하든지 무엇이든 할 각오 Dare를 하든지'라고 생각하면 된다.

---

dare의 의미와 용법

dare은 크게 다음과 같은 의미로 활용된다.

1 '무언가 하기 힘들거나 곤란한 일을 해보라'고 말할 때

I dare you!라고 하면, '너 그거 할 수 있으면 해봐! 못할 걸? 하는 거 한번 볼게(그런데 어려울 걸!)' 이런 느낌이다. 뒤에 〈to + 동사원형〉으로 구체적으로 해보라고 하는 내용을 언급해줄 수 있다. 즉 **I dare you to ~** 하면 '네가 ~하기를 기대해본다, 할 수 있으면 해봐라 (그런데 어려울 걸!)'는 의미.

I dare you to kiss her. 그녀에게 키스해봐! (어려울 걸! 못할 걸! 하면 대박!)

I dare you to touch the fire. 그 불 만질 수 있으면 만져봐.

2 할 수 있는 용기가 있는지 알아보기 위해서 하는 '모험' 또는 '도전'

I jumped off the cliff into the lake for a dare.
나는 모험으로 절벽에서 강으로 뛰어내렸다.

Two Truths and a Lie 두개의 진실과 하나의 거짓

한 명씩 돌아가면서 두 개의 진실과 하나의 거짓말을 하면 무엇이 거짓말인지 맞추는 게임이다.

Marco and Polo 마르코와 폴로

수영장이 있는 경우에 하는 게임이다. 술래가 눈을 감고 **Marco!**라고 외치면 술래가 아닌 다른 모든 사람들이 박수를 치던가 또는 **Polo!**라고 외쳐야 한다. 술래가 눈을 감은 상태에서 상대를 터치하면 터치당한 사람이 술래가 된다.

Part
5

Daily
Idioms

Most Commonly Used Idioms

앞으로 매일같이 쓰게 될 **영어회화 이디엄**

분명히 다 아는 단어인데, 들어도 도대체 무슨 뜻인지 모를 때가 있다. 이디엄이 그렇다. 우리가 평소 알고 있는 단어 뜻대로만 해석해서는 무슨 의미인지 도통 알 수 없다. 우리말로도 '손이 크다'라고 하면 글자 그대로(literally) 어떤 사람의 손이 정말 큰 것을 뜻할 수도 있지만, 그 사람의 씀씀이가 후한 것을 나타낼 때도 많이 쓴다. 영어의 이디엄도 마찬가지이다. **아무리 단어를 많이 외워도 이디엄을 모르면 무슨 말인지 전혀 못 알아듣거나 엉뚱한 말로 잘못 이해하는 불상사가 생길 수 있다. 또한 이디엄에는 문화적 배경이 서려 있는 경우가 많기 때문에 이디엄을 알아가는 것은 영어권 문화를 이해하는 데도 도움이 된다.** 그리고 재미있다. *Dear Bro,* 그렇다고 모든 상황에서 이디엄이 주구장창 쓰이는 것은 아니다. 그러니 세상의 모든 영어 이디엄을 알려는 욕심 따윈 갖지 말라. 우선 여기 소개하는 많이 쓰이는 이디엄부터 알아두자! 그런 후 영어로 된 자료를 읽거나 듣는 중에 새롭게 접하는 이디엄은 그때그때 흡수하면 된다.

단어 하나 하나 뜯어보면 참 쉽다. 어라, 그런데 단어 하나 하나 해석하니 앞뒤 말이 안 맞다. 이거 이거 어떻게 된 걸까? 그렇다. 요런 것이 이디엄이라는 녀석들이다. 단어 하나 하나 보면 참 쉬운데 묶어 놓으면 무슨 말인지 영문을 알 수 없는 표현들, 덩어리째 의미를 함께 기억해야 할 표현들! 지금부터는 이런 이디엄 가운데서도 실생활에서 제일 많이 쓰이는 것들을 모아본다.

food for thought 진지하게 생각해볼 거리

'한번 생각해볼 만한 말'이나 '생각해볼 거리'를 음식에 비유한 재미있는 표현이다.

There's much food for thought in this book.
이 책에는 생각할 거리가 많습니다.

This movie provides much food for thought.
이 영화는 생각할 거리를 많이 제공한다.

Mind your P's and Q's.

말 조심하고 예의 바르게 행동하라. 정중히 행동하라.

'네 P들과 Q들에 신경써라'라니, 이게 도대체 무슨 말일까? 이 표현이 등장한 데에는 여러 유래가 있는데, 그중 하나는 **19세기 출판계**로 거슬러 올라간다. 당시 인쇄소에서는 납으로 만든 알파벳 문자를 하나하나 일렬로 배열해 글을 만들어 찍었는데 이때 소문자 p와 q를 헷갈려해 오타 실수가 많이 나왔다고 한다. 그래서 **'p와 q 문자 배열을 헷갈리지 말고 조심히 주의해서 하라'**는 말로 쓰이던 Mind your P's and Q's.가 시간이 지나면서 '말 조심하고 예의 바르게 정중히 행동하라'는 의미로 쓰이게 되었다 한다.

또 다른 유래를 하나 더 들자면, **17세기**로 거슬러간다. **당시 바텐더들은 손님이 술을 과하게 마시는 것을 방지하려고 Mind your Pints and Quarts.**(파인트와 쿼트를 신경써서 마시세요.)**라는 말을 하곤 했는데 이 말이 Mind your P's and Q's로 간략화되어 오늘의 이디엄으로 쓰이게 되었다는 설도 있다.**

A Damn it! I can't fucking believe they lost!

B Hey, man. Can you mind your P's and Q's? My little brother's listening.

A 젠장! 그들이 지다니 존나 믿을 수가 없어!

B 야 야, 말 좀 조심해줄래? 내 동생이 듣고 있잖아.

once in a blue moon 정말 어쩌다 한 번

blue moon, 푸른색 달이라고? 평소 우리 눈에 비치는 달은 하얀색이거나 노란색인데 이게 어떻게 된 일일까? 블루문(blue moon)은 달의 공전주기(29.5일)가 양력의 한 달(2월을 제외하면 보통 30일, 31일)보다 짧아서 생기는 현상이다. 2~3년 주기로 한 번씩 보름달이 한 달에 두 번 뜨는데, 그중 두 번째로 뜬 보름달을 blue moon이라고 한다. 달의 색과는 무관하며, 한 달에 두 번이나 보름달이 뜨는 것처럼 정말 어쩌다 한번 아주 드물게 일어나는 일을 말한다. 또, 아주 큰 산불이 발생하거나 화산이 폭발한 후 재가 하늘을 가리면 달이 푸른색을 띠게 되는 경우도 있다 한다. 어찌됐든 **blue moon은 매우 보기 힘들고 정말 드물게 나타나는 현상**이다. **이런 점에서 '정말 어쩌다 한 번' 생기는 일을 blue moon에 비유해 once in a blue moon이라는 표현이 탄생**한 게 아닐까?

Once in a blue moon, Daniel finishes his homework on time.
정말 드물게 한 번씩 대니얼은 숙제를 제때 끝내지.

smart cookie 머리가 좋은 사람

A Take the bike. It shouldn't take more than 10 minutes. You won't be late.

B You're a smart cookie. You saved my ass. Thank you!

A 자전거 타고 가. 10분 이상 걸리지는 않을 거니까 안 늦을 거야.

B 똑똑한데. 네가 날 구했다. 고마워!

Time flies. 시간이 쏜살같다.

우리말에 '시간이 쏜살같다.'는 말이 있다면 영어에는 **Time flies**가 있다. '시간이 정말 빨리 지나간다'는 뜻. 오랜만에 친구들을 만나 시간 가는 줄 모르고 수다를 떨다가 '벌써 시간이 이만큼 됐네, 시간 정말 빠르다!'고 할 때 Time flies! 연초가 엊그제 같은데 벌써 연말이고 새해가 다가올 때 '세월 진짜 빠르다.'며 Time flies.라고 한다.

beat the clock 마감 전에 일을 마치다

마감 시간 전에 무엇을 끝내는 것을 뜻한다. 예를 들어, 프로젝트를 내일 아침까지 제출해야 하는데 오늘 저녁에 끝났다면, 당신은 **clock(시계)을 beat(이기다)한 것**이다.

You can't beat the clock. 마감 전에 일을 마칠 수 없을 겁니다.

You have 12 hours to beat the clock. 마감 전까지 제출하려면 12시간 남았습니다.

First come, first served. 선착순.

A   Do you have any spicy chicken burgers?

B   Sorry, we're sold out. It was first come, first served. We sold out 2 hours ago.

A   매운 치킨버거 있나요?

B   죄송합니다, 매진이에요. 선착순이었어요. 2시간 전에 다 팔렸답니다.

all thumbs 몹시 서툴고 어색한, 손재주가 없는

열 손가락이 전부 엄지라면? 하는 일들이 아주 서툴고 어색해지겠다. 즉 all thumbs 하면 일이 **'서툴고 어색한'** 그래서 **'잘 못하는'** 모습을 나타내는 표현. **특히 손으로 하는 일이 서툴 때** 주로 쓴다. 참고로, 우리 손가락들 중에 엄지손가락이 감각도 가장 둔하다고 한다. 뜨겁거나 차가운 것을 여러 손가락으로 만져보면 그중에서 엄지손가락이 제일 둔감한 것을 알 수 있다.

I'm all thumbs today. 나 오늘 너무 서투네.

Peter can't play guitar at all. He's all thumbs.
피터는 기타 아예 못 쳐요. 그는 손재주가 전혀 없어요.

white lie 선의의 거짓말

우리가 보통 말하는 '선의의 거짓말'을 영어에서는 white lie, 하얀 거짓말이라고 표현한다. 예를 들어 부모님이 "너 어디 아프니?"라고 물었을 때 사실은 아프지만 부모님이 걱정할까봐 괜찮다고 거짓말하면 그런 거짓말을 white lie라고 한다.

calm before the storm 폭풍전야

뭔가 큰 일이 닥치기 전의 고요하고 잠잠한 시기를 폭풍전야, 폭풍 전의 고요함에 비유한 표현이다.

bread and butter 밥줄

생계에 필요한 것들을 살 수 있는 돈벌이 수단이나 직장을 뜻한다. 우리는 **주식이 밥이니까 '밥줄'**이라고 하는데, **서양인들은 주식이 버터 바른 빵이니까 bread and butter**라고 하는 게 당연한 일 아닐까!

It's my bread and butter. 이게 내 밥줄이야.

make ends meet
겨우 먹고 살 정도로 벌다, (남는 건 없지만) 먹고 살 정도로는 벌다

굶어죽지는 않고 '먹고 살 정도로 벌다'는 의미로, 우리말의 '**입에 풀칠하다**'에 딱 떨어지는 말이라고 볼 수 있겠다. 우리도 이 말을 상황에 따라 그래도 빚은 안 지고 '입에 풀칠은 하고 산다'라고 밝게 말할 때도 있고, '겨우 풀칠하고 산다'처럼 삶의 고단함을 담아 말할 때도 있듯 make ends meet도 마찬가지이다.

It's hard to make ends meet with my current job.
지금 하는 일로는 먹고 살기 힘들어요.

My dad had to work two jobs to make ends meet when he was young. 아버지는 젊었을 때 먹고 살기 위해서 투 잡을 뛰어야 했어요.

Money talks. 돈이면 다 돼.

정의(justice)와 충돌될 때가 잦긴 하지만 어쨌든 자본주의에서 널리 통용되는 말이자 현실이다. '**돈이면 다 돼.**' '**돈만 있으면 안 되는 게 없어.**' '**돈이 최고야.**'란 의미를 임팩트 있게 한 마디로 딱 **Money talks.**라고 하면 된다.

A Did you watch the news this morning?
   That guy got away with the murder.

B Yeah, I saw. That guy was super rich. He hired the best lawyer.
   Money talks!

A 오늘 아침 뉴스 봤어? 그 남자 살인해놓고 처벌 모면했어.

B 어, 봤어. 그 남자 완전 부자였어. 최고의 변호사를 고용했지. 돈이면 다 돼!

* get away with ~에 대한 처벌을 모면하다

Money talks, bullshit walks.
말로 아무리 해봤자 돈이면 다 해결된다.

여기서 **bullshit**은 이런저런 이야기를 하는 것을 뜻한다. 그런 말들은 의미 없이 그냥 지나가게 되지만 돈이야말로 제대로 말을 한다, 즉 돈이면 해결이 된다는 뜻이다.

break-even   손해도 없고 이익도 없는
'**손해도 없고 이익도 없는 본전인**' 상태를 나타낸다. 또, **경제 쪽에서는 '손익분기점'**을 나타내는 표현으로도 쓴다.

lose one's shirt
(금전적으로) 큰 손해를 보다, 돈을 다 잃다, 무일푼이 되다

20세기 대공황(Great Depression) 시절, 사람들은 집과 돈을 다 잃고 남아있는 거라곤 입고 있는 셔츠가 다였는데 그것마저 잃어버린다는 의미에서 나온 표현. 정말 큰 금액의 돈을 잃거나, 또는 가진 것을 다 잃고 무일푼이 될 때 쓰인다.

Wilson lost his shirt last night playing Texas Hold'em in a casino.
윌슨은 어젯밤 카지노에서 텍사스 홀덤을 하다가 돈을 다 잃어버렸어.

* Texas Hold'em 포커 게임의 일종

Ethan lost his shirt in the stock market. 이튼은 주식시장에서 돈을 탕진했어.

put your money where your mouth is
말로만 그러지 말고 행동으로 보여줘

직역하면 '네 입이 있는 곳에 돈을 놓아라'인데, 진짜 의미는 '**직접 행동으로 자기가 한 말을 보여줘라**'는 뜻이다. 1930년대 제2차 세계대전 중 미국, 영국 같은 나라에서 개인이 저축해놓은 돈을 국가의 은행에 투자하라는 슬로건으로 처음 쓰이기 시작했다고 한다.

You have to put your money where your mouth is. Or else no one is going to believe anything you say. 말로만 그러지 말고 행동으로 보여줘야 합니다. 그렇지 않으면 아무도 당신 말을 믿지 않을 겁니다.

I wasn't born yesterday.

(누굴 바보로 알아요?) 나도 알 건 다 알아요.

직역으로는 '난 어제 태어나지 않았다'이다. 내가 만약 어제 태어났다고 하면, 정말 세상 물정을 하나도 모를 것이다. 하지만 **난 어제 태어난 세상 물정 모르는 갓난아기가 아니다. 그러니 당신 의 말을 믿지 않는다. 어린애 취급 마라. 난 바보가 아니다.** 이런 느낌으로 하는 말이다.

Do you think I'm stupid? I wasn't born yesterday.
내가 바보인 줄 알아? 나도 다 알아.

I know how to do this. I wasn't born yesterday. Just trust me.
나 이거 어떻게 하는지 알아. 나 바보 아니야. 그냥 날 좀 믿어봐.

hit the ceiling 화가 머리끝까지 나다, 엄청 화내다, 노발대발하다

엄청 화가 나서, 노발대발해서 천장을 때리는 모습을 상상 하면 쉽게 이해할 수 있겠다. **천장을 손으로 펀치할 만큼, 또는 머리로 헤딩할 만큼 머리 끝까지 화가 났다는** 표현이 다.

Mom will hit the ceiling when she finds out we broke the window by playing soccer in the house.
우리가 집에서 축구하다가 창문 깬 걸 엄마가 아시면 엄청 화내실 거야.

blow a fuse   엄청 화내다, 빡이 돌다

퓨즈가 나가면(blow a fuse) 갑자기 전기가 끊겨 앞이 하나도 안 보이게 된다. 한순간 화가 나서 빡 돌아도 눈에 뵈는 게 없어진다. 그래서 blow a fuse는 눈에 뵈는 게 없을 정도로 '빡 돌다, 화가 나다'란 뜻으로 비유적으로 쓰이게 되었다고. 일상적으로 전기를 쓰기 시작한 20세기 중반부터 사용되기 시작한 표현이다.

Dad totally blew a fuse when I hit my little brother.
내가 남동생을 때리자 아빠는 완전 빡이 돌았어.

Don't blow your fuse. It was a mistake.
화내지 마세요. 실수였어요.

come alive   활기를 띠다, 생기가 돌다, 생동감 있다

얼굴에 '생기가 돌다'(someone's face comes alive), 도시가 '활기를 띤다'(the city comes alive), 연기가 아주 '생동감이 있다'(the performance really comes alive) 등과 같이 **누가/무언가가 생기가 돌고 활기를 띠는 모습을 come alive**라고 표현한다. 무기력하게 축 처져 있는 이에게 격려 내지 독려 차원에서 Come alive!라고 독립된 문장으로도 쓸 수 있고, 널부러져 있는 이에게 업무 지시를 할 때도 정신 차리고 에너지 챙기자며 Come alive!로 말문을 열 수 있다.

This city is very quiet during the day but it comes alive at night.
이 도시는 낮에는 매우 조용하지만 밤에는 활기를 띤다.

The crowd came alive when Drake appeared on stage.
드레이크가 무대에 등장하자 관중들이 활기를 띠었다.

Come alive, bro. It's almost time for the party!
브로, 이제 정신 좀 차려. 파티 시간 다 됐어!

on the ball (유능하게, 빈틈없이 일이나 돌아가는 상황 등을) 훤히 꿰고 있는

상황을 잘 인지하고 있으며, 어떻게 돌아가는지 정확히 이해하고 있다는 표현이다. 또는 **무언가를 필요 이상으로 완벽히 준비했을 때를 나타낼 수도** 있는데, 야구에서 나온 표현이라고 한다. 원래는 eye on the ball(공을 주시하고 있다, 공에서 눈을 떼지 않다)인데 이를 줄인 표현이라고.

He is really on the ball with this project. He knows about it more than I do. 그는 이 프로젝트를 훤히 꿰고 있습니다. 저보다 많이 알고 있답니다.

Don't worry. Jessica's really on the ball with this presentation. She's been preparing for months.
걱정 마. 제시카는 프레젠테이션을 완벽히 준비했어. 몇 달째 준비했는 걸.

get the ball rolling 시작하다

확실하지는 않지만 크로켓이나 축구처럼 공을 쓰는 스포츠에서 비롯된 표현일 가능성이 크다. **공이 구르기 시작해야 게임이 본격적으로 시작되는 것과 같이 어떤 일이 굴러가도록 본격적으로 '시작하다'는 의미로** 쓰인다. 회의나 프레젠테이션 자리에 사람들이 다 모여 "이제 시작해 봅시다."라고 할 때 Let's get the ball rolling.이라고 할 수 있고 다음 예문에서 보는 바와 같이 on 뒤에 구체적인 일을 언급해줄 수도 있다.

I think Rory's gonna be kinda late. We should get the ball rolling on the movie. 로리가 좀 늦을 것 같아. 우리 먼저 영화작업 시작하는 게 좋겠다.

A Do you want to get the ball rolling on the order?

B Yeah, sure. I'll have the bacon cheeseburger with the fries and coke, please.

A 주문 먼저 (시작)하시겠습니까?

B 네. 베이컨 치즈버거랑 감자튀김이랑 콜라 부탁드릴게요.

the best of both worlds 일거양득

I love working from home! I don't have to waste any time getting ready or in traffic. And I get to spend more time on the project. I get more work done this way. It's the best of both worlds.

저는 재택근무가 참 좋습니다! 출근준비나 교통체증에 시간 낭비 안 해도 되고, 프로젝트에 시간을 더 쓸 수 있죠. 이렇게 더 많은 일을 해냅니다. 일거양득이죠.

ring a bell (잘 기억이 안 나던 것이 갑자기) 기억이 나다

상대방이랑 이야기를 하다가 무슨 말을 들었는데, 또는 뭔가를 보니까 갑자기 기억이 나는 경우가 있다. 이처럼 ring a bell은 **특정한 어떤 소리나 시각적인 무엇이 우리의 기억력을 도와 어떤 생각이 떠오르는 것을 나타내는 표현**이다. '**기억이 나다, 생각이 나게 하다, 뭔가를 떠오르게 하다**' 정도의 의미로 생각하면 된다.

A You said you couldn't remember Amanda from middle school. This is a picture of her. Does this ring a bell?

B Oh my goodness! Yes, it definitely rings a bell! I remember her now! She was so pretty!

A 중학교 같이 다닌 아만다 기억 안 난다고 했었잖아. 이게 걔 사진이야. 기억 나?

B 맙소사! 응, 확실히 생각나! 이제 이 애 기억이 난다! 얘 진짜 예뻤어!

blessing in disguise 불행인 줄 알았는데 알고 보니 축복인 것

disguise는 '위장, 변장'이란 뜻이다. 그렇다면 **'위장의 옷을 입은 축복, 위장한 축복'**인 blessing in disguise란 대체 무슨 의미로 하는 말일까? **나쁜 일인 줄 알았는데 그것이 뜻밖의 좋은 결과로 이어졌을 때, 즉 불행인 줄 알았는데 알고 보니 축복**인 것을 가리키는 표현이다. 우리의 **'전화위복'**과 맞닿아 있는 표현.

A My motorcycle broke down. But maybe it's a blessing in disguise. It's very dangerous to ride motorcycles.

B True. I'm actually glad your bike broke down. It looked so dangerous.

A 오토바이가 고장났어. 그런데 이건 전화위복일 수도 있어. 오토바이 타는 건 매우 위험하거든.

B 맞아. 난 사실 네 오토바이가 고장 나서 기뻐. 많이 위험해 보였거든.

Are you pulling my leg?
지금 나 놀리는 거지? 농담하는 거지?

옛날에 강도나 소매치기 같은 도둑들이 골목길에 줄을 걸어두거나 지팡이를 사용해, 또는 그냥 발을 잡아당겨서 지나가는 사람의 다리를 걸어 넘어뜨리고 난 후 물건을 훔쳐갔다고 한다. 여기서 **pull someone's leg**라는 표현이 유래됐다는 설이 있는데, 사실 **글자 그대로의 의미인 '다리를 당기다, 다리를 당겨 넘어뜨리다'라는 의미로 쓰이기보다는 누군가를 '놀리다', 누군가에게 '농담하다'는 의미**로 쓰인다. 사악한 의도로 속인다는 의미는 없다. 참고로, Are you pulling my leg?는 Are you messing with me?랑 같은 뜻으로 쓰일 수도 있다.

A Hey, your ex-girlfriend is on the phone. She wants to talk to your girlfriend.

B Are you pulling my leg? It's not funny.

A No, I'm not pulling your leg. I'm serious. She's really on the phone right now.

A 야, 너 전 여친 전화 왔어. 네 여친이랑 통화하고 싶다는데.

B 지금 나 놀리는 거지? 하나도 안 웃겨.

A 아니야. 농담 아니야. 진짜야. 지금 진짜 전화 와 있잖아.

If you scratch my back, I'll scratch yours.
네가 나를 도와주면 나도 너를 도와줄게. 상부상조하자.

A I need to borrow something from you.

B Oh, yeah? What is it?

A Your lawn mower. Mine broke down this morning. And I really need to mow the lawn today. I have people coming over tonight.

B Oh, yeah? Well, what can you do for me if I let you borrow my lawn mower?

A Oh, come on, David. If you scratch my back, I'll scratch yours. You know that. I'll pay you back somehow.

A 나 뭐 좀 빌리자.

B 아, 그래? 뭔데?

A 잔디 깎는 기계. 내 게 오늘 아침에 고장 났는데. 오늘 진짜 꼭 잔디 깎아야 돼서. 오늘 저녁에 사람들이 놀러 오거든.

B 아, 그래? 그럼, 내 거 빌려주면 널 날 위해 뭘 해줄 수 있어?

A 아, 제발. 데이빗. 상부상조하고 살자. 너도 알잖아. 어떻게든 갚을게.

before you know it 눈 깜짝할 사이에, 순식간에

Kids grow up so fast. They'll be in college before you know it.
아이들은 정말 빨리 크지. 눈 깜빡 하면 대학에 있을 걸.

I'm on my way. I'll be there before you know it.
나 가고 있어. 눈 깜짝할 사이에 도착할 거야.

As always, this year will be over before you know it. So spend your time wisely.
언제나 그렇듯 올해도 눈 깜짝할 사이에 끝날 거야. 그러니까 시간을 현명하게 보내.

Let's spice things up! 분위기 좀 띄우자!

spice는 '양념, 향신료'라는 의미의 명사로도 쓰이지만 **'양념을 더하다'**는 의미의 동사로도 쓰인다. 나아가 **비유적으로 '흥취나 묘미를 더하다'**는 의미로까지 쓰이는 표현. 따라서 **무언가 양념, 즉 흥을 띄워서 분위기를 업시키자고 할 때 Let's spice things up!**이라고 하면 된다.

A This party is lame.

B Let's spice things up! Turn up the music and bring out the keg! Where's the DJ?

A 이 파티 너무 지루해.

B 분위기 좀 띄우자! 음악 소리 키우고 술통 들고와! DJ 어딨어?

One's eyes are bigger than one's stomach.

❶ (음식에) 너무 욕심 부리네. 식탐이 대단하구나.

❷ (다 감당하지 못할 일에) 욕심 부리는구나.

먹방을 보고 있으면 왠지 나도 저 정도는 다 먹을 수 있을 것 같다. 뷔페식당에 널려 있는 음식들을 보면 다 먹을 수 있을 것만 같아서 나도 모르게 이것저것 음식을 많이 담게 된다. 이처럼 **눈으로 음식을 보면 내 위장의 크기를 착각하게 되는 순간들이 있는데, 이런 상황에 빗대어 식탐을 부리는 사람에게** 쓰는 표현이다. **식당 가서 음식을 잔뜩 시킨다 싶더니만 결국 다 먹지 못한 상대에게** Looks like your eyes are bigger than your stomach.(너 너무 욕심 부린 거 같다.)라고 장난스럽게(playfully) 한마디 던질 수 있겠다.

한 걸음 더 나아가, **일에 욕심을 부리는 사람에게도** 쓸 수 있다. 아무리 봐도 현실적으로 감당할 수 있는 분량의 일이 아닌데 할 수 있다며 이 일 저 일 잔뜩 맡아가는 상대에게 Your eyes are bigger than your stomach.라고 말할 수 있다.

A Why did you order so much food?

B My eyes are bigger than my stomach. Don't worry, I'll take the leftovers in to-go boxes.

A 음식을 왜 이렇게 많이 주문했어?

B 내 식탐이 좀 과해. 걱정 마, 남은 음식은 포장해서 갈 거야.

A I can deliver 500 packages every day! Then I'll make 10,000 dollars a day!

B Your eyes are bigger than your stomach. You're not a robot! You're not made out of metal.

A 난 매일 500개씩 택배를 배달할 수 있어! 그러면 하루에 만 달러씩 벌 거야!

B 감당 못 할 일에 욕심 부리는구나. 넌 로봇이 아니야! 넌 철인이 아니라고.

You're biting off more than you can chew.

너 분수를 모르고 너무 욕심부리고 있어.

'넌 지금 씹을 수 있는 양보다 더 많이 물어뜯고 있다', 즉
'네가 감당할 수 있는 양보다 많이 가져가고 있다'는 것이
다. 한 마디로 **'과욕을 부린다'**, **'너무 심하게 무리한다'**는
의미.

A Yeah, I'm gonna start another business on the side.

B I feel like you're biting off more than you can chew.

A 나 또 다른 사업을 부업으로 시작할 거야.

B 내가 봤을 때, 넌 지금 너무 무리하는 것 같아.

face the music 책임을 지다, 비난을 정면으로 마주하다

자신이 한 일에 대해 결과를 깨끗이 받아들이고 **'책임지다'**, **'비난이나 벌을 정면으로 마주하다'**
란 의미. 오페라 극장의 배우들이 무대 뒤에서 대기하고 있다가 음악이 나오기 시작하면 나가서
공연을 해야 했는데, 여기서 비롯된 표현이라고 한다.

A It's time for him to face the music.

B Yep, he should've never stolen in the first place.

A 이제 그가 책임을 질 시간이야.

B 맞아, 그는 애초에 훔치지 말아야 했어.

＊in the first place 애초에

the tip of the iceberg 빙산의 일각

아주 큰 문제가 있지만 지금 드러나는 것은 극히 일부분에 지나지 않을 때 우리는 '빙산의 일각' 이라는 말을 하곤 한다. 영어 표현으로도 우리말 그대로 tip of the iceberg이다.

A His success is just the tip of the iceberg.

B Yep, he had to go through so much to get there.

A 그의 성공은 정말 빙산의 일각일 뿐이야.

B 맞아. 그는 그렇게 되는 데까지 정말 고생 많이 했어.

to make a long story short

(긴 이야기를) 짧게 말해서, 간단히 말하면

A How was the date?

B To make a long story short, it didn't happen.

A 데이트 어땠어?

B 간단히 말해서, 데이트 안 했어.

Let's call it a day!

오늘은 여기까지만 하자! (그만합시다! 마무리 지읍시다!)

A Wow, it's already 8 PM. Let's call it a day! Great work everyone!

B Who wants to grab a beer?

A 와, 벌써 8시네. 여기까지만 합시다! 다들 수고하셨어요!

B 맥주 한잔 하실 분?

pull strings 연줄을 대다, 영향력을 행사하다

말 그대로 '줄을 당기다'인데 그게 일반 줄이 아닌 '연줄'을 뜻한다. **중요인사에 대해 내가 가진 영향력을 몰래 행사하는 것, 즉 '연줄을 대다', '빽을 쓰다', '인맥을 이용하다'**는 의미로 쓰인다.

A   I wish I could watch the Dua Lipa concert. The tickets are sold out now.

B   I could pull some strings. How many tickets do you need?

A   두아 리파의 콘서트를 볼 수 있었으면 좋겠다. 티켓 이제 매진이래.

B   내가 인맥 써서 구할 수 있을 것 같아. 티켓 몇 장 필요해?

It takes two to tango.

❶ 손바닥도 마주쳐야 소리가 난다.   ❷ 같이 해야[협력해야] 일이 된다.

탱고는 혼자 출 수 없다. 둘이 있어야 출 수 있다. 이런 상황에 빗댄 표현으로 **'한 명으로는 어떤 일을 할 수 없고, 두 명이 있어야 한다'**는 의미. 부정적인 의미와 긍정적인 의미로 모두 쓸 수 있다.

첫째, 부정적인 의미로는 우리의 **'손바닥도 마주쳐야 소리가 난다'**는 말에 딱 떨어진다. 함께했던 어떤 일이 잘못된 것을 두고 일방적으로 다른 사람의 잘못으로 몰아가는 친구에게, 애정 싸움 뒤에 남친/여친을 막 욕하는 친구에게 '그게 그 사람 혼자만의 잘못이겠니? 손바닥도 마주쳐야 소리가 나지.'라는 뉘앙스로 쓸 수 있다.

둘째, 긍정적인 의미로는 **어떤 일을 해내는 데 서로의 협력이 필요하다, 즉 한 사람한테 떠넘길 일이 아니고 '같이 해야 되는 일이다'**라는 의미로 쓸 수 있다.

A   I couldn't finish the project by myself.

B   I told you. It takes two to tango. Let me help you.

A 혼자서는 프로젝트 못 끝내겠어.

B 내가 그랬잖아. 같이 해야 일이 된다고. 내가 도와줄게.

at the drop of a hat 주저하지 않고, 지체하지 않고, 즉시, 즉각

19세기 중반 서부개척시대 당시에는 경기나 싸움 등을 할 때 모자를 떨어뜨리는 것으로 시작을 알렸다고 한다. **모자가 떨어지면 바로 경기를 시작했기 때문에 at the drop of a hat, 즉 모자가 떨어지는 순간에는 '즉각, 바로, 지체하지 않고'**라는 의미로 쓰이게 되었다.

A Did you pack everything? Are you ready to leave?

B Of course. I packed last night. I'm ready to leave at the drop of a hat.

A 짐 다 쌌어? 떠날 준비됐어?

B 물론이지. 어젯밤에 짐 쌌어. 즉시 떠날 준비됐어.

sleep like a baby / dog / log / rock
세상 모르고 자다, 푹 잘 자다

푹 잘 자다란 뜻이다. 우리말로 **'꿀잠자다'**, **'세상 모르고 자다'**, **'숙면하다'** 등의 말에 모두 해당된다.

I slept like a baby. 세상 모르고 잤네.

I was sleeping like a dog. 세상 모르고 자고 있었어.

I'm gonna sleep like a log tonight. 오늘밤 꿀잠잘 거야.

I didn't wake up at all last night. I slept like a rock.
어젯밤에 하나도 안 깨고, 완전 꿀잠잤어.

fast asleep / sound asleep 깊이 잠든

She was fast asleep when I called her.
내가 전화했을 때 그녀는 깊이 잠들어 있었어.

fall asleep 잠들다

I'm falling asleep. 졸고 있었어.

I fell asleep during the movie because it was so boring.
영화가 너무 지루해서 보다가 잠들었어.

power nap (피로를 풀고 기력을 회복하는 데 도움을 주는) 질 좋은 낮잠

낮에 잠깐 자는 것을 nap이라고 하는데, power nap이라고 하면 아주 질 좋은 낮잠을 말한다. 즉 낮에 10, 20분 정도 잠깐 자는 것으로 피로를 풀고 기력을 회복할 때 그 낮잠을 power nap이라고 하는 것. 참고로, '낮잠(nap)'류의 표현은 주로 동사 take와 함께 쓰인다.

I'm gonna take a 20-minute power nap.
나 20분만 낮잠 좀 푹 잘게.

cat nap 아주 짧게 잠깐 자는 낮잠, 토막 잠

A You look really tired. You should take a cat nap after this class
   in Mrs. Wilson's classroom. There's no one there.

B Oh, really? Thanks! I'll take your advice.

A 너 진짜 피곤해 보여. 수업 마치고 윌슨 선생님 교실에서 잠깐이라도 눈 좀 붙여. 거기 아무도 없어.

B 아, 진짜? 고마워! 네 조언 들을게.

oversleep 늦잠 자다

누구나 한 번쯤은 늦잠 자서 지각한 경험이 있지 않나? 이렇게 **본의 아니게 늦잠을 자버린 경우, oversleep**을 이용해 I overslept.(늦잠 잤어.)라고 하면 된다. 한편, 우리말로는 '늦잠 자다'로 똑같이 옮길 수 있지만 주말이나 쉬는 날이라 **늦게까지 자고 싶어서 늦잠을 잔 경우에는 sleep in**을 쓴다는 사실도 함께 알아두자. 이때는 I slept in.이라고 한다.

TIP 주의! sleepover라고 하면 '다른 사람의 집에서 자는 행위'를 뜻한다.

get up on the wrong side of the bed
(특별한 이유 없이) 기분이 안 좋다, 컨디션이 안 좋다

우리는 아침부터 컨디션이 안 좋아 보이는 친구에게 "잠 잘못 잤냐?"라는 식으로 물어보는데 영어권에서는 Did you get up on the wrong side of the bed?라고 물어본다. 여기서 get up on the wrong side of the bed는 직역하면 '침대의 나쁜 쪽으로 일어나다'인데, 이는 로마시대부터 내려온 미신에서 유래된 표현이라고. 고대 로마사람들은 무엇이든 '오른쪽'은 좋고 바른 것으로 여겼던 반면, '왼쪽'은 나쁘고 불길하고 사악한 것으로 여겼다고 한다. 그래서 아침에 눈을 뜨고 침대의 왼쪽으로 일어나서 나오면 그날은 '하루 종일 컨디션이 나쁘고 운이 좋지 않다'고 생각했다는데. 이 미신에서 비롯된 get up on the wrong side of the bed는 오늘날 **잠에서 깼는데 특별한 이유도 없이 괜히 '기분이 안 좋고 짜증나고 몸이 찌뿌둥하고 컨디션이 안 좋다**'는 의미로 쓰이게 되었다.

A You look grumpy. What's up? Did you get up on the wrong side of the bed?

B Oh, shut up. I'm not in a good mood.

A 언짢아 보인다. 무슨 일이야? 컨디션 안 좋아?

B 아, 닥쳐. 기분 안 좋으니까.

Don't let the bed bugs bite!
벌레한테 물리지 말고 잘 자!

어른이 아이에게 잠자리 인사로 주로 쓰는 표현이다. 옛날에는 침대가 바닥에 더 가까웠으며 잠자리에서 빈대나 모기 등의 벌레한테 쉽게 물리곤 했기 때문에 '벌레한테 물리지 말고 잘 자'라는 인사말을 하게 된 것. **보통 Good night!(잘 자!)이나 Sleep tight!(푹 잘 자!)라고 한 다음 Don't let the bed bugs bite!**를 덧붙인다.

I'm gonna hit the sack/hay/bed/sheets.
나 자러 간다. 나 이제 자야겠어.

옛날에는 침대가 비싸서 큰 자루(sack) 안에 건초(hay)를 잔뜩 집어넣고 침대 대신 썼다고 한다. 그런데 **건초가 울퉁불퉁해 그것을 때려서(hit) 자기 좋겠끔 평평하게 만들었는데, 여기에서 유래된 표현이 바로 hit the sack 또는 hit the hay.** 건초 자루를 때려서 평평하게 만든다는 건 잠을 자겠다는 의미이므로 시간이 지나면서 자연스럽게 '잠자리에 들러 가다'는 뜻의 go to bed와 같은 의미로 쓰이게 된 것. 나중에는 섞어서 hit the bed 또는 hit the sheets라고도 쓰이게 되었다.

hit the road   길을 나서다, 길을 떠나다, 어디에 가기 시작하다

'길을 박차고 간다', 즉 '길을 나선다'는 의미. **모임 자리에서 '이제 그만 가봐야겠다'며 일어날 때 I'm gonna hit the road.**라고 할 수 있다. 또, **여행길을 떠나거나 산행 중 잠시 쉬었다 다시 출발할 때 Let's hit the road.**(이제 출발하자. 이제 길을 나서자.)와 같이 쓸 수 있다.

A   Hey, I'm gonna hit the road. I'll see you in a couple of months.

B   Yeah, I gotta go, too. It was nice seeing you today. Later, bro.

A   나 이제 가야겠다. 두어 달 후에 보자.

B   그래, 나도 가야겠다. 오늘 얼굴 봐서 좋았어. 다음에 보자, 친구.

TIP hit에는 '치다, 때리다, 부딪치다'는 의미가 있는데 이 의미는 비유적으로도 쓰인다. 그래서 몸이 찌뿌드드해서 '운동하러 헬스장에 가야겠다'고 할 때도, 시험이 코앞이라 '이제 본격적으로 책 좀 봐야겠다'고 할 때도 동사 hit 뒤에 부딪혀야 하는 대상인 the gym[헬스장], the book[책]을 넣어 다음과 같이 말하곤 한다.

I'm gonna hit the gym. 헬스장에 가야겠어.

I'm gonna hit the book. 이제 본격적으로 책 좀 읽어야겠어.

do/play it by the book
원칙대로 하다, 정확하게 규칙대로 하다, 에프앰대로 하다

여기서 book은 정해진 룰을 나타낸다. 따라서 **by the book**이라고 하면 융통성 없이 '**교과서에 나온 그대로, 정해진 규칙 그대로**', 또는 '**원칙대로**' 하는 것을 나타낸다. 보통 do나 play 동사와 함께 쓰인다.

A It's really hard to work with Jason.

B Yeah, I agree. He always does everything by the book.

A 제이슨이랑 일하기 진짜 힘들어.

B 맞아. 걔는 융통성 없이 다 에프앰대로 해.

It's no use crying over spilt milk.
이미 엎질러진 물이다.

It's no use -ing는 '~해봐야 소용없다'는 뜻이다. 따라서 **It's no use crying over spilt milk.**를 직역하면 '엎질러진 우유 앞에서 울어봐야 소용없다'는 것. 즉 우리 속담의 '**이미 엎질러진 물이다.**' '**한 번 엎지른 물은 주워 담을 수 없다.**'에 딱 맞아떨어지는 표현 되겠다.

A I can't believe she broke up with me. And now she has a new boyfriend.

B Dude, there's no use crying over spilt milk.

A 그녀가 나와 헤어졌다는 게 믿기지 않아. 이제 새 남자친구도 있더라.

B 야, 벌써 엎질러진 물이야. 슬퍼해봤자 소용없어.

You can't judge a book by its cover.
겉만 보고 판단하지 마세요.

책을 표지만 보고 판단할 수 없다, 즉 '겉모습만 보고 판단해서는 안 된다'는 뜻의 관용표현.

in a (real) pickle (상당히) 곤란한 처지인

난처하고 곤란한 상황에 빠진 상태를 나타내는 표현으로, **in trouble과 같은 뜻**이다.

> The world is in a real pickle right now because of the coronavirus.
> 세계는 지금 코로나 바이러스 때문에 곤란에 빠져 있다.

> Hey, can I borrow some money? Like 500 dollars? I'm in a real pickle right now.
> 야, 나 돈 좀 빌릴 수 있어? 500달러 정도? 나 지금 상당히 곤란한 상황이거든.

on someone's watch
~가 담당하고 있는 때에, ~가 책임을 맡고 있는 중에

여기서 watch는 명사로 예의주시해서 '책임을 맡고 있는 상황'을 나타낸다. 따라서 on someone's watch 하면 **'누가 어떤 특정한 상황이나 일을 담당하고 있는 때에', '누가 책임을 맡고 있는 중에'**라는 의미이다.

> Mistakes were made on my watch. 제가 담당하는 중에 실수가 발생했습니다.

Not on my watch! 내가 있는 한 (절대) 안 돼!

'내가 지금 지켜보고 있는 한, 담당하고 있는 한 절대 그럴 수 없지! 어림도 없지!'라는 의미이다. 예를 들어 내가 가게를 지키고 있는데, 어떤 남자가 몰래 무엇을 훔치려고 한다. 그럴 때, 그 남자가 훔치려 하는 행위를 막으면서 쓸 수 있겠다. 다음 대화에서 확인하시라.

A That guy is trying to steal a necklace! 저 남자가 목걸이를 훔치려고 해요!

B Not on my watch! 내가 가게를 보고 있는 한 절대 안 되지!

get under someone's skin
신경에 거슬리다, 짜증나게 하다

누군가의 '신경을 거슬리게 하고 화나게 하고 짜증나게 한다'는 뜻을 비유적으로 **get under someone's skin**이라고 표현할 수 있다. 피부 밑에 뭔가가 들어가 있다고 상상해보라. 얼마나 짜증나고 신경이 곤두서겠는가?

I can't stand Sarah. Everything she does gets under my skin.
세라를 참을 수가 없어. 걔가 하는 짓 전부 신경에 거슬려.

You're under my skin. 네 생각을 멈출 수 없어.

You get under my skin!이라고 하면 '네가 신경에 거슬려! 짜증나!'라는 뜻이지만 You're under my skin.이라고 하면 **'내가 너한테 완전 홀딱 반해서 너에 대한 생각을 멈출 수가 없다'**는 뜻이다.

A I can't stop thinking about you. You're under my skin.

B Andrew, no. You can't do that. I'm a married woman.

A 당신 생각을 멈출 수가 없어요. 난 당신에게 홀딱 빠졌어요.

B 앤드류, 안 돼요. 그러면 안 돼요. 전 유부녀예요.

sell like hot cakes 날개 돋친 듯 팔리다

가게의 물건이 단시간에 빨리 많이 팔려나갈 때 우리는 '날개 돋친 듯 팔리다' 또는 '불티나게 팔리다'라고 말하는데, 이를 영어로는 sell like hot cakes라고 한다. **19세기 미국에서는 팬케익(hot cake은 pancake의 옛날 버전)이 엄청 잘 팔렸는데, 이때 이후 무언가 엄청 잘 팔리면 이를 hot cake에 비유해 sell like hot cakes라고 쓰기 시작했다.**

Mr. Bro's book sold like hot cakes on the day of its release.
미스터 브로의 책은 출간 당일 날개 돋친 듯 팔렸다.

You can't have your cake and eat it too.
두 가지를 동시에 얻을 수는 없는 법이야.

'케이크를 가지기도 하면서 먹을 수까지는 없다'는, 즉 **'전부 다 할 수는 없고 한 가지만 할 수 있다'**는 의미이다. 우리말의 **'두 마리 토끼를 다 잡을 순 없다'**에 딱 떨어지는 표현 되겠다.

A   I want to finish the project but I also want to go to the party.

B   You can't have your cake and eat it too. Choose one.

A   프로젝트를 끝내고 싶은데 파티에도 가고 싶어.

B   둘 다 할 수는 없어. 하나만 골라.

cut the cheese 방귀를 뀌다

치즈를 자르면 고약한 냄새가 나는 데서 유래된 표현이다. 어떤 공간에서 방귀 냄새가 날 때 우리는 "누가 고구마 먹었냐?"라는 식으로 돌려 말하는데, 이와 같은 이치로 영어에서는 "누가 치즈 잘랐냐?"라는 식으로 말한다는 것.

Who cut the cheese? 누가 방귀 뀌었어?

as clear as mud   애매한, 이해가 안 되는

직역하면 '진흙만큼 맑은'이다. 맑기가 진흙만하다는 건 결국 전혀 맑지가 않다는 것. 즉 뭔가가 '종잡을 수 없이 애매하고 불확실한', 무슨 소린지 '이해가 안 되고 도통 모르겠는' 상태를 나타내는 표현이다.

It doesn't make any sense. It's as clear as mud.
이건 말이 하나도 안 돼. 무슨 소린지 도통 모르겠어.

jump on the bandwagon
우세한 편에 합류하다, 대세를 따르다

bandwagon에는 '(많은 사람들이 함께하는) 행사' 또는 '우세한 쪽'이라는 뜻이 있다. 따라서 **jump on the bandwagon**이라고 하면 '우세한 쪽에 뛰어들다'라는 의미. 주로 **유행하거나 인기가 폭발하는 무엇을 따라서 할 때**, 또는 **유리하거나 우세한 한쪽 편에 붙는다고 할 때** 쓰는 표현이다. 참고로, 뭔가 유행 타는 상품을 따라서 구매하는 소비현상을 bandwagon effect 라고 한다.

A   Did you see Peter wearing the new Nike shoes?

B   Yeah, it's stupid. Everyone is wearing it. He jumped on the bandwagon.

A   피터가 새 나이키 신발 신고 있는 거 봤어?

B   어, 바보같아. 사람들이 다 나이키 신고 있잖아. 걔 그냥 유행 따라 한 거야.

Cut to the chase. (각설하고) 본론으로 들어가.

여기서 chase는 '추격', cut to는 '~ 장면으로 바꾸다'는 뜻. 즉 **Cut to the chase.**를 글자 그대로 보면 '추격 장면으로 바꿔.'가 된다. 그런데 왜 '추격 장면으로 바꾸라'는 말이 '본론으로 들어가.' '본론을 말해.'라는 의미로 쓰이게 된 걸까? 때는 바야흐로 서부영화가 처음 나왔을 시절로 돌아간다. 당시 서부영화는 추격전이 제일 재미있었기에 지루한 부분을 넘기고 곧바로 '**추격전으로 바꾸라**'고 하곤 했는데, **시간이 지나면서 각설하고 '본론으로 들어가**'라는 의미로 쓰이게 되었다는 것. 즉 **빙빙 돌려 말하면서 시간 낭비하지 말고 딱 할 말, 중요한 얘기로 바로 들어가라**는 의미로 쓰인다. **같은 의미로 Get to the point.**라는 표현도 함께 기억해두자.

A Cut to the chase. What do you want me to do?

B I want you to kill him.

A 본론 바로 말해. 내가 어떻게 하면 좋겠니?

B 그를 죽여줬으면 좋겠어.

cut corners 절차 또는 원칙대로 안 하고 일을 쉽게 대충 하다

직역하면 '모서리를 자르다'이지만 숨어 있는 진짜 의미는 '절차와 원칙을 무시하고 쉽게 무엇을 하다'라는 뜻이다. 즉, **절차를 생략하고 원칙을 어기고 조금 더 쉽게, 빠르게, 편리하게 무엇을 한다**는 의미. 자동차 경주에서 코너를 돌 때 빨리 가려고 선 안쪽으로 그냥 가버리는 것을 corner를 cut한다고 하는 데서 나온 표현이라고. **뭔가를 대충대충 할 때, 또는 요령을 써서, 또는 꾀를 부려서 일을 할 때도 사용**할 수 있는 표현이다.

A The company is already falling apart because the CEO cut corners in so many ways.

B That's what you get for not following the rules.

A CEO가 참 다방면으로 절차와 원칙을 어기고 쉽게 일을 해서 회사가 이미 망하고 있어.

B 규칙을 지키지 않으면 그렇게 되는 거야.

caught red-handed 현행범으로 잡힌

red-handed는 '**현행범의, 현행범으로**'라는 의미. '빨간 손이 된', 즉 범죄를 저지르고 '손에 피가 묻어 있는 상태로'라는 이미지에서 의미를 연상하면 쉽게 이해될 것이다. 따라서 caught red-handed는 '현행범으로 잡힌'이란 뜻.

> The man was trying to steal the bike but he was caught red-handed.
> 그 남자는 자전거를 훔치려고 했으나 현행범으로 잡혔어.

cough up 진실, 정보를 불다

cough up은 가래나 피, 목에 걸린 것 등을 '기침을 해서 토해내다'는 의미이다. **이것이 비유적으로 쓰여 진실이나 정보를 '토해내다, 불다**'라는 의미가 된 것. 이때 이런 정보는 자발적으로 주는 게 아니라 어쩔 수 없이는 준다는 뉘앙스이다.

> Hey, man, we know you have the money here somewhere.
> Cough it up! 이봐, 여기 어딘가에 돈이 있다는 걸 우리는 알고 있어. 불어!

stab someone in the back
~의 뒤통수를 치다, 배신하다

우리도 누군가의 뒤통수를 치거나 배신하는 행위를 '등에 칼을 꽂다'는 식으로 말하듯 여기에 딱 떨어지는 영어 표현이다. 직역하면 '누군가의 등을 찌르다'.

A I can't believe Chris stabbed me in the back.

B I know, how could he? It's unbelievable. You guys have been friends for over 20 years.

A 크리스가 날 배신했다는 게 믿기지 않아.

B 알아, 어떻게 그럴 수가 있지? 믿기지가 않아. 너희는 20년 넘게 친구였잖아.

back stabber 배신자

직역하면 '등을 찌르는 사람', 등을 찌른다는 것은 배신을 한다는 얘기이다. 즉 back stabber 는 '배신자'를 의미한다.

A Fuck you, you back stabber! You should be ashamed of yourself!

B I don't care what you say about me. They're paying me a lot of money.

A 엿 먹어, 이 배신자야! 스스로 부끄러운 줄 알아!

B 네가 나에 대해 뭐라고 하든 난 신경 안 써. 그 사람들 돈을 엄청나게 주거든.

sell someone down the river
철썩같이 믿는 사람을 배신하다, 속이다

17세기, 미국에 노예제도가 존재하던 시절에 주인이 강가에서 다른 농장으로 노예를 팔아 넘기던 데서 나온 표현이라고 한다. 당시, 남부지역 노예들은 힘들고 고된 농장일을 주로 하는 반면, 북부지역 노예들은 가사일이나 시중꾼으로 일했다. 남부지역 노예들은 너무 힘든 일을 견디다못해 도망치거나, 다치거나, 죽기까지 했다고. 그래서 남부지역 백인들은 늘 북부지역의 노예들을 사려고 했는데, 이때 북부 백인이 노예를 팔아 넘기는 행위는 노예에게 거의 '배신'을 하는 행위나 마찬가지였다. 가족들과 헤어지는 것뿐 아니라 훨씬 가혹한 일을 하러 가야 했기 때문이다. 여기서 sell someone down the river는 **'강가에서 사람을 팔아넘기다'라는 의미에서 발전해 '사람을 배신하다'는 의미로** 쓰이게 되었다.

A Don't sell me down the river, Taylor.

B I would never. You're my best friend, Tyler.

A 테일러, 나를 배신하지 마.

B 절대 안 그래. 넌 내 제일 친한 친구야, 타일러.

leave someone high and dry

(아무 도움 없이) 곤란한 상황에 내버려두다, 곤경에 빠뜨리다

high and dry는 '배가 해안가에 밀려온 상태에서 썰물이 빠져 오도가도 못하는' 상황을 나타낸다. 이것이 비유적으로 쓰여 **'곤경에 빠진'**, **'앞길이 막막한'** 상태를 나타내게 된 것. 따라서 **leave someone high and dry**는 '앞이 막막한 힘든 상황에서 아무 도움도 주지 않고 내버려두다' 또는 '곤경에 빠뜨리다'라는 의미로 쓰인다.

A Don't leave me high and dry, please.

B Sorry, I can't help you. There's nothing I can do.

A 날 힘든 상황에 혼자 버려두지 마, 제발.

B 미안, 내가 도와줄 수가 없어. 내가 할 수 있는 게 아무것도 없어.

fishy 수상한, 미심쩍은

무언가 fishy하다고 하면, 수상하다고 하는 것이다. **옛날에 낚시꾼들은 자신들이 잡은 물고기의 양이나 크기를 늘 부풀리면서 과장하며 말했다는데, 거기서 유래된 표현**이라고 한다. 그래서 **fishy story** 하면 **'허풍'**을 뜻하기도 한다.

A There is something fishy going on here.

B Yeah, people here look very suspicious.

A 여기 무언가 수상한 일이 일어나고 있어.

B 그러게, 여기 사람들 굉장히 수상쩍어 보여.

take a rain check   다음을 기약하다

퇴근하고 술 한잔하자는 나의 제안에 상대가 **Let's take a rain check.**이라고 답한다. 이 말은 **지금은 곤란하니 '다음에 하자.' '다음 기회에.'**라는 뜻이다. 예전 미국에서는 야구경기 중 갑자기 비가 오면 경기를 다음으로 미루고 관중들에게 rain check이라는 교환권을 나눠주었다. 다음에 경기가 재개될 때 티켓을 새로 살 필요 없이 rain check을 들고 오면 된다는 것이다. 여기에서 유래해 **상대의 제안이나 약속, 초대에 대해 '오늘은 안 되고 다음을 기약한다'는 의미로 take a rain check**이 쓰이게 되었다.

A Are you ready for basketball this weekend? 이번 주말에 농구할 준비 됐니?

B Can we take a raincheck on that? 그건 다음 기회로 미뤄도 될까?

A Are you and Sarah coming to the birthday party tonight?

B Sorry, I think we have to take a raincheck. Sarah isn't feeling well today.

A 세라랑 오늘밤 생일파티에 올 거야?

B 미안, 다음을 기약해야 할 것 같아. 세라가 오늘 몸이 좀 안 좋아.

speak of the devil   호랑이도 제말하면 온다더니

누구 이야기를 하고 있었는데 마침 그 사람이 나타났다. 그럴 때 **우리는 '호랑이도 제말하면 온다더니'**라고 하는데 여기에 맞아떨어지는 영어 표현이 바로 **speak of the devil. 우리는 '호랑이'에 빗대 말하지만, 영어권에서는 '악마(devil)'에 빗대 말한다**는 점에 주목하자.

A Speak of the devil, we were just talking about you.

B Sorry, I'm late. Why were you talking about me?

A 호랑이도 제말하면 온다더니, 네 이야기하고 있었어.

B 늦어서 미안. 왜 내 이야기 하고 있었는데?

My ears are burning. (누가 내 얘기를 하나) 귀가 간지러워.

우리는 남이 내 흉을 볼 때, 뒷담화할 때, '귀가 간지럽다'라고 하지만 영어권에서는 **My ears are burning.** 처럼 '귀가 탄다'는 식으로 **표현**한다. 남이 뒷담화를 한다면 주로 욕이나 부정적인 이야기를 하기 때문에 듣기 힘들어서 탄다라고 표현한다고.

A My ears are burning. Are you guys talking about me?

B Yeah, we were talking about how terrible you were at basketball.

A 귀가 간지럽네. 너희 내 이야기 하고 있어?

B 어, 네가 농구를 얼마나 못하는지에 대해 이야기하고 있었지.

His/Her ears must be burning.

걔 귀 간지럽겠는 걸.

한창 자리에 없는 다른 친구 흉을 보다가 괜히 찔려서 "걔 귀 좀 간지럽겠다."라고 말할 때 있지 않나? 바로 그럴 때 쓰는 표현이다.

cost an arm and a leg (터무니없이) 큰 돈이 들다

비용으로 한쪽 팔다리를 지불할 정도로 터무니없이 엄청난 돈이 든다는 의미이다.

A Wow, I love your new ride. It's so clean.

B Yeah, it cost me an arm and a leg.

A 와, 네 새 차 진짜 맘에 든다. 너무 멋있어.

B 어, 돈 장난아니게 많이 들었어.

* clean 멋진, 잘 빠진

Every cloud has a silver lining.

하늘이 무너져도 솟아날 구멍이 있다.

'아무리 힘든 상황에도 희망이 있다'는 말을 cloud(구름)와 silver lining(구름의 흰 가장자리)에 빗댄 표현이다. 즉 여기서 cloud는 '역경, 고생, 괴로움, 안 좋은 상황'을, silver lining은 '희망' 을 상징한다. 우리 속담의 '하늘이 무너져도 솟아날 구멍이 있다'와 일맥상통하는 표현이라 하 겠다.

A I'm in so much trouble. I messed up big time.

B Hey, don't worry, man. Every cloud has a silver lining.

A 진짜 나 큰일났다. 너무 크게 잘못했어.

B 걱정하지 마. 하늘이 무너져도 솟아날 구멍은 있는 법이야.

 * big time 너무 크게, 매우

bite the dust ❶ 실패하다, 망하다   ❷ 죽다, (기계가) 작동이 안 되다

bite the dust는 직역하면 '입에 흙먼지를 물다'로, **심하게 넘어져서 입에 흙을 잔뜩 묻힌 상황, 나아가 몸이 땅에 묻혀 죽는 상황**을 나타낸다. **사람이 죽는 경우, 기계가 죽어서 작동이 안 되는 경우, 사업 등이 끝장나서(실패해서) 망하는 경우** 등에 모두 쓰일 수 있다. 참고로, *Bohemian Rhapsody*(보헤미안 랩소디)로 유명한 영국의 록그룹 Queen의 히트곡 중 하나가 바로 *Another One Bites the Dust*이다.

A So many restaurants bit the dust last year because of Covid.

B I know, my uncle's donut shop closed down last year too.

A 작년에 코로나 때문에 많은 식당들이 문을 닫았어.

B 그러게. 우리 삼촌 도넛가게도 작년에 문 닫았어(폐업했어).

up in the air 미정인, 결정되지 않은

무언가 '아직 결정되지 않고 공중에 붕 뜬' 상태를 나타내는 표현이다. 쉽게 생각하려면, 아직 무슨 숫자가 나올지 모르는 공중에 떠있는 던져진 주사위를 떠올려보자.

A Yeah, the decision is still up in the air. We don't know who's gonna win the Heisman Trophy this year.

B I hope Joe Burrow wins it this year.

A 그래, 아직 미정이야. 올해 누가 하이즈만 트로피 탈지 몰라.

B 올해는 조 버로우가 탔으면 좋겠다.

kick the bucket 죽다

die(죽다)를 뜻하는 표현이다. kick the bucket이 어떻게 해서 '죽다'는 의미가 된 것인지에 대해서는 여러 가지 유래가 있지만 그중 가장 유명한 이야기는 바로 16세기 영국으로 거슬러간다. 그 시절 **죄수들을 교수형에 처할 때 군중이 보는 앞에서 사형수를 양동이 위에 세우고 목에 밧줄을 건 뒤, 뒤에서 그 양동이를 걷어차 목을 매달게 해 죽였다.** 여기서 유래해 **kick the bucket이 '죽다, 세상을 떠나다'는** 의미로 쓰이게 되었다.

I heard that he kicked the bucket. 그가 세상을 떠났다고 들었어.

A Hey, did you know that Big John kicked the bucket last week?

B No shit? Damn…rest in peace, Big John.

A 야, 지난 주에 빅 잔 죽은 거 알고 있었어?

B 진짜냐? 이런… 평안히 잠들길, 빅 잔.

go with the flow 흐름에 맡기다, 대세에 따르다

흐름과 함께 가다. **무엇에 반항하거나 튀어보려고 하거나 맞서지 않고 그냥 맞춰서 흐르는 대로 같이 간다**는 뜻이다.

A   I don't like to stand out. I like to go with the flow.

B   That's a good way to fit in.

A   난 눈에 띄는 건 싫어. 남들이 하는 대로 따라가는 게 좋아.

B   어울리기 좋은 방법이지.

The ship has sailed.
버스는 이미 떠났다. (기회를 놓쳤다는 의미)

우리는 뭔가 기회를 놓쳤을 때, '버스는 이미 떠났다'라든지 또는 '버스 떠난 뒤에 손 흔들어봤자다'라고 하지만 영어권에서는 The ship has sailed. '배가 이미 떠났다'라는 식으로 표현한다.

A   I wanted to tell her that I loved her but she moved to New York last week.

B   Sorry, my friend. The ship has sailed. You missed your shot.

A   그녀한테 사랑한다고 말하고 싶었는데 저번 주에 뉴욕으로 이사갔어.

B   미안하다, 친구야. 버스는 이미 떠났어. 넌 기회를 놓친 거야.

miss the boat 기회를 놓치다

앞의 The ship has sailed.와 같은 의미이다. '기회를 놓치다'라는 뜻인데, 재미있는 점은 영어권에서는 이 **기회를 '배'에 빗대 설명**한다는 점이다. 우리는 '버스'를 기회에 비유하는 반면에 말이다. 또한 **행사나 어떤 일에 '한 발 늦었어!'라고 할 때도 miss the boat를 써서 You missed the boat!**라고 할 수 있다.

A   Am I late? Is the party over? Where is everyone?

B   Yeah, it's over. Everyone went home already. You missed the boat, dude.

A   나 늦은 거야? 파티 끝났어? 다 어디 갔어?

B   어, 끝났지. 다 집에 갔어. 한 발 늦었어, 야.

gain ground 강세를 보이다, 더 강력해지다

직역하면 '땅을 얻다'지만 진짜 뜻은 **주위의 사람들에게 조금 더 알려지고 인지도를 얻으면서 강력해지다**는 말이다.

A   Our team started to gain ground. We just need to focus on our defense now.

B   We might win this game, coach.

A   우리 팀이 강세를 보이기 시작했어. 이제 방어에만 집중하면 돼.

B   저희가 이 게임을 이길 수도 있겠습니다, 코치님.

get lost ❶ 꺼져! (귀찮게 굴지 말고 저리 가!) ❷ 길을 잃어버리다

get lost는 크게 두 가지 의미를 가지고 있다. 첫 번째는 **누구에게 '꺼져!'라고 할 때 Get lost!** 라고 할 수 있다. 두 번째는 **'길을 잃다'는 의미**로 쓰일 수 있다.

꺼지라고 할 때

A　Hey, cutie pie! Where are you going? You have a boyfriend? You wanna hang out at my place?

B　Get lost, you pervert!

A　이봐, 귀염둥이! 어디 가? 남자친구 있어? 우리집에서 놀래?

B　꺼져, 이 변태야!

길을 잃었을 때

A　Do you know where we are right now?

B　No, I think we got lost. The GPS is broken.

A　여기가 어딘지 알아?

B　아니, 우리 길 잃은 것 같아. GPS 고장 났어.

Go fly a kite. 귀찮게 굴지 말고 꺼져. 나 방해하지 마.

'저리 가서 연이나 날리면서 놀라'는 얘기는 '날 귀찮게 하지 말고 꺼지라'는 의미이다. **바쁘거나 좋지 않은 상태일 때 자꾸 와서 방해하거나 쓸데없이 귀찮게 하는 사람에게** 쓰기 적절하다.

A　You got time for a little chat? I wanna show you something that I'm selling.

B　Hey, man. Why don't you go fly a kite? I'm pretty busy here.

A　잠깐 얘기할 시간 좀 있나요? 제가 팔고 있는 것을 보여주고 싶답니다.

B　이봐요. 귀찮게 굴지 말고 가시는 게 어때요? 저 지금 너무 바빠요.

One's head is in the clouds.

공상에 잠기다. 딴 생각에 빠져 있다.

머리가 구름들 안에 둥실둥실 있다는 건 완전 엉뚱한 생각,
비현실적인 생각, 공상에 잠겨 있는 상태를 비유한 것이다.
현실적이지 않고, 꿈에 흠뻑 젖어 있는 상태를 나타낼 때도
쓸 수 있고, **딴 생각에 빠져 있을 때도** 쓸 수 있다. **같은 표**
현으로 have one's head in the clouds도 함께 기억
해두자.

A Are you listening to me, Grandma?

B Oh sorry, darling. My head is in the clouds today. I'm just really
worried about your uncle.

A 할머니, 제 말 듣고 계세요?

B 아이고 미안하다, 아가야. 내가 오늘 딴 생각에 빠져 있구나. 너희 삼촌이 너무 걱정돼서 말이지.

hit the nail on the head 정곡을 찌르다, 핵심을 짚다

hit the nail은 '못을 치다', on the head는 '머리에'. **망치로 못을 박을 때 정확히 못의 머리**
부분을 쳐야지 못이 잘 들어간다. 여기에서 '정곡을 찌르다, 핵심을 짚다'는 말을 비유적으로
hit the nail on the head라고 하게 된 것이다.

A You never do dishes. So don't complain about me not vacuuming.

B You really hit the nail on the head. You got me there.

A 넌 절대 설거지 안 하잖아. 그러니까 내가 청소기 안 민다고 불평하지 마.

B 진짜 정곡을 찌르네. 네 말이 맞다.

dead as a doornail 완벽히 끝장난, 완전히 죽은

doornail은 문에 박은 못을 뜻하는데, 여기서는 **문을 조금 더 잘 고정시키기 위해서 끝부분을 조금 휘게 박은 못**을 뜻한다. 그래서 **'doornail 처럼 죽은'**이라고 하면 **'완벽히 끝장난, 완전히 죽은'**이라는 뜻이다.

A   Is this turtle playing dead or is it really dead?

B   It's dead as a doornail. Stop poking it.

A   이 거북이 죽은 척 연기하는 거야, 아니면 정말 죽은 거야?

B   완전히 죽었어. 그만 찔러.

a piece of cake 식은 죽 먹기

무엇이 굉장히 쉬울 때 쓰는 표현으로, 우리말의 '식은 죽 먹기'에 딱 떨어진다.

A   I think I aced that test. How did you do?

B   It was a piece of cake. I'm pretty sure I got 100.

A   나 시험 완전 잘 본 것 같아. 넌 어땠어?

B   식은 죽 먹기였지. 100점 맞았다고 장담한다.

not my cup of tea 내 취향 아닌, 내 스타일 아닌

직역하면 '내 찻잔이 아니다'이지만 실제로는 '내가 좋아하는 것이 아니다'라는 뜻으로 쓰인다. 즉 **'내 취향[스타일]이 아닌'이라는 뜻으로 한마디로 '마음에 안 든다'는 얘기**이다. 차를 많이 마시는 영국에서는 '내가 좋아하는 것'을 A cup of tea. 또는 My cup of tea.와 같이 표현했는데, 여기에서 반대 의미로 Not my cup of tea.라는 표현이 생기게 된 것.

A   What do you think about this sweater? 이 스웨터 어떤 것 같아?

B   It's interesting. Just not my cup of tea. 흥미롭네. 그냥 내 취향은 아니야.

pitch in

❶ 함께 힘을 보태다, 협력하다　❷ (십시일반으로) 돈을 조금씩 보태다

도움이 되고자 다 함께 협력해서 힘을 보탠다고 할 때나 십시일반으로 조금씩 돈을 보탠다고 할 때 쓸 수 있는 표현이다.

\# 어떤 일에 힘을 보태 협력하자고 할 때

A If we all pitch in, I'm sure we can mow the football field in 2 hours.

B It'll save the coaches so much time. They'll appreciate it.

A 우리가 모두 협력하면 2시간 안에 풋볼 필드 잔디를 깎을 수 있을 거야.

B 그러면 코치님들의 시간이 진짜 많이 절약될 거야. 완전 고마워하실 거야.

\# 돈을 십시일반 조금씩 보태자고 할 때

A Let's all pitch in 5 dollars each. We should have enough to buy a birthday cake.

B Great idea! Grandma will love it!

A 각자 5달러씩 보태자. 생일 케이크 사기에 충분할 거야.

B 좋은 생각이야! 할머니께서 좋아하실 거야!

born with a silver spoon in one's mouth

금수저를 물고 태어난

우리는 부잣집에서 태어난 사람을 보고 '금수저를 물고 태어났다', 또는 간단히 '금수저'라고 하는데, 영어권에서는 '은수저를 물고 태어났다'는 식으로 표현한다. **17세기에는 금수저보다 은수저가 더 값어치가 있었기 때문에 생긴 표현**이라고.

A I wish I was born with a silver spoon in one's mouth.
　　금수저였으면 좋았을 텐데.

B Don't we all?　다 그렇지 뭐, 안 그래?

lose one's touch 감을 잃다, 실력/감이 떨어지다

잘하던 무언가를 더 이상 잘 못할 때 감을 잃었다고 하는데, 이를 영어로는 lose one's touch 라고 하면 된다. 쉽게 말해, **실력이나 감이 떨어진 것을 나타내는 표현**이다.

A I haven't played basketball in so long. It's been 4 years already!

B You've lost your touch. You used to be so good but I can probably beat you now.

A 농구 안 한 지 너무 오래됐다. 벌써 4년이나 됐어.

B 감을 잃었네. 전에는 진짜 잘했는데 이제는 내가 이길 수 있을 것 같아.

spill the beans 비밀을 (무심코) 누설하다, 비밀을 이야기하다

직역하면 '콩을 쏟다'지만 진짜 뜻은 '비밀을 누설하다'이다. 상대방이 어떤 이야기나 정보를 가지고 있을 때 '사실을 풀어라, 이야기를 풀어라'라는 의미로 잘 쓰인다. 왜 이런 의미를 가지게 되었을까? **고대 그리스에서는 비밀투표를 할 때 콩을 사용했는데, 흰콩은 찬성을 나타내고 검은콩은 반대를 나타냈다고 한다. 사람들은 콩을 남들에게 보 이지 않게 통에 넣어서 투표했는데, 이때 실수로 누군가 통을 엎으면 콩들이 쏟아져 나와 공개되면 안 되는 투표 결과가 밝혀졌다. 이런 상황에서 유래된 표현이 spill the beans(콩을 쏟다 → 비밀을 흘리다, 누설하다)**인 것이다.

A Can you just spill the beans? I wanna know what's going on between you and Molly.

B No. I promised her that I wouldn't tell anyone.

A 그냥 비밀 말해주면 안 돼? 너랑 몰리 사이에 무슨 일이 벌어지고 있는지 알고 싶어.

B 안 돼. 아무한테도 말하지 않겠다고 약속했어.

keep ~ under one's hat ~을 비밀로 해두다

과거 영국에서는 활을 쏘는 병사들이 모자 속에 몰래 여분의 활시위를 넣어서 다녔다 한다. 여기에서 나온 표현으로, 시간이 지나면서 **무엇을 모자 속에 넣어둔다는 말이 '~을 비밀로 해두다'**는 의미로 쓰이게 되었다고.

A Hey, just keep this under your hat for now. I can't let anyone know about this.

B Okay, fine. I'll keep it a secret. How long have you been pregnant?

A 일단은 그냥 비밀로 해주세요. 이 일은 아무에게도 알릴 수 없어요.

B 알겠어요. 그러죠. 비밀로 할게요. 임신한 지 얼마나 된 거예요?

keep someone posted ~에게 계속 상황을 알려주다

post는 동사로, '전단 등을 붙이다, 게시하다'라는 의미를 가지고 있다. 그래서 **누구에게 계속 소식, 또는 상황을 알려준다고 할 때 keep someone posted**를 쓴다. 같은 의미로 **keep someone updated**라고도 할 수 있다. 뉴스 등에서 실시간으로 소식을 계속 업데이트해줄 때 자주 등장하는 표현이다.

A Can you keep me posted?

B Yeah, I'll keep you posted, don't worry.

A 계속 상황을 알려 주시겠어요?

B 네, 계속 상황을 알려 드릴게요. 걱정하지 마세요.

Drastic times call for drastic measures.

극단적인 시기에는 과감한 조치가 필요하다.

말 그대로 '극단적인(drastic) 상황에서는 극단적인 조치(drastic measures)가 필요하다(call for)'는 뜻이다. 과감한 결정이 필요한데 소심하게 조치를 하다가는 일을 그르칠 수 있으니 상황에 맞게끔 과감하게 반응해야 된다는 의미에서 나온 표현.

A Yeah, the owner of the company decided to change the CEO.

B Drastic times call for drastic measures.

A 사장이 CEO를 바꾸기로 결정했어.

B 극단적인 시기에는 과감한 조치가 필요하지.

Don't put all your eggs in one basket.

한 가지에 올인[몰빵]하지 마라.

달걀을 한 바구니에만 다 담아두고 그 바구니를 떨어뜨리면 다 깨질 수 있다. 그래서 **달걀을 모두 한 바구니에만 담지 말고 여러 바구니에 나누어 담으라는 말은 '한 가지 일에만 올인[몰빵]하지 말라'는 뜻**이다. 주식을 할 때는 '한 주식에 몰빵하지 말고 분산투자하라', 베팅을 할 때는 '한 종목에만 다 걸지 마라'는 의미로 쓰인다.

A I'm so glad I didn't put all my eggs in one basket.

B Never put all your eggs in one basket. Always spread your investments.

A 한 종목에만 몰빵 안 해서 정말 다행이야.

B 절대 하나에만 몰빵하지 마. 항상 분산 투자해.

feel blue 기분이 울적하다, 우울하다

blue는 '우울함'을 상징하는 색이다. 왜일까? 여러 가지 설이 있지만 그중 가장 잘 알려진 이야기는 다음과 같다. **옛날에 배에서 사람을 잃으면 고향으로 돌아갈 때 배에 파란 깃발을 휘날리거나 파란색을 배 여기저기에 칠했다고 한다.** 여기에서 **have the blues** 또는 **feel blue**가 '기분이 우울하다'는 의미로 쓰이게 되었다고.

A I'm feeling blue these days.

B Is it because of your injury? You'll get better in no time, man.
Stop feeling sorry for yourself.

A 요즘 우울해.

B 부상 때문에 그런 거야? 금방 나을 거야, 야. 자기 연민에 빠지지 마.

* in no time 금방, 곧

out of the blue 뜻밖에, 갑자기, 난데없이, 느닷없이

'뜻밖에, 갑자기'를 나타내는 숙어로, 원어민들이 자주 사용하는 표현 중 하나이다. **아무런 조짐도 없이 '갑자기[난데없이]' 무슨 일이 생길 때 쓴다.** 여기서 **blue**는 번개가 하늘에서 번쩍하는 것을 나타내는데, **out of the blue**는 바로 여기에서 유래된 표현이라 한다.

A I was sleeping and she called me out of the blue. And then she dumped me.

B She is super weird. I'm glad you guys broke up.

A 자고 있는데 갑자기 그애한테서 전화가 왔어. 그리고는 날 찼어.

B 걔 참 이상해. 너희들 헤어져서 다행이다.

out of the line (말이나 행동이) 선 넘은

무례한 말이나 행동을 하는 사람에게 우리도 '선 넘네'라는 표현을 하는데, 영어로도 똑같이 out of the line이라는 표현을 쓴다.

> You can disagree with me but calling me stupid was out of the line.
> 내 의견에 반대할 수는 있지만 나를 바보라고 부르는 건 선 넘었어.

out of the woods 위기를 모면한

여기서 woods는 나무들, 즉 '숲'을 뜻한다. 그리고 나무들이 빽빽이 꽉 찬 숲에는 야생 짐승도 있다. 그래서 숲은 곧 '곤경, 위험한 상황'을 나타내는 것이고, **숲에서 벗어난다는 것은 '어려움, 곤경, 위험한 상황에서 벗어나는'** 것을 나타낸다.

A We're not out of the woods yet. That crazy guy is still chasing us.

B Yep, he's still behind us. Keep driving.

A 아직 위험에서 벗어나지 않았어. 저 미친 남자가 아직도 우리를 쫓아오고 있어.

B 맞아, 그는 아직도 우리 뒤에 있어. 운전 계속해.

When it rains, it pours. 설상가상. 엎친 데 덮친 격.

우리는 나쁜 일이 연이어 일어날 때 '설상가상(雪上加霜)'이라고 한다. 눈 내린 위에 서리까지 더한다는 뜻이다. **영어권에서는 눈 대신 '비'에 빗대어 '비가 내리면 엄청 쏟아진다'는 식으로 When it rains, it pours.라고** 표현한다.

A Are you serious? Our team lost the game and our best players got hurt. This is the worst day ever.

B When it rains, it pours. This has to be the worst season ever for our team.

A   실화냐? 우리 팀이 진 데다가 제일 잘하는 선수들이 다쳤어. 최악의 날이다.

B   엎친 데 덮친 격이네. 이번 시즌은 우리 팀 역대급 최악의 시즌이다.

blew it   망했다

어떤 일을 완전 망쳐버렸을 때 우리는 '날려먹었어!' '말아먹었어!'라고 말한다. 영어에서는 동사 blow를 써서 I blew it!이라고 말한다(blew는 blow의 과거형). blow는 바람이 '불다' 또는 '내뿜다, 폭파하다'라는 의미로 많이 쓰이는데, **뭔가를 불어 날렸다, 폭파해 날려버렸다는 뉘앙스에서 무엇을 망쳤다는 의미로도 잘 쓰인다.** 다음 대화에서 보듯 **it 대신 망쳐버린 일을 구체적으로 언급해도** 좋다.

A   Man, I blew my final exam.   아, 기말시험 완전 망쳤어!

B   Yeah, that was really hard.   어, 진짜 어려웠어.

It's all Greek to me.   무슨 말인지 하나도 모르겠어.

'내게는 다 그리스어처럼 들려.'란 말은 '무슨 말인지 도통 모르겠어.'라는 뜻이다. 우리는 이런 경우 '다 외계어네.'라는 식으로 쓰기도 한다.

A   When carbon dioxide reacts with water, carbonic acid is formed, from which hydrogen ions dissociate, increasing the acidity of the system.

B   Um…yeah, I have no idea what you're talking about. It's all Greek to me.

A   이산화탄소가 물과 반응하면 탄산이 형성되고, 여기서 수소 이온이 해리되어 시스템의 산도를 증가시키는 거야.

B   음… 그래, 네가 무슨 말 하는지 전혀 모르겠어. 도무지 무슨 말인지 모르겠네.

* dissociate [화학] 해리하다

Excuse/Pardon my French.

말 너무 심하게 해서[함부로 해서] 미안해. 욕해서 미안해.

영국과 프랑스의 나쁜 관계에서 비롯된 말이라고 한다. 이 두 나라는 오랜 시간 동안 전쟁을 하면서 사이가 좋지 않았는데, 그러다 보니 서로 무시하는 말들을 만들어내곤 했다. Excuse my French. / Pardon my French.는 **주로 욕을 생각없이 내뱉고 나서 사과할 때 쓰이는 표현**으로 '내가 말을 너무 심하게 해서 미안하다'라는 뜻이다

A   Oh fuck!! Oops, sorry, excuse my French.   오 썩을!! 이런, 미안, 욕해서 미안해.

B   No worries, it's cool.   걱정 마. 괜찮아.

a taste of your own medicine

자업자득, 한 대로 돌려받는 것

karma(카르마, 업보)랑 살짝 비슷하다. **네가 다른 사람에게 한 짓을 너도 똑같이 맛본다고 할 때 쓰는 표현.**

A   This is for bullying me and my friends! I'm just giving you a taste of your own medicine.

B   I'm so sorry. I should've never bullied you guys.

A   이건 나와 내 친구들을 괴롭힌 대가야! 넌 네가 한 대로 그대로 돌려받는 것뿐이야!

B   정말 미안해. 너희들을 괴롭히지 말았어야 했어.

Get off my back!   날 좀 내버려둬! 귀찮게 좀 하지 마!

직역하면 '내 등에서 떨어져!'이지만, 사실 이 표현은 **누군가 나를 귀찮게 하거나 괴롭힐 때, 혹은 듣기 싫은 잔소리를 막 해댈 때 '날 좀 내버려둬!'라는 의미로 쓰는 표현**이다. 실제로 누가 내 등에 착 붙어서 따라다니면 얼마나 귀찮고 짜증이 날까? 그런 행동을 비유해서 나온 표현이다.

A Hey, don't forget to brush your teeth. And finish your essay.

B Dude, get off my back. You're not my mom.

A 이빨 닦는 거 잊지 마. 그리고 에세이 끝내고.

B 야, 날 좀 내버려둬. 넌 우리 엄마가 아니야.

get in someone's hair
누군가를 집요하게[끈질기게] 괴롭히다, 귀찮게 하다, 짜증나게 하다

어떤 사람이 내 머리카락을 만지작만지작거리면 얼마나 짜증이 나겠는가? get in someone's hair를 그대로 **직역하면 '누군가의 머리털에 들어가다'로, 그 사람을 짜증나게 만드는 행위를 하거나 누군가를 귀찮게 하는 것**을 뜻한다.

Don't get in my hair today. I got too much work to do.
오늘 나 괴롭히지 매[귀찮게 하지 마]. 나 오늘 할 거 너무 많아.

drive someone up the wall 화나 미치게 하다

누군가를 벽으로 몰아부칠 정도로 '엄청 짜증나게 하다, 화나서 미치게[빡돌게] 하다'는 의미. 따라서 **You drive me up the wall.** 하면 '네가 나를 화나 미치게 만들어.'인데 자연스러운 우리말로 '너 **때문에 짜증나 돌아버리겠다.**'는 뜻이다. 즉 ~ **drive someone up the wall**은 '~ **때문에 someone이 짜증나 돌아버리다[화나 미치다]**'라고 이해해두는 게 좋다.

A He was driving me up the wall. I almost punched him.

B Why? What did he do?

A 걔 때문에 화나서 미치는 줄 알았어. 하마터면 때릴 뻔했다니까.

B 왜? 걔가 어떻게 했길래?

dressed to kill 옷을 끝내주게 잘 차려입은

옷을 너무 잘 입어서, 다른 사람들이 보고 껌뻑 죽는, 보고 완전 반하는 그런 느낌의 표현이다. 다른 사람에게 어필할 수 있게 '완전 멋지게 차려입은' 모습을 나타낸다.

A Wow, you're dressed to kill today. Got a date?

B Yep, I'm meeting that girl I told you about. I'm super nervous.

A 와, 오늘 완전 끝내주게 차려입었네. 데이트 있어?

B 어, 내가 말했던 그 여자랑 만나기로 했어. 너무 떨린다.

look like a million bucks
아주 좋아 보이다, 신수가 훤하다

buck은 dollar의 뜻으로 쓰이는 표현이므로 a million bucks는 '백만 달러'를 뜻한다. 따라서 look like a million bucks는 직역하면 '백만 달러처럼 보이다'로 **누군가 입은 옷이 되게 있어 보이면서 아주 잘 어울리거나 멋있고 예쁠 때** 쓸 수 있는 표현이다.

A What do you think about my tuxedo? 내 턱시도 어떤 것 같아?

B Damn, bro! You look like a million bucks! 우와, 야! 신수가 훤해!

feel like a million dollars 기분이 무척 좋다

기분이 날아갈 것처럼 너무 좋을 때 쓸 수 있는 표현은 무척 많다. 백만 달러처럼 느낀다는 식의 이 표현 역시 그중 하나. **기분이 좋아도 좋아도 너무 좋다**는 뜻이다.

This new suit is making me feel like a million dollars!
이 새 셔츠를 입으면 기분이 정말 좋아져!

get over it (슬프거나 힘든 일을) 극복하다, 이겨내다, 털어버리다

슬픈 일이나 힘든 일을 당한 사람에게 해줄 수 있는 말이다. 글자 그대로 보면 get over는 '넘어가다'는 의미이고, it은 '슬프거나 힘든 일/상황'을 가리킨다. 따라서 get over it은 **'슬프거나 힘든 일/상황을 넘어간다'는 것이니까, 결국 그런 일/상황을 '극복하다, 이겨내다, 털어버리다'** 는 의미. 주변에 실연을 당한 친구가 있다면 바로 써먹을 수 있겠다.

A Lisa broke up with me. And she's got a new boyfriend. I'm so sad.

B You gotta get over it, man. There are plenty of fish in the sea.

A 리사가 나랑 헤어졌어. 그리고 새 남자친구가 생겼어. 너무 슬퍼.

B 털어버려, 임마. 세상에 여자는 많아.

(TIP) 여자 입장에서 '세상에 널린 게 남자다.' 남자 입장에서 '세상에 널린 게 여자다.'라는 의미로 There are plenty of fish in the sea.라는 표현을 관용적으로 쓴다.

stick one's neck out 위험을 무릅쓰다

닭이나 칠면조가 도마 위에서 목을 길게 내미는 데서 유래된 표현이라 한다. 여기서 **'목을 내민 다'는 것은 닭이나 칠면조 입장에서는 엄청나게 위험을 무릅쓰는 행위이다. 이로부터 누구를 위해 '위험을 무릅쓰다'라는 뜻으로 stick one's neck out**이 쓰이게 되었다.

A I'm sticking my neck out for you! And you're calling me a liar?

B Well, how am I supposed to believe you?

A 내가 너를 위해서 위험을 감수하고 있어! 그런데 날 거짓말쟁이라고 불러?

B 글쎄, 내가 널 어떻게 믿을 수 있지?

thick as thieves 아주 친한

'도둑들만큼 두터운' 관계에 빗대어 '아주 친하고 가까운' 관계를 나타내는 표현. 예전에 도둑들은 협업을 했으며 그만큼 손발이 딱딱 맞고 가까운 관계였다고 해서 비롯된 표현이라고. **partners in crime도 같은 맥락의 표현**이다.

Those girls are thick as thieves. 저 여자애들은 아주 친해.

feel under the weather 몸이 안 좋다, 컨디션이 안 좋다

옛날에 **오랜 시간을 바다 위에서 생활하던 뱃사람들이 컨디션이 안 좋으면 갑판 아래쪽으로 내려가 날씨를 피해 쉬곤 했는데, 여기서 유래된 표현**이 feel under the weather이다. 말 그대로 날씨를 피해 밑에 있어서 under the weather인 것이다.

I'm feeling a bit under the weather. 컨디션이 좀 안 좋아요.

Put a sock in it! 입 좀 다물어! 주둥이 닥쳐!

옛날 영국에서 축음기 소리를 중단시키려고 양말을 쑤셔넣은 행위에서 유래해, **듣기 싫은 소리를 해대는 친구에게 '그 입에 양말 좀 넣어라', 즉 '입 좀 다물어라!' '닥쳐!'라는 센 의미로 쓰**이게 됐다. **Shut up!처럼 무례한 표현**이므로 조심해서 쓰도록! 정말 친한 룸메이트가 진짜 듣기 싫은 말로 나를 쏘아붙이며 무례하게 굴 때는 한 번쯤 써도 좋을 표현이다.

A   You know what your problem is? You're ugly… And you're stupid.
    And…

B   Put a sock in it, Ron! You're just jealous.

A   네 문제가 뭔지 알아? 넌 못생겼어… 그리고 넌 멍청해. 그리고…
B   입 다물어, 론! 넌 그냥 질투하는 거야.

That's the way the cookie crumbles.

세상 일이 다 그런 거야. 세상에 별일 다 있는 거지 뭐. 인생이 원래 그런 거야.

'원래 쿠키가 그렇게 부서지는 거야.'라는 표현은 '세상 일이 원래 다 그런 거다. 이런저런 별일
다 있는 법이다.'라는 것을 의미한다. **쿠키가 부서질 때 딱 원하는 대로 깨끗하게 부서지지 않
고, 예측할 수 없이 부서지기 때문에 이에 빗대 만들어진 표현**이라고. 다시 말해, **세상 일 마음
대로 되는 게 아니라는 의미**이다.

A   My girlfriend cheated on me. Then she broke up with me.
    What a bitch!

B   Don't be so sad, man. That's the way the cookie crumbles.
    You'll get over it.

A   여자친구가 바람을 피우고선 나를 찼어. 나쁜 년같으니라고!
B   너무 슬퍼하지 마, 친구. 세상 일이 다 그런 거지. 넌 극복해낼 거야.

Hang tight. (힘들겠지만) 조금만 기다려봐. 버텨봐.

A   Are we almost done here? When can we go home?

B   Hang tight, my friend. It's almost over.

A   거의 다 끝난 건가요? 언제 집에 갈 수 있죠?
B   조금만 기다려봐, 친구. 거의 끝났어.

Sit tight. 꼼짝 말고 여기 (가만히) 있어.

A Sit tight, I'll be back in 5 minutes. 여기 가만히 있어. 5분 뒤에 돌아올게.

B Where are you going? 어디 가?

see eye to eye 의견 또는 생각이 같다

'생각이나 의견이 같다'고 할 때 우리는 '눈높이가 맞다, 눈높이가 같다'는 식으로 표현하는데,
영어권에서는 see eye to eye, '눈과 눈을 보다, 눈과 눈을 마주하다'는 식으로 표현한다.

A My girlfriend and I don't always see eye to eye.

B I'm glad I see eye to eye with my girlfriend on many things.

A 난 여자친구와 의견이 항상 같지는 않아.

B 난 여자친구와 많은 것에 대해 의견이 일치해서 다행이야.

Keep your chin up! 고개 들어! 기운 내!

Tupac(투팍)의 노래에도 나온다. 고개를 숙이지 말라는 말이다. 한마디로 **자포자기하지 말고
고개 쳐들고 당당하고 꿋꿋하게 나아가라**는 말이다. **힘든 시기를 겪고 있는 사람에게 응원해주
는 말**이다.

A Keep your chin up! It's not over yet. We can still win.

B Thanks, Captain.

A 고개 들어! 아직 끝난 거 아니다. 아직 이길 수 있어!

B 고마워요, 대장.

The third time's a charm! 삼세판! 세 번째는 될 거야!

charm에는 '**행운, 부적**'이란 의미가 있다. 따라서 **The third time's a charm!** 하면 '세 번째는 행운!', 즉 두 번째까지는 잘 안 됐어도 '**세 번째 시도에서는 행운이 따를 것이다! 잘될 것이다!**'라는 의미로 하는 말이다.

A I've failed the driver's license exam twice already. Tomorrow is gonna be my third time taking it.

B Hey, you know what they say, the third time's a charm!

A 나 벌써 운전면허 시험 두 번이나 떨어졌어. 내일이 세 번째로 시험 치는 거야.

B 삼세판이라는 말도 있잖아! (세 번째에는 합격할 거야!)

knock someone's socks off
(감명이나 깊은 인상을 받아서) 깜짝 놀라게 하다

누군가를 너무 놀라게 해서 그 사람이 넘어지면서 신발뿐만 아니라 양말까지 벗겨지는 것을 의미하는 데서 나온 표현이다. **설레는 일이나 아주 좋은 일, 또는 깊은 인상이나 감명을 심어줄 만한 일로 깜짝 놀라게 한다**고 할 때 쓰인다.

A Hey, check out my new car. It's going to knock your socks off.

B Oh my god! Is this a Lamborghini?

A 야, 내 새 차 좀 봐. 너 깜짝 놀랄 걸.

B 오 마이 갓! 이거 람보르기니야?

have a screw loose 살짝 맛이 가다, 나사가 빠지다

우리는 누가 살짝 맛이 간 것처럼 행동하면 '나사 빠졌다'라고 하는데, 영어권도 마찬가지다. screw는 '나사'라는 뜻이고 loose는 '느슨하다, 헐거워지다'란 뜻. 즉 **have a screw loose** 하면 '나사가 느슨하게 되다'로, 우리말의 '나사가 빠지다'에 딱 떨어지는 표현 되겠다. loose는 또 형용사(느슨한, 헐거워진)로도 쓰이기 때문에 **have a loose screw**라고 해도 같은 의미이 다.

A I know you don't believe me. But I'm really from the future.

B What the hell is wrong with you? Do you have a screw loose?

A 날 믿지 않는 걸 알아. 하지만 난 진짜로 미래에서 왔어.

B 도대체 뭐가 문제냐? 너 살짝 맛이 갔나?

nuts and bolts 기본, 요점

직역하면 물건을 조일 때 쓰는 '볼트와 너트'이지만 숙어로 '실제적이고 기본적인 것', 즉 '기본', '요점'을 뜻하는 관용표현이다. **기계나 무언가를 조립할 때 가장 기본이 되는 '볼트와 너트'가 없으면 조립이 불가능하다는 점에서 나온 표현**이라고.

A You need to learn the nuts and bolts first.

B True. I need to learn the basics first.

A 넌 기본부터 먼저 배워야 돼.

B 사실이에요. 전 기초부터 배워야 돼요.

Your guess is as good as mine. 나도 잘 몰라.

'너의 예상이나 나의 예상이나 거기서 거기다', 즉 **상대방이 뭘 잘 몰라서 물었을 때** '**나도 잘 모른다**'는 뜻이다.

A I'm so confused. So did she kill the guy? She's the killer?
How is that possible?

B Dude, your guess is as good as mine. I have no idea what the
hell is happening, either.

A 너무 혼란스러워. 그래서 그 여자가 남자를 죽인 거야? 그녀가 살인자인 거야?

그게 어떻게 가능하지?

B 야, 나도 잘 모르겠어. 나도 대체 무슨 일이 일어나고 있는지 전혀 모르겠다.

the whole nine yards

(필요한 모든 것이 다 들어간 완전한 무엇) 전부, 모두 다, 몽땅

직역하면 '9야드 전부 다 몽땅'인데, 진짜 의미는 '**사용, 이용 가능한 모든 것**'을 뜻한다. 이 표현
은 미식축구에서 나왔다는 이야기도 있고, 골프에서 나왔다는 이야기도 있는 반면, 2차 세계대
전에서 나왔다고 하는 설도 있다. 중요한 것은 the whole nine yards는 '**모두 다, 몽땅**'을 뜻
한다는 것이다.

Bring your shoes, uniforms, pads, shirts, shorts, the whole nine
yards. 신발, 유니폼, 패드, 셔츠, 반바지 등 필요한 건 전부 다 들고 오세요.

I'll go the whole nine yards for my family.
가족을 위해서라면 무엇이든 다 하겠습니다.

chase rainbows 무지개를 쫓다

실현이 불가능한 비현실적인 꿈을 쫓는다는 의미로 쓰는 표현.

I realized that I was chasing rainbows. 무지개를 쫓고 있었다는 것을 깨달았어.

(It's) Better late than never.
늦게라도 하는 게 안 하는 것보다 낫다.

아예 안 하는 것보다는 늦게라도 하는 게 낫다는 의미로 다양한 상황에서 쓸 수 있다. 나이 핑계대며 하고 싶은 일을 포기하는 사람에게 용기를 북돋아 줄 때, 시험을 하루 앞두고 이제 와서 공부해봐야 뭐하겠냐며 공부를 아예 안 하려는 친구에게 한번 써보자. 또, 뜻밖의 사정으로 약속 장소에 올 수 있을까 싶었던 친구가 늦게나마 나타났을 때 '늦게라도 와서 다행이다.'라는 의미로도 쓸 수 있다.

I know it's kinda late but it's better late than never.
그래, 좀 늦었지만 아예 안 오는 것보단 낫잖아.

Animals & Plants related Idioms

인식의 차이가 언어의 차이, **동식물 이디엄**

우리는 너무 배가 고플 때 "소도 잡아먹겠다."고 한다. 또, 느려터진 사람을 보고는 "거북이냐?" 라고 하고, 엄청나게 힘센 사람을 보고는 '황소 같은 힘'이라고 한다. 이처럼 어떤 상태나 상황을 강조할 때 특정 동물에 빗대 체감지수를 높인다. 영어도 마찬가지이다. **여러 동식물의 특성을 캐치해 비유적으로 상황이나 상태를 나타내는 표현이 일상적으로 쓰인다.** 다만, 엄청 배고플 때 우리는 '소'에 빗대 말하지만 영어권에서는 '말(horse)'에 빗대 I could eat a horse.(말도 한 마리 먹을 수 있어.)라고 한다. **힘센 사람을 나타낼 때는 그들도 '황소(ox)'에 빗대 strong as an ox(황소처럼 힘이 센)**와 같이 말한다. 어떤 동물에 대해 인식이 같은 경우도 있고 다른 경우도 있 다는 것을 알 수 있겠다. **Dear Bro,** 이번에는 동식물에 빗댄 이디엄 표현 중에 자주 쓰이는 것들을 모아본다. 이 표현들 속에서 그들과 우리의 사고 차이, 특정 동물이나 식물에 대한 인식의 차이와 공통점을 살펴보는 재미도 느껴보길 바란다.

우리와 같기도 하고 다르기도 한
동식물에 빗댄 이디엄 모음

5-2.mp3

어느 나라를 막론하고 사람들은 참 신기한 게, 우리 주변을 둘러싸고 있는 것들의 특징을 뽑아내 우리와 비교한다. 그리고 그런 것들에 비유해 우리의 상황이나 상태, 특성을 나타내며 전하고자 하는 의미를 좀 더 부각한다. 다만 똑같은 대상이어도 문화와 환경이 다르다 보니 인식의 차이가 있는 경우들이 있을 뿐. 이번에는 특히 그중에서도 동식물에 빗댄 이디엄들을 살펴본다. 물론 회화에서 많이 쓰이는 것들로!

The early bird catches the worm.
일찍 일어나는 새가 벌레를 잡는다.

부지런한 사람이 성공한다는 뜻의 비유적인 표현이다.

quit / go cold turkey
(다른 끊는 약 등을 사용하지 않고 순전히 자연적으로) 단번에[갑자기] 나쁜 습관을 끊다

중독성이 강한 술, 마약, 담배 등은 사람들이 한번에 쉽게 끊지 못한다. 그래서 많은 사람들이 다른 약 등을 써서 끊는데, 그런 것에 전혀 의존하지 않고 자연적으로 끊는 것을 go cold turkey 또는 quit cold turkey라고 한다. 담배를 끊을 때 니코틴 패치 같은 것을 사용하지 않고, 순전히 정신력으로 끊는 것이 예가 될 수 있겠다. 참고로 그냥  **cold turkey**는 '(마약 중독자의) 갑작스런 약물 중단에 의한 신체적 불쾌감'을 의미한다.

A Did you quit using?

B Yeah, I went cold turkey. I've been sober for 6 months now.

A (마약) 끊었어?

B 어, 단번에 끊었어. 6개월째 안 건드리고 있어.

the elephant in the room
(다들 알고 있지만) 꺼내기 꺼려 하는 문제[화제]

'방 안에 있는 코끼리'를 무시할 수 있는가? 없다! 그렇다면 쉽게 방에서 빼낼 수는 있는가? 그 또한 힘들다. **힘들어서 눈에 보여도 안 보이는 척 없는 척 피하게 된다.** 이런 상황에 빗댄 말이 바로 elephant in the room으로 **'모두가 알고 있지만 꺼내기 꺼려 하는 문제나 화제'**를 뜻한다. 신문기사나 뉴스, 잡지 등에 정말 많이 등장하는 표현이다.

Me and Charlie pretty much talked about everything except the elephant in the room.
나와 찰리는 말하기 좀 그런 문제 빼고는 거의 모든 것에 대해 이야기했어.

My uncle's alcoholism was the elephant in the room. Everyone in the family knew but no one said anything. 삼촌의 알코올 중독은 말하기 좀 그런 화제였어. 가족들 모두 알고 있었지만 아무도 얘기를 꺼내지 않았지.

when pigs fly 돼지들이 하늘을 날면 (절대 그럴 리 없다는 의미)

돼지가 하늘을 나는 걸 본 적이 있는가? 절대 있을 수 없는 일이다. 따라서 when pigs fly라고 하면 **'절대 그럴 일 없다, 그러면 내 손에 장을 지진다'는 뜻으로 하는 표현.** 우리의 '해가 서쪽에서 뜬다'는 말과 비슷한 어감 되겠다.

A Do you think Jackson will ever apologize for what he did to Kevin?

B Ha! Yeah, when pigs fly!

A 잭슨이 케빈한테 사과할까?

B 하! 응, 돼지들이 하늘을 날면 (그러겠지)!

I could eat a horse. 말도 한 마리 먹을 수 있어. 너무 배고파.

엄청 배고플 때 쓰는 표현. **우리는 너무 배고플 때 "소도 잡아먹겠다."는 식으로 말하는데, 영어권에서는 소 대신 말**을 이용한다.

A   I'm starving! We've been working out for 3 hours now. Let's go grab some food.

B   Seriously! I'm so hungry I could eat a horse!

A   배고파 죽겠어! 우리 지금 3시간째 운동하고 있어. 뭐 좀 먹으러 가자.

B   진심! 너무 배고파서 말 한 마리도 먹을 수 있을 듯!

* work out 〔헬스장에서〕 운동하다

Hold your horses! 잠시만 기다려! 조금만 참아!

직역하면 '말 좀 잠시 붙잡고 있어!'지만 그대로 쓰는 경우는 거의 없다. 옛날에는 자동차 대신에 말을 타고 다녔는데, 말의 속도를 늦추려고 말의 고삐를 잡아당기는 행위를 hold one's horse라고 표현했다. 말을 붙잡다는 표현은 곧 '늦추다'로 쓰이기 시작했고, 시간이 지나면서 **'좀 기다려! 조금 참아!'**라는 의미로 쓰이게 된 것. **상황에 따라 '왜 그렇게 성급하냐? 좀 참아라!'라는 뉘앙스로도** 쓸 수 있다.

A   Can we take it out of the oven now? Is it ready? I'm hungry!

B   Omg! Hold your horses! It still needs to cool down and we need to top it with the whip cream!

A   이제 오븐에서 꺼내도 돼요? 준비 다 됐어요? 배고파요!

B   오마이갓! 좀 기다려봐! 아직 식혀야 되고, 그 위에 휘핑크림 올려야 돼!

straight from the horse's mouth
확실한 정보통으로부터

'**확실한 정보를 가지고 있는 사람한테서**' 또는 '**본인의 입으로부터**' 들은 거라고 할 때 쓰는 표현이다. **경마 경주에서 유래**됐다고. 사람들이 경주에 베팅을 할 때 말들에 대한 정보가 가장 필요한데, 이때 **마굿간에서 일하는 사람들이 말의 이빨 상태를 확인하고 나서 그 정보를 전달한데서 유래된 표현**이라 한다.

A Are you sure about this? If you're wrong, we're gonna lose a lot of money.

B Yes. It's straight from the horse's mouth. We need to buy as many shares as we can.

A 이거 정말 확실한 거지? 너 만약 틀리면, 우리 돈 진짜 많이 잃을 거야.

B 어. 이거 진짜 확실한 정보통한테서 들은 거야. 우리 살 수 있는 만큼 주식 많이 사야 돼.

You eat like a horse. 너 엄청 먹는구나.

eat like a horse는 '**말처럼 먹다**', 즉 '**엄청 많이 먹다, 대식하다**'는 의미로 영어권 사람들이 쓰는 표현이다.

A Dude, you eat like a horse! You just had 5 bowls of cereal and 10 pancakes!

B I know, I haven't had proper food in 5 days.

A 야, 너 진짜 많이 먹는다! 너 방금 시리얼 5그릇이랑 팬케이크 10개 먹었어!

B 알아. 나 5일 동안이나 제대로 된 음식을 못 먹었어.

horse around 정신 없이 놀다, 야단법석을 떨며 놀다

고삐 풀린 말처럼 장난 치고 까불고 야단법석을 떨며 논다는 의미이다.

A Guys! Please! Stop horsing around! Grandma's not feeling well.

B Sorry, Mom. We'll keep it quiet.

A 얘들아! 제발! 그만 좀 까불어! 할머니께서 편찮으시잖니.

B 죄송해요, 엄마. 조용히 할게요.

kill two birds with one stone 일석이조

'돌 하나로 새 두 마리를 잡다', 우리말의 '일석이조', '일거양득'에 딱 떨어지는 표현이다. 영어로는 조금 더 풀어서 말하는 게 재밌기도 하다. 하나의 돌을 어떻게 던져야 두 마리의 새를 한 번에 잡을 수 있을까?

A When I'm cycling at the gym, I check all my emails.

B That's one way to kill two birds with one stone!

A 난 헬스장에서 자전거 탈 때 이메일을 전부 확인해.

B 일석이조할 수 있는 하나의 방법이지!

Don't count your chickens before the eggs have hatched. 김칫국부터 마시지 마라.

직역하면 '계란이 부화하기도 전에 닭을 세지 마라'인데 이 말은 곧 '아직 일이 일어나지도 않았는데 벌써부터 무엇을 예상하고 기대하지 말라'는 의미이다. 우리말의 '김칫국부터 마시지 마라'와 같은 뜻이다.

A What if she doesn't want to have 3 kids? I guess I could settle for 2.

B Geez, dude! Don't count your chickens before the eggs have hatched. You need to ask her out first. She's not even your girlfriend yet.

A 그녀가 아이 3명이 갖기 싫다고 하면 어떡하지? 그래 난 2명도 괜찮을 것 같아.

B 으그, 야! 김칫국부터 마시지 마. 데이트 신청부터 해. 아직 네 여자친구도 아니잖아.

fight like cats and dogs 피 터지게 싸우다

반려견, 반려묘 문화가 일상화된 요즘은 좀 다르긴 하지만, 예부터 개와 고양이는 사이가 안 좋다는 인식이 있다. 그래서 **아주 격렬하게 싸우는 모습**을 보고 fight like cats and dogs '개와 고양이처럼 싸운다'는 식으로 표현했다.

A Did you and Tony get in an argument?

B Not just an argument. We fought like cats and dogs. I think I broke his nose.

A 토니랑 말타툼했어?

B 그냥 말다툼이 아니었어. 피 터지게 싸웠어. 내가 걔 코 부러뜨린 것 같아.

A cat has nine lives.
고양이는 목숨이 아홉 개다. (쉽게 죽지 않는다는 의미)

서구권에서 예부터 내려오는 유명한 속담이다. **아주 위험하거나 힘든 상황에서 무너지지 않고 살아남은 사람에게** It's like a cat has nine lives!(목숨이 아홉 개인 고양이 같구나!), **It's like she has the luck of a cat with nine lives.**(목숨이 아홉 개인 고양이처럼 그녀는 운이 좋아.)**와 같이 활용**할 수 있다.

A I can't find Wendy anywhere. She's been lost for 2 days now.

B Don't worry, man. Everybody knows a cat has nine lives. She'll come back. Let's put more food out in the backyard.

A 어디서도 웬디(고양이)를 찾을 수 없어. 없어진 지 이틀 째야.

B 걱정 마. 모두가 고양이는 목숨이 아홉 개라는 것을 알고 있잖아. 돌아올 거야. 뒤뜰에 음식을 좀 더 두자.

copycat 모방하는 사람, 모방한 제품

요새는 '모방하는 사람', '모방한 제품'을 우리말로도 그냥 '카피캣'이라고 많이 말한다. 16세기, **새끼 고양이가 사냥하는 어미 고양이를 그대로 베껴서 흉내내는 식으로 사냥을 배우는 습성을 보고 copy(복사하다)와 cat(고양이)을 합쳐 만든 표현**이란다.

COPYCAT NOT ALLOWED

A You're such a copycat! You're even wearing the same hat as mine.

B Sorry, I just really like your style.

A 아, 이 따라쟁이 같으니라고! 심지어 나랑 똑같은 모자를 쓰고 있잖아.

B 미안, 그냥 네 스타일이 너무 맘에 들어서 말야.

catfight (여자 둘이 붙은) 육탄전, 격렬한 말다툼

catfight는 **여자 둘이 '격렬하게 몸싸움을 하거나 말다툼을 하는 것'을 비하한 표현**이다. 여자들은 별것도 아닌 하찮은 일로 개인적인 감정을 실어 갈등을 일으키거나 험담하고 시기질투한다는 편협된 고정관념이 밑바닥에 깔린 표현이다. 따라서 알아는 두되 사용은 되도록 삼가할 것을 권한다. 참고로 이 표현은 1854년 벤자민 페리스라는 사람이 여자들의 싸움이 끝난 후 찢어진 모자, 부서진 빗자루 등을 보고 묘사하면서 처음 사용했다고 한다.

A Hey, there's a catfight in the cafeteria! 야, 식당에서 여자 둘이 싸움 붙었어!

B Who's fighting? 누가 싸우고 있는데?

Animals & Plants related Idioms

Look what the cat dragged in. 누가 왔는지 좀 봐.

초대되지 않은, 반갑지 않은 사람이 왔을 때 쓰는 표현이다. 집에 있는데 동네에서 제일 싫어하는 어떤 아이가 우리 집에 불쑥 나타났다. 이때 Look what the cat dragged in.(누가 왔는지 좀 봐.)이라고 할 수 있다. 이 표현의 정확한 기원은 불분명하지만, 대략 1900년대 초에 사용되기 시작했다고 한다. **고양이들은 사냥을 한 후 죽인 쥐나 새를 주인에게 주는 것을 선천적으로 좋아한다고 하는데, 여기서 나온 표현**이라고. 고양이가 들고 온 죽은 쥐 시체를 반갑게 여기는 사람은 거의 없으니까 말이다.

A Someone's at the door. Oh, it's Kevin. Why is he here?

B Look what the cat dragged in. What are you doing here, Kevin?

A 누가 문앞에 있어. 아, 케빈이네. 얘가 왜 왔지?

B 어라, 이게 누구야. 케빈, 너 여기서 뭐해?

Cat got your tongue?
너 왜 아무 말 안 해? 말 못 해? 꿀먹은 벙어리야?

한창 대화 중에 상대가 아무 말 않고 멍하게 있을 때 '고양이가 네 혀 가져갔어? 말 못 해?' '너 왜 아무 말 안 해?' '꿀먹은 벙어리야?' 이런 느낌으로 **말 좀 하라고 답답함을 전달하는 표현**.

A Why are you just standing there like an idiot? Cat got your tongue?

B I'm sorry, I just don't know what to say.

A 왜 바보처럼 거기 그냥 서 있어? 꿀먹은 벙어리야?

B 미안. 뭐라고 해야 할지 모르겠어.

325

let the cat out of the bag 무심코 비밀을 발설하다

이 관용적 표현은 옛 영국 중세시대까지 거슬러 올라간다.
과거에는 물물교환 때 새끼돼지를 자루에 넣어서 팔았다고
한다. 이때 사기로 어떤 상인들은 돼지 대신 값이 더 싼 고
양이를 자루에 몰래 넣어 팔았는데, 사람들이 돼지를 확인
하려고 하면 돼지가 뛰쳐나와 도망갈 수도 있다며 거절했
다. 그런데 이 과정에서 고양이가 자루를 열고 나온다면?
비밀, 사기가 누설되는 것이다. 그래서 **let the cat out
of the bag**(고양이가 자루에서 나오다)은 곧 '**실수로 무심코
비밀을 누설하다**'라는 의미를 가지게 되었다.

A   I let the cat out of the bag about the surprise birthday party plans.

B   Well, it is no longer a 'surprise' party then.

A   깜짝 생일파티 계획에 대해 무심코 말해버렸어.

B   음, 그러면 더 이상 '깜짝' 파티가 아니네.

Curiosity killed the cat.

호기심이 지나치면 위험하다. 모르는 게 약이다.

'호기심이 고양이를 죽였다', 즉 **호기심이 많아 위험도 아랑곳 않고 뛰어드는 고양이에 빗대 '호
기심이 지나치면 위험하다'는 의미를 전달**하는 표현이다. '**너무 알려고 하면 다친다**', '**모르는 게
약이다**' 등의 우리말과도 맥을 같이한다.

A   Hey, what were you doing last night? I saw you with that gangster
    guy.

B   You don't wanna know. Curiosity killed the cat. Mind your own
    business, alright?

A   야, 너 어젯밤에 뭐 했어? 그 깡패 남자랑 있는 거 봤어.

B   모르는 게 좋을 거야. 호기심이 지나치면 위험하다고. 그냥 네 일이나 신경 써, 알겠지?

326

rain cats and dogs 비가 억수같이 내리다

이 표현의 유래는 많이 슬프다. 17세기 중반 유럽에서는 주인이 없는 고양이와 개들이 많이 살았는데, 비가 많이 내리는 날이면 하수구의 설비가 좋지 않아 비를 피하지 못한 개나 고양이가 많이 익사를 했다고 한다. 그리고 비가 그치고 나면 그 시체가 거리 위를 떠돌았다고 하는데, 이 광경이 마치 하늘에서 비가 아닌, 고양이나 개가 내린 것처럼 보였기 때문에 생겨난 표현이라고 한다.

A Hey, don't forget your umbrella. It's raining cats and dogs outside.

B Mom, can you just drive me to school? I don't wanna get wet.

A 얘, 우산 잊지 마. 밖에 비 엄청 와.

B 엄마, 나 그냥 학교까지 태워다주면 안 돼요? 비에 젖고 싶지 않아요.

sick as a dog 엄청 아픈, 컨디션이 아주 안 좋은

강아지들은 현재와 다르게 과거에는 사람들이 그렇게 좋게 생각하는 동물이 아니었다고 한다. 17세기 때만 해도 그들을 부정적으로 지칭하는 말도 많았다고. 당시 강아지들은 다양한 질병 환경에 노출되어 있었는데 한번 아프면 상당히 심각하게 아팠으며 다른 동물에 비해 그 모습을 쉽게 알아차릴 수가 있었다. **강아지가 그렇게 아파하는 모습에 빗대 '엄청 아픈' 상태나 '컨디션이 아주 안 좋은' 상태를 sick as a dog이라고 표현**하게 되었을 거라는 설이 있다.

A How are you feeling? I heard you caught COVID last week.

B I'm sick as a dog, man. I can't taste or smell anything either. It's just terrible.

A 컨디션 좀 어때? 지난주에 코로나 걸렸다고 들었어.

B 진짜 엄청 아파. 맛도 못 느끼겠고 냄새도 못 맡아. 진짜 끔찍하다.

strong as an ox 황소처럼 힘이 센

황소는 선천적으로 힘도 세고, 덩치도 크고, 튼튼하다. 소는 '센 힘'의 상징이라고 해도 과언이 아니다. 그래서 **'아주 기운이 센, 힘이 센'** 것을 황소에 빗대 **strong as an ox**(황소처럼 힘이 센)라고 쓰게 되었다.

A Look at that guy! He's bench pressing 500 lbs! No way!

B My goodness! He's strong as an ox! What a beast!

A 저 남자 좀 봐! 벤치프레스를 500파운드 하고 있어! 말도 안 돼!

B 세상에! 황소처럼 힘이 세군! 완전 야수야!

* bench press 벤치프레스를 하다 ┃ lb 파운드(pound)를 나타내는 기호

cunning/sly like a fox 여우처럼 교활한, 영악한

언젠가부터 여우는 사람들에게 교활하고, 똑똑하며, 약삭빠른 동물로 인식되었다. 그래서 상대방을 홀려서 이득을 보는 그런 동물로 묘사되는 경우가 많다. 여기서 비롯된 표현이 바로 cunning like a fox, sly like a fox! 이때 **cunning과 sly는 '교활한, 얍삽한, 영악한'**이란 의미이다.

A I can't believe I fell for that. She took 500 dollars from me.

B Yeah, man. I warned you a couple times. That girl is cunning like a fox.

A 내가 그 말에 속았다는 게 믿기지 않아. 그녀는 나한테서 500달러를 가져갔어.

B 그래, 임마. 내가 몇 번 경고했잖아. 그 여자애 여우처럼 교활하다고.

* fall for ~에 속다

A You are really good at convincing your customers that they need a hot tub.

B Well, I'm sly like a fox. You get like this when your job is a salesman.

A 손님들한테 욕조가 필요하다고 설득하는 거 진짜 잘한다.
B 음, 난 여우 같거든. 직업이 세일즈맨이면 이렇게 돼.

hungry as a bear 엄청 배고픈

'엄청나게 배가 고픈' 상태를 곰에 빗대어 하는 표현.

A I'm hungry as a bear! 진짜 엄청 배고프다!
B Where do you wanna go eat? 어디 가서 먹고 싶어?

innocent as a lamb 양처럼 순수한

양은 천진난만하고 순한 동물로 사람들에게 인식되어 있다. 그래서 **정말 순수한, 천진난만한 사람을 나타낼 때** 양에 빗대 innocent as a lamb과 같이 말하곤 한다.

A Kyle is innocent as a lamb. He didn't even know what strip club was.
B Please, don't tell me you guys took him there.

A 카일은 정말 순진해. 스트립 클럽이 뭔지조차 몰랐더라고.
B 제발, 설마 너희가 걔를 거기에 데려간 건 아니겠지.

* Don't tell me ~ 설마 ~ 아니겠지, 설마 ~ 아니지?

quiet as a mouse 쥐죽은듯 조용한

쥐는 눈에 띄지 않고 조용하게 숨어 지내는 동물이다. 이런 쥐에 비유해 '아주 조용한' 것을 quiet as a mouse라고 한다.

A I didn't know you were here. You were quiet as a mouse.

B Yeah, I didn't wanna wake you.

A 네가 여기 있는 줄 몰랐어. 정말 조용하더라.

B 어, 널 깨우고 싶지 않았어.

busy as a bee 벌처럼 바쁜

항상 분주하게 움직이는 벌에 빗대 보통 바쁜 게 아니라 '아주 바쁜' 상태라는 것을 나타내는 표현이다.

A Hey, are you free next week?

B No, sorry. I'm busy as a bee. I have to finish 2 projects by next week.

A 다음주에 시간 있어?

B 아니, 미안. 나 진짜 바빠. 다음주까지 프로젝트 2개 끝내야 돼.

I have a bigger fish to fry. 더 중요한 일이 있어요.

'나는 당신이 하자고 하는 그 일보다 더 큰, 중요한 할 것이 있다'라는 뜻이다. 직역하면, '나는 튀길 더 큰 생선이 있다'지만, 여기서 **bigger fish**는 '더 큰, 더 중요한 일'을 나타낸다.

A Let's go check out the new suspect.

B No, I have a bigger fish to fry. I'll call you later.

A 새 용의자를 조사하러 가자.

B 아니. 난 더 중요한 일이 있어. 이따 전화할게.

big fish 중요한 사람, 영향력이 있는 사람

big fish는 꼭 큰 물고기만 나타내는 표현이 아니다. **'중요 인물', '거물'을 커다란 물고기에 빗대 big fish**라고 한다.

A Did you see Sam on CNN? CNN에서 샘 봤어?

B Yeah, he's a big fish in the world of politics now. 응. 그는 이제 정계 거물이야.

big fish in a small pond
작은 기관이나 단체에서 큰 영향력을 행사하는 사람(또는 단체), 우물 안 개구리

'작은 연못에 사는 큰 물고기'란 **작은 그룹이나 기관에서 매우 중요한, 또는 큰 영향력을 행사하지만 그 그룹 밖에서는 별로 알려져 있지 않은 사람이나 단체**를 비유적으로 표현한 것이다. 우리말의 '우물 안 개구리'와 일맥상통한다.

A Joe was the most popular kid in high school but he was just a big fish in a small pond.

B Yeah, he was such a jerk. No one talks to him now.

A 조는 고등학교에서 가장 인기있는 아이였지만, 그저 우물안 개구리였어.

B 맞아. 그 자식 정말 꼴통이었지. 이제는 걔랑 아무도 이야기 안 해.

331

fish around ~을 뒤적거리며 찾아보다

바지 주머니속이나 가방, 옷장 안 등 뭔가를 찾으려고 뒤적거릴 때 많이 쓰는 표현이다. 낚시를 할 때 바늘에 줄을 묶어놓고 여기저기 돌려가면서 뒤적거리며 물고기를 낚으려고 하는 모습을 상상하면 뉘앙스가 좀 더 쉽게 이해될 수도 있겠다.

A Hey, did you find your keys?

B No, I'm still fishing around for it. I know it's somewhere in this bag.

A 야, 너 열쇠 찾았어?

B 아니, 아직 (뒤적이며) 찾고 있어. 이 가방에 있는 게 확실한데.

at a snail's pace 달팽이 같은 속도로, 느릿느릿

우리는 뭔가 너무 느릿느릿한 것을 주로 '굼벵이'나 '거북이'에 비유하는 경우가 많은데 영어권에서는 '달팽이'에 비유한다. 따라서 at a snail's pace는 '달팽이의 페이스로', 즉 '엄청 느린 속도로, 느릿느릿'이란 의미이다.

LOADING...

A Can you move a little faster? You're moving at a snail's pace today.

B Sorry, I didn't get enough sleep last night. I'm so tired.

A 좀 더 빨리 움직일 수 있어? 너 오늘 너무 느릿느릿해.

B 미안, 나 어젯밤에 잠을 충분히 못 잤어. 너무 피곤해.

a fish out of water   어색하고 불편한 상황에 처한 사람

'물 밖으로 나온 물고기'를 상상해보라. 얼마나 힘들고 괴롭겠는가? 이런 물고기에 빗대 '어색하고 불편한 상황에 처한 사람'을 a fish out of water라 하고, 보통 **like a fish out of water**(물 밖에 나온 물고기 같이 너무 어색한, 멋쩍은, 불편한), **feel like a fish out of water**(물 밖에 나온 물고기 같이 진짜 어색하다, 멋쩍다, 불편하다)처럼 활용된다.

A   Hey, how was dinner with your boss?

B   Oh, gosh, I don't wanna talk about it. I felt like a fish out of water. It was awful.

A   대표님이랑 저녁식사 어땠어?

B   으그, 그 이야기 하고 싶지 않아. 진짜 어색했어. 끔찍했다고.

cry wolf

(꼭 도움이 필요하지도 않으면서) 도와달라고 자꾸 소리치다[소란을 피우다]

유명한 이솝우화 중 하나인 '양치기 소년'에서 나온 표현이다. 소년은 거짓으로 '늑대가 왔다'고 외치며 도움을 청하다가 나중에 진짜 늑대가 왔을 때 도움을 못 받게 된다는 내용이다. **꼭 도움이 필요하지도 않으면서 괜히 소란을 피워서 도움을 청했다가 나중에 진짜 도움이 필요할 때 도움을 못 받는 것을 나타낸다.**

A   I'm warning you. Don't cry wolf unless you really need help.

B   I won't cry wolf unless something really bad happens, don't worry.

A   경고한다. 정말 도움이 필요하지 않으면 도와달라고 자꾸 소란 피우지 마.

B   정말 무슨 나쁜 일이 일어나지 않는 한 도와달라고 난리 안 칠 거야. 걱정 마.

chicken out 겁나서 꽁무니 빼다

chicken 하면 '닭, 닭고기'를 뜻한다는 거, 모르는 사람 없겠다. 그런데 **'겁쟁이', '소심한 사람', '비겁한 사람'을 부를 때도 chicken**이라고 한다. coward(겁쟁이)와 같은 의미이다. 또, chiken은 동사로도 쓰이는데 이 경우 out과 함께 쓰여 **chicken out**이라고 한다. **겁나서 꽁무니 빼는 경우, 즉 '겁나서 그만두다', '쫄아서 도망간다'**고 할 때 쓰는 표현이다.

A   Hey, did you guys go bungee jumping last weekend?

B   Nah, Sean chickened out, so we just went skiing instead.

A   너희 지난 주말에 번지점프하러 갔어?

B   아니, 션이 겁나서 안 한다고 해서 그냥 스키 타러 갔어.

bark up the wrong tree 헛다리 짚다

개가 엉뚱한 나무를 쳐다보며 짖듯이 잘못된 무언가를 쫓아가는 모습, 한마디로 **'잘못 짚다, 헛다리 짚다'**라는 의미이다. 예를 들어, 형사가 범인이 아닌 엉뚱한 사람을 범인인 줄 알고 쫓거나 생사람을 잡는 경우 바로 bark up the wrong tree했다고 할 수 있겠다.

A   Hey, did you catch that bank robber yesterday?

B   Nope. It turns out that we were barking up the wrong tree this whole time. He was just a witness.

A   너 어제 그 은행강도 잡았어?

B   아니. 우리가 여태껏 엉뚱한 놈을 쫓았더라고. 그 사람은 그냥 목격자였어.

beat around the bush <small>(핵심을 피해) 빙빙 돌려 말하다</small>

옛날에는 사냥을 할 때 덤불숲에 숨어 있는 동물을 튀어나오게 하려고 그 덤불 주변을 나무 작대기 같은 걸로 두드렸다고 한다. 바로 beat(매질하다, 때리다) around the bush(덤불 주변)했다는 것이다. 그렇게 해서 덤불에서 튀어나온 동물을 사냥했다고 하는데, 여기서 유래된 표현이 바로 beat around the bush! **뭔가 말하기 곤란한 이야기를 꺼내기 전에 빙빙 돌려서 말하는 것**을 나타낸다. 즉 **본론을 말하지 않고 요점을 피해 둘러대는 것**이라 보면 된다.

A So… I was in your neighborhood yesterday… And I saw your sister walking the dog…

B Okay, stop beating around the bush, Josh. What are you trying to say?

A 그래서… 내가 어제 너희 동네에 있었는데… 너희 누나가 강아지 산책시키는 걸 봤는데…

B 자, 빙빙 돌려 말하지 말고, 조쉬. 하려는 말이 뭐야?

cool as a cucumber <small>아주 냉정한, 침착한</small>

다른 과일이나 채소에 비해서 오이는 속이 겉보다 훨씬 시원하며, 심지어 더운 날씨에도 오이 속은 공기보다 시원하게 유지된다고 해서 나온 표현이라고 한다. 주로 뭔가 **곤란하고 힘든 상황**이나 쉽게 떨릴 만한 **상황에서도 태연하고 침착한** 것을 나타내는 표현이다.

A I was so nervous during the presentation. How did I do?

B You nailed it. You were cool as a cucumber. I think we're gonna get this deal.

A 나 발표 때 너무 긴장됐어. 나 어땠어?

B 진짜 잘했어. 완전 침착하더라. 우리 이 거래 따낼 수 있을 것 같아.

* You nailed it. 너 진짜 잘했어.

buy a lemon 불량품을 사다, 고장 난 물건을 사다

영어권에서 **lemon은 '불량품'이나 '고장 난 물건'을 의미**한다. 어째서 lemon이 이런 의미로 쓰이게 된 것인지에 대한 유래는 정확하게 알려져 있지 않다. 그러나 **'불량 자동차'를 나타내는 데서 유래**된 것은 확실한 것 같다. 1900년대 초반부터 누군가 '레몬을 산다'는 것은 '작동하지 않는 자동차를 산다'는 것을 의미했다고 한다. 이 표현이 발전해 이제 레몬은 '고장 난 물건', '작동하지 않는 것', '불량품'까지 다 나타낸다.

I ordered an iPad off ebay yesterday. I think I bought a lemon.
나 어제 ebay에서 아이패드 주문했는데, 불량품 산 것 같아.

the last straw 더 이상 견딜 수 없는 한계

겨우 겨우 버티고 있는데, 하나만 더하면 이제 더는 버틸 수가 없을 거 같은데… 바로 그때 더해지는 마지막 지푸라기 한 가닥이 바로 the last straw이다. **나쁜 일 또는 불쾌한 일 등이 계속될 때 참을 만큼 참았지만 '더는 견딜 수 없는 한계나 행위', 그 인내를 무너뜨리는 '마지막 하나', '최후의 결정타'를 뜻하는 표현.**

A Can you just forgive me?

B No. Your lying about the money was the last straw.

A 저 그냥 용서해 주시면 안 되나요?

B 안 돼. 돈 때문에 거짓말하는 건 도저히 참을 수 없어

the (last) straw that breaks the camel's back

누군가를 매우 화나게 하는 일련의 나쁜 일들 중 마지막으로 일어나는 나쁜 일

직역하면 '**낙타 등을 꺾는 (마지막) 지푸라기 하나**'이다. 고작 지푸라기 하나가 낙타 등을 꺾을까 하겠지만, 이미 등에 짐을 잔뜩 실어서 한계점에 다다른 낙타에게는 이 마지막 지푸라기 한 올 이 결정타가 되어 낙타 등이 부러지게 된다는 것이다. 즉, **나쁜 일이 줄줄이 이어지다가 결국 인 내심을 잃게 하는 마지막 나쁜 일, 결국 인내심을 바닥나게 하는 일**을 의미한다.

This week has been an awful week. So when my computer stopped working, it was the straw that broke the camel's back.
이번 주는 정말 끔찍한 한 주였어. 그래서 컴퓨터가 작동을 멈추자 결국 내 인내심이 바닥났지.

go bananas 흥분하다, 들뜨다, 열광하다, 엄청 화를 내다

원숭이들은 바나나를 엄청 좋아한다. 그래서 바나나를 보면 흥분하고 날뛰는데, 그런 열광하는 모습에서 따온 표현이라고. 꼭 **좋아서 열광**하는 것뿐만 아니라, **미친 듯이 '발광하다, 흥분해서 주체를 못하다**'라는 뜻으로도 쓰이고, '**너무 화가 나서 길길이 날뛰다**'고 할 때도 쓸 수 있다.

The crowd went bananas when Justin Bieber appeared on the stage. 저스틴 비버가 무대에 등장하자 관중들은 열광했어.

Megan went bananas and started cussing.
메건은 미쳐 날뛰며 욕을 하기 시작했지.

My sister will go bananas if she finds out that I broke her phone.
내가 누나 폰 부순 걸 알면 길길이 날뛸 거야.

His parents went bananas when he told them that he was gonna drop out. 그가 자퇴하겠다고 말하자 그의 부모님은 엄청 화내셨어.

go nuts
❶ 무언가에 미치다, 환장하다, 미치도록 좋다 ❷ 화딱지 난다, 짜증나 미치다

nuts는 기괴하고 이상하게 행동하는, 즉 '미친(crazy, insane)' 모습을 나타내는 슬랭이다. 따라서 **go nuts는 '미치다(go crazy)'**는 뜻. **좋아서 미칠 때도, 짜증나 미칠 때도** 모두 쓸 수 있다.

Let's go nuts today. 오늘 한번 미쳐보자. (미친 듯이 놀아보자.)

I go nuts for key lime pies. 나는 키라임파이에 환장해. (진짜 엄청 좋아한다.)

She goes nuts for strawberry smoothies. 그녀는 딸기스무디에 환장해.

I'm going nuts right now. I failed science because I missed one question in the exam. 나 지금 화딱지 나 미치겠어. 시험 한 문제 틀려서 과학 낙제했어.

Stop screaming, please! It's super annoying, I'm going nuts.
제발 소리 좀 그만 질러! 진짜 짜증나 죽겠다.

(It's / You're) a hard nut to crack
다루기 힘든 문제/사람

hard nut 대신 tough nut이라고도 한다. **'다루기 힘든 문제나 사람, 골칫거리'를 깨기 힘든 견과류에 빗대어** a hard nut to crack이라고 한다.

A I'm not gonna listen to you. Why should I? You're not my mom.

B Geez, you're a hard nut to crack. You should listen to me because I'm your teacher.

A 말 안 들을 거예요. 제가 왜 그래야 되죠? 우리 엄마도 아니잖아요.

B 이야, 넌 정말 다루기 힘든 아이구나. 내가 네 선생이니까 내 말을 잘 들어야지.

bad apple (주위에 악영향을 미치는) 질 나쁜 사람

썩은 사과(bad apple)가 사과박스에 있으면 그 주변에 있는 사과들은 훨씬 빨리 썩기 시작한다. 이에 빗대 서양에는 One bad apple spoils the whole barrel.(썩은 사과 하나가 통 전체를 썩게 한다.)이라는 말이 있다. '미꾸라지 한 마리가 웅덩이를 흐린다'는 우리 속담과 일맥상통하는 표현이다. 즉 **bad apple은 주위 사람들에게 미치는 '나쁜 영향', 또는 '그런 영향을 미치는 사람'을 비유하는 표현**이다.

BAD APPLE

One bad apple spoils the whole barrel.
썩은 사과 하나가 통 전체를 썩게 한다. (미꾸라지 한 마리가 웅덩이를 흐린다.)

Son, I don't want to see you hanging out with Jax anymore. He is a bad apple. You know this.
아들, 잭스랑 더는 같이 안 놀았으면 하는데. 그 애는 질이 나빠. 너도 알잖니.

Part 6

Love Birds

I Give You My Heart

진심을 담은, 진심이 닿는 **사랑 표현들**

영어로 누군가에게 **heart**(심장)를 준다는 것은 그 사람을 진심을 다해, 온 마음을 다해 사랑한다는 뜻이다. 얼마나 **sweet**(달달)한가? 심장을 떼어서 주다니. 사랑하는 사람에게는 부르는 표현도 다양하다. 우리나라에서도 '자기야, 여보, 애기' 등 다양한 애칭을 쓰듯 영어권에서도 마찬가지이다. **Dear Bro,** 지금 사랑하고 있는가? 아니면 사랑을 고백하고 싶은 이가 있는가? 이제 사랑도 글로벌하게 하는 시대에 발맞춰, 때로는 달달한, 때로는 오글거리는 사랑 표현을 영어로도 진심을 다해 익혀두자!

미국인들이 연인을 부르는 애칭은 다양하다. 남자가 사랑할 때 여자친구를 부르는 표현이 있는가 하면, 여자가 사랑할 때 남자친구를 부르는 표현도 있고, 남녀 구분 없이 쓰이는 표현도 다양하다. 솔로에게는 조금 힘든 구간일지 모르겠지만, 언젠가 미래의 연인에게 쓸 날을 생각하며 조금만 힘을 내보자.

남녀 구분 없이 많이 쓰이는 표현

baby　자기야

남녀 모두 자주 쓰는 표현인데, 특히 여자가 남자를 baby라고 '굉장히' 많이 부른다. 사랑하면 상대가 귀여운 아기로 보이기도 한다. (아마도…)

babe　자기야

baby와 같은 뉘앙스로 babe를 baby보다 더 많이 쓴다. **사용도 1순위**라고 해도 과언이 아니다. 여친, 남친을 뜻하는 경우가 더 많지만 부부 사이에서도 쓰일 수 있다.

bae　자기야

[베이] 뜬 지가 꽤 된 표현이다. babe와 같이 남친, 여친을 칭하는 단어다. 원래는 슬랭이었지만 이제는 일반 사전에 등재된 단어 중 하나. 원래는 **baby와 babe를 줄여서 만들어진 표현**이지만 누군가 **bae에 Before Anyone Else(그 누구보다 먼저)라는 뜻**을 붙여 그 '누구보다도 우선적으로 내게 소중한 이', 즉 '**최애**'라는 의미로도 쓰인다.

boo   자갸, 아기야

'자기' 같은 귀여운 표현이다. 여친이 남친에게 boo boo라고 부르기도 한다.

honey   여보, 자기야

요새는 그냥 우리말로도 '허니'라고 많이 말하는 표현이다. '꿀'을 뜻하는 이 표현은 **꿀 떨어지는 눈과 목소리로 사랑하는 사람을 부를 때** 이용된다. 뿐만 아니라 **아이를 부를 때도 사랑을 듬뿍 담아** honey라고 한다.

hun   여보, 자기야

[헌] **honey의 줄임말.** 왜 hon이 아니고 hun이냐고? **honey의 발음 [허니]를 줄인 [헌]을 그 대로 표기**한 탓이다.

(my) love   내 사랑

여자가 남자를 부를 때 조금 더 많이 쓰이는 것 같다. 왠지 여자들이 조금 더 아름다운 표현을 선택하려 애쓰는 까닭일까?

dear   사랑하는 당신, 소중한 당신

나이가 조금 있는 사람들이 많이 사용한다. 할머니 할아버지들은 서로 부를 때 자주 Dear! Can you come help me lift this? 이런 식으로 쓴다.

> Dear! **Can you come help me lift this?**   여보, 와서 이거 드는 거 좀 도와줄래요?

sweetie　자기야

[스위리] **연인을 부르는 애칭으로** 많이 사용되지만, 또한 **어른이 착한 아이를 부를 때** sweetie 라고 표현하기도 한다. 이 표현에는 **상대를 귀여워하는 마음이 담겨** 있다.

sweetheart　여보야, 자기야

[스윗할트] 주로 '착한 사람'을 뜻하지만, 연인들 사이에서 애칭으로도 사용한다.

sweetie pie　여보야, 자기야

'달달한 파이' 그냥 한번 소리 내서 발음하면서 누구를 부르는 척해보면 왜 이렇게 부르는지 알 수 있다. 그냥 사랑스럽다.

sweet pea　여보야, 자기야

마찬가지이다. '달콤한 완두콩'이란 뜻으로 그냥 연인을 부르는 애칭이다.

dumpling　만두

'만두'라고 부르는 사람도 있다고 한다.

beautiful　이쁜이

형용사이지만, 연인이 너무 이뻐 보일 때 이름처럼 beautiful이라고 부를 수 있다. 주로 남자가 여자를 부를 때 많이 쓰긴 하지만, 여자가 남자를 이렇게 애칭으로 부르기도 한다.

Hey beautiful, how are you?　안녕 이쁜이, 잘 지내?

good-looking   매력이, 미남/미녀 씨

피지컬이 '아주 보기 좋고 매력적인(attractive)' 사람, '예쁜(beautiful)' 사람, '잘생긴 (handsome)' 사람을 뜻한다. 개인적으로는 친한 친구들에게 장난칠 때 많이 쓰는 표현이다.

gorgeous   이쁜이, 매력녀/매력남

'엄청 예쁜', '아주 매력적인'이라는 형용사로 Hey, beautiful!처럼 Hey, gorgeous!라고 부르기도 한다.

hottie   매력녀/매력남, 섹시녀/섹시남

'핫'하다는 표현은 섹시하다는 뜻이다. hottie는 **매력 있는, 섹시한 여성 또는 남성**을 뜻한다.

sunshine   나의 햇살

'햇살, 햇빛'이라는 뜻으로 뭔가 따스한 느낌이 있는 애칭이다.

cookie   쿠키

달달한 '쿠키' 또한 여친, 남친을 부르는 애칭으로 쓰인다.

pumpkin   호박

'펌킨'은 '호박'이라는 뜻이다. 그냥 이렇게 부르면 뭔가 귀엽다.

pudding   푸딩

개인적으로 너무 좋아하는 애칭이다. 정감이 확 간다.

cupcake 컵케이크

이렇게 cupcake처럼 음식이름을 애인에게 갖다붙여 부르는 경우가 많다. 주로 달달한 디저트를 비유해서 많이 부른다.

TIP 이외에도 자기들끼리만 통하는 애칭을 완전 새로 지어서 쓰는 경우도 많다.

sugar 슈가

설탕. 달아서 애칭으로 사용된다.

princess 공주님

여친한테 점수 좀 얻고자 한다면 추천한다. 우리가 여친을 '공주님'이라고 부르는 것과 다를 게 없다.

doll 인형

'인형'이라는 뜻으로 귀여운 여친을 부를 때 쓰인다.

angel 천사

my queen 나의 여왕님

여친이나 아내를 이렇게 부르면 얼마나 달달한가?

wifey   여보야, 여봉

[와이f이] **wife**(아내)를 **귀엽게 변형한 표현**이다.

dimples   보조개

뜻은 '보조개'이다. 웃을 때 보조개가 있는 여친한테 부르면 귀엽지 않을까?

mi amor   (스페인어) 나의 사랑

스페인어로 '나의 사랑'이라는 뜻이다. 뭔가 로맨틱한 느낌이 있다.

> 남자친구를 부르는 표현

champ   챔프

champion을 줄인 말이다. **남친은 나의 챔피언. 조금 나이 많은 남성 어른들이 젊고 건장한 청년들을 부를 때 쓰이기도** 한다.

handsome   미남 씨

사랑에 푹 빠져 있는 여자들이 많이 쓴다. (눈에 콩깍지가 씌인) 남자가 여자를 beautiful이라고 부르는 것과 같은 개념이다.

stud　멋쟁이, 매력남

'매력적인, 멋있는' 남성을 뜻할 때 쓰인다. He's such a stud.(그는 정말 너무 멋쟁이야.) 이런 식으로 말하고 부를 때는 Hey, stud~! 이렇게 말한다.

stud-muffin　멋쟁이, 매력남 머핀

stud[스터드]라는 표현이 인기가 많아지고 나서 생긴 표현이다. 끝에 머핀이라고 붙여주면 뭔가 더 귀엽기 때문인 듯하다.

hot-stuff　섹시남

여자한테 이렇게 불러도 된다. 그런데 왠지 여자가 남자를 이렇게 부를 때 더 잘 어울리는 것 같다. **약간 장난끼가 섞여 있는 표현이다. '섹시한, 매력 있는(hot)'에 사람을 표현할 때 원래 안 쓰는 stuff를 붙인** 뭔가 재밌는 표현이다.

bad guy　나쁜 남자

'나쁜 남자'라는 뜻으로 이 또한 **장난기가 섞여 있는 표현**이다. 그 누구도 남을 욕할 때 He's a bad guy.(그는 나쁜 놈이야.)라고 단순하게 말하지 않는다. bad guy라는 표현은 **남녀가 서로 시시덕거리고 농담을 주고받으며 호감을 표현(flirting)하는 경우에 많이 쓴다.**

hero　(나의) 영웅

나를 지켜주는 나만의 영웅이라는 의미로 hero라고 부르는 이들도 있다. 남친을 부르는 애칭에는 특히 남성의 파워가 부각되는 표현들이 많다.

captain　선장, 대장

chief   추장님

추장, 족장이라는 뜻으로 남자를 captain이라고 부르는 것과 비슷한 관념이다.

hunk   마초 씨

슬랭으로 **크고, 힘이 세며, 섹시한 남자**(a large, strong, sexually attractive man)라는 뜻이다.

playboy   한량

장난스럽게 남자친구를 부를 때, 또는 놀릴 때 쓰일 수 있다.

bossman   보스맨

"헤이 미스터 보스맨~"이라고 하면서 **정장을 입은 남친에게 애교를 부릴 때** 쓰는 표현이다.

big fella   이보시오 큰 친구~

사실 fella라는 표현은 **남자끼리도 많이 쓰는 표현**인데, 나이가 어느 정도 있는 성인 남성이 가장 많이 쓴다. fella는 **friend의 친근한 버전**이다.

super-star   슈퍼스타

남친이 무엇을 잘했거나, 큰일을 해냈을 때 super-star라고 불러줄 수 있다.

amigo   (스페인어) 친구

여자가 귀엽게 남친을 '아미고'라고 부를 수 있다. 스페인어로 '친구'라는 뜻이다.

tiger 타이거

'호랑이'를 뜻하는 tiger는 애교스러운 표현이다.

Hey tiger, you wanna go to my place after dinner?
저기, 타이거, 저녁 먹고 우리집에 갈래?

Romeo 로미오

로미오와 줄리엣의 그 로미오다.

my king 나의 왕

cowboy 카우보이

잘 안 쓴다. 하지만 쓸 수도 있다.

Mr. Cool 멋쟁이 씨

Mr. Perfect 완벽남 씨, 완벽하신 분

Mr. Handsome 잘생기신 분, 미남 씨

prince charming　백마 탄 왕자님

naughty boy　장난꾸러기

puppy　강아지

tough guy　터프가이

old man　노인네

panda bear　판다곰

rockstar　록스타

soldier　군인

I love you.를 대신하는 다양한 표현들

Different Ways to Say, "I love you"

6-02.mp3

I love you.라는 말, 참 좋다. 이 영어 문장, 우리도 참 자주 쓴다. 하지만 외국인 이성을 사귄다면 맨날 I love you.만 하는 건 좀 식상하다. 좀 더 사랑의 깊이와 진정성이 느껴지도록 분위기에 맞게 다양한 화법을 구사해보자. 여기 I love you.의 다른 버전들, 좀 더 낭만적이고 감미로운 표현들을 소개한다.

💜 **I'm forever yours.** 난 영원히 네 거야.

💜 **You mean the world to me.**
넌 내 세상이야. 넌 나한테 세상 전부야.

💜 **I'm totally into you.** 난 너한테 푹 빠졌어.

♥ You complete me. 넌 나를 완벽하게 해.

♥ We're meant for each other.
우리는 천생연분이야.

♥ I can't live without you. 난 너 없이 살 수 없어.

♥ I love you more than anything.
난 그 무엇보다 너를 사랑해.

♥ I love you the most. 너를 제일 사랑해.

♥ You're my soulmate. 너는 나의 소울메이트야.

♥ I'm head over heels for you.
난 너한테 푹 빠졌어.

head over heels는 무엇이 거꾸로 있는 모습을 나타내는데, 사랑에 미친 듯이 빠진다는 건 그 사람의 세상이 뒤집히는 것과 같다는 생각에서 **'사랑에 푹 빠진'**이란 의미의 숙어 표현으로도 쓰이게 되었다.

♥ I'm in love with you. 난 너를 사랑하고 있어.

♥ **Love you to the moon and back.**
하늘만큼 땅만큼 사랑해.

♥ **Je t'aime.** (프랑스어) 쥬뗌. 사랑해.

♥ **Te amo.** (스페인어) 떼 아모. 사랑해.

밸런타인데이에 쓰기 좋은 표현들

For Your Happy Valentine's Day

6-03.mp3

Valentine's Day는 연인 간에 혹은 연인으로 삼고 싶은 상대에게 초콜릿과 카드를 주며 자신의 사랑을 표현하는 날이다. 이 날 직접 말로, 또는 카드에 글로 담아내면 좋을 법한 감미롭고도 진정성 있는 사랑의 표현들을 모아본다.

💜 My heart is all yours.
내 마음은 다 네 거야.

💜 Thanks for being you and for being mine. 너라서 고맙고 내 사람이 되어줘서 고마워.

💜 I love all the adventures we have together. 우리가 함께하는 모든 모험을 다 사랑해.

💜 Let's grow old together.
같이 나이 들어가자.

💜 I just wanna hold your hand.
난 그냥 네 손을 잡고 싶어.

진짜로 손을 잡고 싶다는 의미도 되고 너와 함께하고 싶다는 의미도 된다.

💜 **You are every reason, every hope and every dream I've ever had.**
넌 내게 모든 이유이고 모든 희망이며 모든 꿈이야.

💜 **I wish I could turn back the clock, I'd find you sooner and love you longer.**
내가 만약 시간을 되돌릴 수 있다면, 너를 더 빨리 찾아서 더 오랫동안 사랑하겠어.

💜 **If you live to be a hundred, I want to live to be a hundred minus one day, so I never have to live without you.**
네가 만약 100살까지 산다면, 난 100살에서 하루만큼 덜 살고 싶어. 난 너 없인 살 수 없으니까.

💜 **I fall in love with you every time I look into your beautiful eyes.**
너의 아름다운 눈을 볼 때마다 나는 사랑에 빠져.

💜 **No matter how much I say I love you, I always love you more than that.** 사랑한다는 말 그 이상으로 언제나 널 사랑해.
말로 표현 못할 정도로 언제나 널 사랑해.

💜 **Every moment I spend with you is like a beautiful dream come true.**
너와 함께 보내는 모든 순간이 마치 아름다운 꿈이 이루어지는 것 같은 기분이야.

💜 **If I did anything right in my life, it was when I gave my heart to you.**
내 인생에서 잘한 게 있다면 그건 바로 네게 내 마음을 준 거였어.

💜 **The best thing that happened to my life is being with you and knowing you.** 내 인생에 일어났던 가장 좋은 일은 너와 함께하고 너를 알게 된 거야.

💜 **If I had my life to live again, I'd find you sooner.**
다시 태어난다면 너를 더 빨리 찾을 거야.

💜 **I've seen you at your worst, and I still think you're the best.**
난 너의 최악의 모습까지 봤지만 여전히 넌 내게 최고야.

💜 **One day I caught myself smiling for no reason, then I realized I was thinking of you.**
하루는 아무 이유 없이 미소 짓고 있는 나 자신을 발견했지. 그리고 내가 너를 생각하고 있다는 것을 깨달았지.

💜 **All I want to do is spend my life loving you and making you happy.**
내 삶을 오로지 너를 사랑하고 행복하게 해주는 데 쓰고 싶을 뿐이야.

💜 **The first day you came into my life, I realized that you will stay here until the end. I will love you till the end of time.**
네가 내 삶으로 들어온 날, 나는 네가 여기에 끝까지 있을 거라는 것을 깨달았지. 나는 세상이 끝날 때까지 널 사랑할 거야.

💜 **I love you so much that I miss you when I close my eyes to blink.**
내가 너를 얼마나 사랑하냐면, 눈을 잠깐 깜빡이는 순간에도 네가 그리워[보고 싶어].

💜 **I love you truly, madly, and deeply.**
나는 너를 진심으로 미친 듯이 깊이 사랑해.

💜 **Loving you was the best decision of my life.**
너를 사랑하는 것이 내 인생에서 가장 잘한 결정이었어.

고백할 때 쓰기 좋은 표현들
For Your Love Song

6-04.mp3

I love you.를 대신하는 표현들, 밸런타인데이에 쓰기 좋은 표현들 모두 고백할 때 쓰기 좋다. 앞서 살펴본 이 표현들 외에 고백할 때 쓰기 좋은 표현들을 더 모아본다. 특히 사랑의 본격 시작, '우리 오늘부터 1일'의 출발은 '나랑 사귀자!' '나랑 사귈래?'라는 요 한 마디이다. 따라서 요 말부터 놓치지 말고 알아두자.

🧡 Will you go out with me? 저랑 사귈래요?

Would you go out with me?라고 해도 된다. Would you ~?가 조금 더 공손한 표현. 이때 go out with는 '~와 사귀다'라는 뜻이다.

Are you going out with Daniel? 너 대니얼이랑 사귀냐?

Would you go out with Daniel? 너 대니얼이랑 사귀라면 사귈 거야?

♥ Will you be my girlfriend/boyfriend?
내 여친/남친이 되어 주겠니?

♥ Never forget how much I love you, okay?
내가 너를 얼마나 사랑하는지 잊지 마, 알았지?

♥ Just a reminder. I love you.
그냥 상기시켜 주는 거야. 사랑해.

♥ You are my best friend. You mean the world to me. I love you.
너는 내 가장 친한 친구이자 세상 전부야. 사랑해.

♥ I had a crush on you for the longest time.
아주 아주 오랫동안 당신을 사랑하고 있었어요.

♥ I have the biggest crush on you.
당신한테 완전 홀딱 반했어요.

crush on someone 하면 '누구에게 완전 반했다'는 의미. I have a crush on you.(너한테 완전 반했어.), I have a crush on Daniel.(대니얼한테 완전 반했어.), She has a crush on Josh.(그녀는 조쉬한테 홀딱 반했어.)처럼 활용한다.

🖤 I didn't know what love was until I met you. 당신을 만나기 전까지는 사랑이 뭔지 몰랐어요.

🖤 You're my only reason to smile.
당신만이 나를 미소 짓게 해요.

🖤 Every love song I listen to, I think of you. 사랑 노래를 들을 때면 언제나 당신을 떠올려요.

🖤 I'm so into you. 당신에게 푹 빠졌어요.

누가 누구에게 into해 있다(be into)는 것은 푹 빠져 있다, 좋아한다는 뜻이다. 빠진 감정을 더 강조하고 싶을 때는 so를 삽입한다.

She's so into him. 그녀는 그에게 푹 빠져 있어.

Are you into me? 너 나 좋아하냐?

🖤 You have a beautiful soul and I love you. 당신은 아름다운 영혼의 소유자예요. 그리고 난 당신을 사랑해요.

🖤 You're even more beautiful on the inside than you are on the outside.
당신은 겉모습 이상으로 마음이 더 아름다워요.
(당신은 겉모습도 아름답지만 마음은 훨씬 더 아름다운 여성이에요.)

💜 **You're beautiful inside and out.**
당신은 내면과 외면이 모두 아름다워요.

💜 **You make me forget the bad parts of my day.** 당신은 내 하루의 나쁜 일들을 잊게 만들어줘요.

💜 **I'm blind to everything but you.**
당신밖에 안 보여요.

💜 **I can't stop thinking about you.**
당신 생각을 멈출 수가 없어요.

💜 **Your laugh is my favorite sound.**
내가 가장 좋아하는 소리는 당신의 웃음소리예요.

💜 **All jokes are just funnier when you tell them.** 모든 조크는 당신이 말할 때 더 웃겨요.

💜 **I don't want to be anywhere you can't be.** 당신이 있을 수 없는 곳에는 있고 싶지 않아요.

💜 **When we're together, everything seems possible.**
우리가 함께하면 모든 게 가능할 것 같아요.

💜 **I think I'm in love with you.**
당신을 사랑하는 것 같아요.

💜 **I've liked you since the first time we met.** 당신을 만난 순간부터 좋아했어요.

💜 **Give me a chance to love you and I promise I'll do my best to make you smile every day.**
너를 사랑할 기회를 줘. 그러면 네가 매일 미소 지을 수 있게 최선을 다 할게. 약속해.

💜 **When we are together, I never want the moment to end, I want it to last forever and ever.**
우리가 함께 있는 순간이 끝나지 않았으면 좋겠어요. 영원히 영원히 계속되면 좋겠어요.

💜 **The first time I saw you, my heart whispered. "That's the one."**
당신을 처음 봤을 때 내 마음이 속삭였어요. "바로 저 사람이야."라고.

💜 **You are the first and last thing on my mind each and every day.**
매일같이 내 머릿속 처음과 마지막을 차지하는 건 당신이에요.

♥ **I want you. All of you. Your flaws. Your mistakes. Your imperfections. I want you, and only you.**

나는 당신을 원해요. 당신의 모든 것. 당신의 결점들. 당신의 실수들. 당신의 불완전함까지. 당신을 원하고 당신만을 원해요.

♥ **I've never been so scared of losing something in my entire life, then again nothing in my life has ever meant as much to me as you do.**

난 평생 뭔가를 잃을까 두려워한 적이 없었는데, 아니 그러니까 내 인생에서 당신만큼 소중한 건 아무것도 없었다고요.

♥ **Being around you is like a happy little vacation.**

너랑 같이 있는 건 마치 휴가여행 같은 작은 행복이야.

♥ **I'm not perfect. I'll never be. But I do love you with all of my heart.**

난 완벽하지 않아. 절대 그럴 수가 없겠지. 하지만 난 온 마음을 다해 널 사랑해.

♥ **Just thinking about you puts the biggest smile on my face.**

네 생각만으로도 얼굴에 함박 미소가 지어져.

💜 **Every time I think of you my heart beats faster and faster.**

너를 생각할 때면 심장이 막 빨리 뛰어.

💜 **I'm in love with every little thing about you.**

난 너의 작고 사소한 것들까지 전부 사랑해.

💜 **I love you not because of anything you have, but because of something that I feel when I'm near you.**

네가 가진 것 때문에 너를 사랑하는 것이 아니라, 네 곁에 있을 때 느끼는 뭔가 특별한 것 때문에 너를 사랑해.

💜 **I'm no photographer but I can picture us together.**

나는 사진작가는 아니지만 우리가 함께 있는 것을 그려볼 수 있어.

💜 **I'm absolutely, definitely, positively, unquestionably, beyond any doubt, in love with you.**

나는 절대적으로, 확실히, 분명히, 완전히, 의심의 여지없이, 너를 사랑해.

💜 **Whatever happens tomorrow, or for the rest of my life, I'm happy now. Because I love you.**

내일 무슨 일이 일어나든, 아니 내 남은 평생 무슨 일이 일어나든 나는 지금 행복해. 너를 사랑하니까.

💜 **If I had to dream up the perfect woman, she wouldn't even come close to you.**

내가 아무리 완벽한 여인을 꿈꾼다 하더라도 네게는 비교도 안 될 거야.

💜 **You warm my heart.** 넌 내 마음을 따뜻하게 해.

💜 **You're the candle in the darkness.**

너는 어둠 속의 빛이야.

＊candle 양초

💜 **I'd rather spend one moment holding you than a lifetime knowing I never could.** 너를 안지 못한다는 것을 알면서 한 평생을 사느니 지금 이 순간밖에 못 살더라도 너를 안겠어.

💜 **To the world, you may be just one person. But to me, you are the world.** 세상에게는 당신이 많고 많은 사람 중에 그저 한 사람일 수 있겠지만, 내게는 당신이 세상이야.

💜 **Alphabets start with 'ABC', numbers start with '123', music starts with 'Do-re-mi', but love starts with 'YOU-and-ME'.** 알파벳은 ABC로 시작하고, 숫자는 123으로 시작하며, 음악은 '도레미'로 시작하지만, 사랑은 '너와 나'로 시작하지.

💜 **You're like sunshine on a rainy day.** 넌 비오는 날의 햇살 같아.

💜 **Your heart is the only WiFi that I want to connect to... I like you.** 너의 마음이야말로 내가 유일하게 연결하고 싶은 와이파이야. 너를 좋아해.

💜 **When I'm with you I can truly be myself.** 너와 함께 있을 때 난 진정한 나일 수 있어.

💜 **You know me better than anyone I know.** 넌 내가 아는 그 누구보다도 날 잘 알아.

💜 **I love you because you are my best friend.** 사랑해. 너는 나의 가장 친한 친구잖아.

💜 **You make me feel like I'm the funniest person in the world.**
넌 내가 세상에서 제일 재미있는 사람인 것처럼 느끼게 해줘.

💜 **I love the way you smile at me.**
날 보고 미소 짓는 네 모습이 너무 좋아.

💜 **When I'm with you, all my worries and concerns disappear.**
너랑 같이 있으면 모든 걱정과 근심이 사라져.

💜 **You can make me laugh when I'm feeling down.** 넌 내가 울적할 때 날 웃게 해주는 사람이야.

💜 **You have the nicest voice. I could spend hours just listening to it.**
너의 목소리는 최고야. 나는 네 목소리를 들으며 몇 시간이고 그냥 보낼 수 있어.

💜 **You are always supporting me and helping me accomplish my goals.**
넌 항상 나를 지지해주고 내가 목표를 이룰 수 있도록 도와줘.

사랑에 관한 명언 모음
Great Love Quotes

6-05.mp3

부자든 가난한 사람이든, 유명인이든 아니든 인간이라면 누구나 사랑을 갈구한다. 누군가를 사랑하고 사랑
받고 싶어 한다. 사랑 없는 삶을 공허해한다. 사랑은 우리 삶의 영원한 화두이다. 그래서 세계적으로 유명한
가수에서부터 문학가까지 노랫말로, 글로, 혹은 말로 사랑에 관한 심정과 생각을 멋있게 표현하곤 한다. 그
표현들이 우리의 맘에 와 닿는다. 그런 표현들을 몇 가지 소개해본다.

There is never a time or place for true love.
It happens accidentally, in a heartbeat, in a single flashing,
throbbing moment.
- Sarah Dessen

진정한 사랑을 위한 시간이나 장소는 없다.
진정한 사랑은 우연히, 심장이 한 번 뛸 때, 번쩍이면서,
두근거리는 순간에 일어난다.

* throbbing 두근거리는

To love at all is to be vulnerable. Love anything and your heart will be wrung and possibly broken. If you want to make sure of keeping it intact, you must give it to no one, not even an animal. Wrap it carefully round with hobbies and little luxuries; avoid all entanglements. Lock it up safely in the casket or coffin of your selfishness. But in that casket, safe, dark, motionless, airless, it will change. It will not be broken; it will become unbreakable, and impenetrable. To love is to be vulnerable.

- C.S. Lewis

어쨌든 사랑을 한다는 것은 연약해진다는 것입니다. 어떤 것이든 사랑을 하게 되면, 당신의 마음은 비틀리고 부서질 수도 있지요. 만약 당신이 마음을 온전하게 지키고 싶다면, 그 누구에게도, 심지어 동물에게도 마음을 주어서는 안 됩니다. 취미생활과 약간의 사치품들로 당신의 마음을 잘 둘러싸고 그 무엇에도 얽히지 마세요. 당신의 마음을 이기심의 상자에 안전하게 가둬두세요. 하지만 안전하고, 어두우며, 움직이지도 않고, 공기도 없는 상자 안에서 당신의 마음은 바뀔 거예요. 당신의 마음은 부서지지 않을 거예요. 부서질 수도, 뚫을 수도 없게 될 겁니다. 사랑을 한다는 것은 연약해진다는 것입니다.

* vulnerable 연약한, 상처받기 쉬운 ㅣ wring 비틀다 (wring – wrung – wrung) ㅣ
  intact 손상되지 않은, 온전한 ㅣ entanglement 얽힘 ㅣ casket (보석 등을 넣는) 작은 상자,
  (장례) 관 ㅣ coffin (장례) 관 ㅣ impenetrable 뚫고 들어갈 수 없는

If I had to live my life over again, I'd find you sooner.

- Kobi Yamada

만약 다시 태어나 살 수 있다면, 너를 더 빨리 찾을 거야.

**I swear I couldn't love you more than I do right now,
and yet I know I will tomorrow.**　　　　- Leo Christopher

지금보다 당신을 더 사랑할 수 없다는 것을 맹세하오.
하지만 나는 내일 내가 당신을 오늘보다 더 사랑할 것이라는 것을 아오.

Everything I do, I do it for you.　　　　- Bryan Adams

내가 하는 모든 것은, 너를 위해서야.

You're every minute of my every day.　　　- Michael Buble

너는 나의 매일의 매 순간이야.

If I know what love is, it is because of you.　- Hermann Hesse

제가 사랑이 무엇인지 안다면, 그건 바로 당신 덕분이에요.

Love is — being stupid together.　　　- Paul Valery

사랑이란 함께 바보가 되는 거예요.

I keep you with me in my heart.
You make it easier when life gets hard.　　　　　- Jason Mraz

저는 당신을 제 마음속에 간직하고 있답니다.
삶이 고달파질 때 당신을 생각하면 삶이 덜 힘들어요.

I wish I knew how to quit you.　　　　　- Annie Proulx

너를 어떻게 끊을지 방법을 알면 좋겠어. (아무리 노력해도 너를 포기할 수 없다는 뜻)

You're my heart, my life, my one and only thought.
　　　　　- Arthur Conan Doyle

당신은 나의 심장이오, 나의 인생이오, 내 단 하나의 생각이오.

Pleasure of love lasts but a moment.
Pain of love lasts a lifetime.　　　　　- Bette Davis

사랑의 기쁨은 순간이고,
사랑의 아픔은 평생 간다.

No matter what happens, I will never, not in a thousand tragic outcomes, ever regret loving you. - Sara Raasch

어떤 일이 일어나더라도, 수천 번의 비극적인 결과가 나오더라도, 나는 결코 당신을 사랑한 것을 후회하지 않을 거예요.

Break my heart.
Break it a thousand times if you like.
It was only ever yours to break. - Kiera Cass

제 마음을 아프게 하세요.
원하신다면, 몇 천 번이라도 부셔버리세요.
제 마음을 아프게 하는 건 오직 당신 몫이었으니까요.

The story that I love you, it has no end. - Cassandra Clare

제가 당신을 사랑하는 이야기에서는, 끝이 없답니다.

I love you like a fat kid loves cake. - Scott Adams

뚱뚱한 아이가 케이크를 좋아하는 것처럼 저는 당신을 사랑합니다.

To love is to burn, to be on fire.

- Jane Austen

사랑은 불타오르는 것, 불에 타는 것과 같다.

The water shines only by the sun.
And it is you who are my sun.

- Charels de Leusse

물은 오직 태양에 의해서만 빛나죠.
그리고 저의 태양은 바로 당신입니다.

Our love is like the wind. I can't see it, but I can feel it.

- From the movie 'A Walk to Remember'

우리의 사랑은 바람과 같습니다. 볼 수는 없지만 느낄 수 있죠.

I love you without knowing how, or when, or from where.
I love you straightforwardly, without complexities or pride;
so I love you because I know no other way. - Pablo Neruda

어떻게, 언제, 어디서 왔는지 몰라도 당신을 사랑합니다.
숨김없이 당신을 사랑합니다. 복잡하게 생각하지도 자존심을 내세우지도 않습니다.
당신을 사랑하는 것 말고는 다른 길을 알지 못하기에.

Pick-Up Line

솔로 탈출! 작업 멘트 및 데이트 신청

글로벌 시대이다. 영어를 잘하면 선택할 수 있는 이성의 폭도 글로벌하게 넓어진다. 마음에 드는 외국인 이성이 레이다망에 포착됐을 때 영어로도 유연하게 작업을 걸 줄 안다면 데이트 신청으로까지 이어질 수 있다. **자연스럽게 말을 시작해서, 칭찬하는 방법, 호감 표현, 그리고 오글거리면서 웃기는 작업 멘트들까지** 다양하게 모아본다. *Dear Bro,* 언어의 장벽을 허물고 보다 자유롭게 연애 전선에 뛰어들 준비가 되었는가?

Conversation Starters—'Flirt'

6-06.mp3

'용기 있는 자만이 미인을 얻는다(None but the brave deserves the fair.)'는 말이 있다. 여기서 집중해야 할 부분은 '용기'이다. 아무리 호감 가는 이성이 있더라도 말 한 번 걸지 못하면 그 어떤 것도 기대할 수 없다. 맘에 드는 이성을 발견했는가? 그럼 살짝 미소 지으며 Excuse me, hi!라고 한 후 다음과 같이 말해보자.

Do you come here often? 여기 자주 오세요?

Having fun? 즐거운 시간을 보내고 있나요?

How's that drink? 그 술은 어떤가요?

How are you today? 오늘 어떠세요?

How is your week going? 이번 주는 어떤가요?

Do I know you by any chance? You look very familiar.
혹시 제가 그쪽을 아나요? 굉장히 낯이 익은데요.

* by any chance 혹시

I like your shirt. Where did you get it?
셔츠 마음에 드네요. 어디서 구하셨어요?

This place is awesome! Have you been here before?
여기는 정말 끝내주네요! 이전에 와보신 적 있으세요?

데이트 신청할 때 쓰기 좋은 표현들
To Set Up a Date

6-07.mp3

데이트 신청을 할 때는 주말에 스케줄이 어떻게 되냐, 시간이 되냐는 말로 분위기를 먼저 살핀다. 또는 좀 더 구체적으로 저녁이나 차를 같이 마시자는 말로 데이트 신청을 한다. 물론 대놓고 '데이트할래?'라고 물어볼 수도 있겠다. 알아 두면 데이트 신청할 때 도움되는 표현들을 모아본다.

Do you wanna go out with me on Sunday? 일요일날 나랑 데이트할래?

TIP go out with는 기본적으로 '사귀다'는 뜻이다. 누구랑 날 잡아서 하루 밖에 나가 데이트하자는 의미로 쓰고 싶을 때는 '언제'를 명시해줘야 의미의 혼동이 없다.

Do you have any plans this weekend?
혹시 주말에 무슨 계획 있어?

이렇게 물었을 때 상대방이 선약이 있다고 하면 어쩔 수 없지만 없다고 하면 다음 단계로 넘어가면 된다.

Are you free this weekend?
이번 주말에 시간 돼?

Are you free for dinner some night this week? 이번 주중에 언제 저녁 먹을 시간 돼?

저녁식사 데이트를 신청하는 질문이다.

Do you wanna grab a cup of coffee?
커피 한잔 할래?

커피를 마시러 가자고 하는 건 '나에게 시간을 내줄수 있어?'라고 묻는 것과 같다. 만약 좋다고 하면, 당장 가도 되고 아니면 번호를 받고 나중에 다시 만나도 괜찮다. **grab a cup of coffee**는 직역하면 '커피 한 잔을 잡다'지만 '(가볍게 혹은 간단히) 커피 한잔하다'라는 뜻으로 쓰는 말이다.

Do you wanna grab a bite with me sometime? 언제 가볍게 식사라도 한번 할까?

가볍고 쿨하고 편하게 묻는 질문이다. **grab a bite**는 '간단히 가볍게 뭐 좀 먹다, 식사하다'라는 의미로 쓰이는 숙어 표현.

We should hang out sometime.
저희 언제 같이 놀아요.

Do you wanna hang out sometime?
언제 한번 같이 놀래요?

First Date Kinda Questions

6-08.mp3

첫 데이트에 나갔는데 얘깃거리가 없다면 이거이거 낭패다. 이런 불상사가 생기지 않도록 자연스럽게 대화를 끌어낼 수 있는 유용한 질문들 몇 가지 준비해가시라. 여기 상대의 일상에 관한 질문부터, 유쾌하고 유머러스한 질문까지 당신의 첫 데이트를 빛내 줄 쓸 만한 질문들을 몇 가지 소개해본다.

Where did you grow up?
어디서 자랐어요?

Do you have any pets?
반려동물 키우세요?

What's your favorite food?
가장 좋아하는 음식이 뭐예요?

Do you like to cook?
요리하는 거 좋아해요?

What's your favorite book?
가장 좋아하는 책은 뭐예요?

Do you prefer movies or books?
책이랑 영화 중 뭘 더 좋아하세요?

What are you watching on TV/Netflix these days? 요즘 TV/넷플릭스에서 뭐 봐요?

What movie are you dying to see?
보고 싶어 죽겠는 영화가 뭐예요?

If you could only take three movies with you on an island, what will they be?
섬에 영화 딱 3편만 들고 갈 수 있다면 뭘 들고 갈 거예요?

What do you normally do when you're hanging out with your friends?
친구들이랑 놀 때 보통 뭐하고 놀아요?

What's your favorite way to waste time?
시간 때울 때 뭐 하는 거 제일 좋아해요?

What's your favorite place to hang out in town? 이 동네의 어디에서 노는 걸 제일 좋아하세요?

What would you do if there was a zombie apocalypse?
만약 좀비 대재앙이 일어난다면 어떻게 하시겠어요?

* zombie apocalypse 좀비 아포칼립스 (좀비의 대량 출몰로 인해 빚어지는 세계의 종말)

If you had million dollars, what would you do with it?
백만 달러가 있다면 그걸로 뭐 할 거예요?

What's your guilty pleasure?
죄책감 생기면서도 은밀히 즐기는 게 뭐예요?

다이어트 중에 치킨을 시켜 먹으면 입과 기분이 즐겁긴 한데 뭔가 괜히 마음에 걸리고 찜찜하다. 바로 이런 감정을 나타내는 표현이 **guilty pleasure**이다. **죄책감이 조금 들지만, 마음에 좀 걸리지만 나에게 쾌락은 주는 것이나 그런 행위**를 뜻한다.

A   Are you eating fried chicken? I thought you were on a diet? And is that *One-Punch Man* you're watching?

B   Yeah…it's my guilty pleasure.

A   치킨 먹고 있는 거야? 다이어트 하는 줄 알았는데? 그리고 지금 〈원펀맨〉 보고 있는 거야?

B   응⋯ 나의 은밀한 재밋거리야.

What's the first thing you do after work?
퇴근 후에 가장 먼저 하는 게 뭐예요?

What's your dream job?
꿈 꾸는 일이 뭐예요?

If you could live anywhere in the world, where would it be?
세상 어디에서든 살 수 있다면 어디에 살고 싶어요?

What countries have you traveled to?
어느 나라들 여행해봤어요?

Do you have a favorite local restaurant?
이 지역에서 제일 좋아하는 식당 있어요?

Do you curse? If so, what is your favorite curse word?
욕 해요? 만약 하면, 어떤 욕설 표현을 제일 좋아해요?

What is your pet peeve? 보통 어떤 게 짜증스러워요?

누구나 각자 나름대로 싫어하거나 짜증을 불러일으키는 무언가가 있을 것이다. 그런 것을 바로 **pet peeve**라고 한다. 즉 '**개인적으로 특히 짜증나거나 극혐하는 것**'을 의미한다.

> Being stuck in traffic is my pet peeve.
> 저는 차 막히는 게 엄청 짜증스러워요.

> My biggest pet peeve is when someone spits on the ground.
> 땅에 침 뱉는 사람 보면 제일 극혐이에요.

What grinds your gears the most?
어떤 것들이 당신을 제일 짜증나게 해요?

grind one's gears는 누구의 '신경을 긁는다, 짜증나게 한다'는 의미의 숙어 표현이다. gear 가 아니라 복수형 gears로 쓴다는 점에 주의할 것.

If you were stranded on a deserted island and you could only have one item, what would it be?

무인도에 고립됐는데 물건을 딱 하나만 가질 수 있다면 뭘 가지겠어요?

* stranded 고립된, 오도가도 못하는

What's the last concert you went to?

마지막으로 간 콘서트가 뭐예요?

What were you really into when you were a kid? 어릴 때 진짜 좋아했던 게 뭐예요?

What's the craziest thing you've ever done? 살면서 한 짓 중에 제일 미친 짓이 뭐예요?

What is the strangest dream you have ever had? 꿈 꾼 것 중에 가장 이상했던 게 뭐예요?

What's your favorite season?

무슨 계절을 제일 좋아해요?

Do you speak any other languages?

다른 언어 할 줄 아는 거 있으세요?

Do you have anything fun planned for the weekend?   주말에 뭐 재미있는 계획 있어요?

Who had the biggest impact on your life?   인생에 가장 큰 영향을 준 사람이 누구예요?

상대에 대한 나의 호감도 드러내고, 상대의 기분도 좋게 하면서 내 인상도 좋게 심어주는 칭찬 표현들을 소개한다. 칭찬은 고래도 춤추게 한다 했다. 관심 있는 이성에게 센스 있는 칭찬 한 마디로 내 점수도 올리고 분위기도 업시켜 즐거운 만남이 계속 이어질 수 있는 계기를 만들어가자.

💜 **I like your style.** 스타일이 좋으세요.

💜 **You have the best smile.**
미소가 너무 아름다우세요.

💜 **You have the best voice.** 목소리가 너무 예쁘세요.

💜 **I think you're dazzling.** 당신은 눈부셔요.

💜 **Your hair looks stunning today!**
오늘 머리 정말 예뻐요!

💜 **Your eyes are breathtaking.**
당신 눈을 보면 숨막혀요. (그만큼 예쁘다는 의미)

💜 **You're so thoughtful.** 정말 사려 깊으시네요.

♥ **You're so perceptive.** 통찰력이 대단하시네요.

♥ **You're so helpful.** 당신이 정말 도움이 많이 돼요.

♥ **You're a great listener.**
이야기를 참 잘 들어주는 분이시네요.

♥ **You're a brave person.** 당신은 용감한 사람이에요.

♥ **You're a strong person.** 당신은 강인한 사람이에요.

strong은 육체적인 강인함뿐 아니라 정신적인 강인함도 나타낼수 있는 표현이다.

♥ **You're really something special.**
당신은 정말 특별해요.

♥ **I'm glad to know you.** 당신을 알게 되어서 기뻐요.

♥ **Thank you for being you.**
너라는 사람이 있어서 감사해. (너라는 존재 자체에 대한 감사)

♥ **Thank you for existing.**
존재해줘서 고마워요. 태어나줘서 고마워.

You're a happy virus.
당신은 행복 바이러스예요.

Your energy is infectious.
당신의 에너지는 전염되는 것 같아요.

You seem to really know who you are.
당신은 자기 자신에 대해 잘 아는 것 같아요.

You could survive a zombie apocalypse.
당신은 좀비 대재앙 속에서도 살아남을 수 있을 것 같아요.

The world would be a better place if more people were like you.
당신 같은 사람이 더 많다면 세상은 더 나은 곳이 될 텐데 말이죠.

손발이 오그라드는 작업 멘트들
Playful and Charming Pick-Up Lines

6-10.mp3

호감 가는 이성을 꼬실 때 쓰는 작업 멘트를 영어로 pick-up line이라고 한다. 주로 남성이 여성에게 쓴다. 예전에는 젊은 남성들이 bar나 club 같은 곳에서 많이 썼다면 요새는 Tinder 같은 데이트앱에서 많이 쓰는 멘트들이다. 굉장히 오글거리지만 읽어보면 엄청 웃긴 것도 많다. 그냥 재밌게 다른 이성과 이야기를 시작하는 방법 중 하나라고 보면 된다.

♥ **Do you know what's on the menu? 'Me-n-U'.** 너 메뉴(menu)에 뭐가 있는지 알아? '나(Me)'랑(n) '너(U)'.

♥ **Do your legs hurt? Cus you've been running through my mind all day.**
다리 아프세요? 하루종일 제 머릿속을 뛰어다니셨잖아요.

♥ **Let's play a game, and winner dates loser.** 우리 게임하자, 그리고 이기는 사람이 지는 사람이랑 데이트하기.

♥ **My love for you is like diarrhea, I just can't hold it in.**
너에 대한 나의 사랑은 설사 같아. 도저히 참을 수가 없어.

♥ **Are you religious? Because you're the answer to all my prayers.**
당신은 종교인가요? 내 모든 기도의 답이 당신이거든요.

♥ **Did it hurt? When you fell from the sky?** 아팠어요? 하늘에서 떨어졌을 때?

♥ **Did it hurt? When you fell out of heaven?** 아팠어요? 천국에서 떨어질 때?

♥ **Is your dad a thief? How did he steal the stars from the sky and put them in your eyes?**
당신의 아버지는 도둑인가요? 어떻게 하늘에서 별을 훔쳐 당신의 눈에 넣었죠?

♥ **Are you my phone charger? Because without you, I'd die.**
너 혹시 내 폰 충전기야? 네가 없으면 난 죽을 거야.

♥ **I'm a professional thief. And I'm here to steal your heart.**
저는 전문 도둑입니다. 당신의 마음을 훔치러 여기 왔죠.

♥ **Hello, I'm a thief, and I'm here to steal your heart.**
안녕하세요, 저는 도둑인데 여기에 당신의 마음을 훔치러 왔어요.

💜 **Did the sun just come out or did you just smile at me?**

방금 해가 나온 거야, 아니면 네가 날 향해 미소를 지었어?

💜 **Do you have a map or a GPS? I keep getting lost in your eyes.**

너 혹시 지도나 GPS 있어? 자꾸 네 눈 안에서 내가 길을 잃어.

💜 **Something is wrong with my eyes. I can't take them off you.**

내 눈이 뭔가 잘못됐어. 너한테서 눈을 떼질 못하겠어.

💜 **Can I use your phone? I need to call my mom and tell her I just met the girl of my dreams.**

폰 좀 써도 돼요? 엄마한테 전화해서 내가 꿈에 그리던 여자를 막 만났다고 말해야 돼요.

💜 **Is your name google? Because you're everything I'm searching for.**

혹시 이름이 google이세요? 제가 검색하고 있는 게 전부 당신이거든요.

💜 **Do I know you? Cus you look a lot like my next girlfriend.**

혹시 저 아세요? 제 다음 여자친구랑 많이 닮으셨네요.

💜 **Can you do CPR? I can't breathe because you're taking my breath away!**

CPR 할 줄 아세요? 당신 때문에 숨이 멎는 것 같아요. 숨을 못 쉬겠어요!

💜 **People say Disneyland is the happiest place on earth. They obviously haven't stood next to you.**

사람들은 디즈니랜드가 세상에서 가장 행복한 장소라고들 하죠. 그 사람들은 당신 옆에 있어본 적이 없었던 게 분명해요.

💜 **If you were a tear in my eye, I'd never cry because I don't want to lose you.**

당신이 내 눈의 눈물이라면 난 절대 울지 않을 거예요. 당신을 잃고 싶지 않으니까요.

💜 **If I could rearrange the alphabet, I'd put 'U' and 'I' together.**

만약 제가 알파벳 순서를 다시 정할수 있다면, U(당신)와 I(나)를 함께 두겠어요.

💜 **There is something wrong with my cell phone. It doesn't have your number in it.**

제 핸드폰에 좀 문제가 있네요. 당신의 전화번호가 없어요.

I'm lost. Can you give me directions to your heart?

제가 길을 잃어버렸는데, 혹시 당신의 마음속으로 가는 길 좀 알려주시겠어요?

Heaven has to check its list because they have to be missing an angel.

천국에서는 리스트를 확인해봐야 해요. 천사가 한 명 없어졌을 테니까요.

Life without you is like a broken pencil... pointless.

당신이 없는 인생은 부러진 연필과 같죠… 무의미해요.

pointless는 '끝이 무딘', '무의미한'이란 뜻이 있는데 펜의 심끝이 부러져서 없다는 비유적인 말로 네가 없는 인생은 '무의미하다'는 뜻을 전달하려 한 것이다.

Excuse me, were you talking to me? (*Woman: No?*) Oh, well then, please start.

실례합니다. 혹시, 저한테 무슨 이야기하고 계셨나요?
(*여자가 '아닌데요?'*) 아, 그러면, 이제 시작하시죠.

Pinch me, you're so beautiful I must be dreaming.

저 좀 꼬집어 주세요. 어떻게 그렇게 아름다울 수가 있죠? 이건 분명 꿈일 거예요.

Kiss me if I'm wrong, but dinosaurs still exist, right?

제가 만약 틀렸으면 키스해 주세요. 공룡들은 아직도 존재하죠, 그렇죠?

If there's one thing I would change about you, it'll be your last name.

만약 당신에 대해 바꿀 게 하나 있다면, 그건 당신의 성이에요.

미국에서는 결혼하면 법적으로 여자의 성(last name)이 남자의 성으로 바뀐다.

Your hand looks heavy. Here, let me hold it for you.

당신의 손이 너무 무거워 보이네요. 주세요, 제가 잡아드릴게요.

Aside from being 'the most beautiful girl in the world', what do you do for a living?

'세상에서 가장 아름다운 여자'라는 것 외에 당신은 어떤 일을 하시나요?

Have you been to the doctor's lately? Cause I think you're lacking some vitamin 'Me'.

혹시 최근에 병원 가보셨나요? 비타민 'Me'가 부족하신 것 같은데 말이죠.

My doctor says I'm lacking vitamin U.

주치의 말이 제가 비타민 U(you)가 부족하다고 하네요.

Is your name Wi-fi? Because I'm really feeling a connection.

혹시 이름이 와이파이세요? 뭔가 연결되는 게 느껴져서요.

If looks could kill, you'd be a weapon of mass destruction.

외모가 살인을 할 수 있다면, 당신은 대량살상무기예요.

Can I follow you? Cus my parents always told me to follow my dreams.

당신을 따라가도 되나요? 저희 부모님이 항상 저에게 꿈을 따라가라고 하셨거든요.

Are you a camera? Because every time I look at you, I smile.

당신은 카메라인가요? 당신을 쳐다볼 때마다 미소를 짓게 되네요.

Is your dad a terrorist? Because you are a bomb.

혹시 아버지가 테러리스트이신가요? 왜냐면 당신은 정말 끝내주거든요.

bomb에는 '폭탄'이라는 뜻도 있고, '정말 끝내주고 죽여주는 것'이란 의미도 있다. terrorist
와 연관된 bomb(폭탄)을 써서 정말 끝내준다, 죽여준다라는 의미를 유머러스하게 전달한 표현
이다.

💜 **Are you a keyboard? Because you are my type.** 당신은 키보드인가요? 완전 제 타입이신데.

💜 **There is something wrong with my phone. Could you call it for me to see if it rings?**
제 폰에 무슨 문제가 있네요. 혹시 전화해서 울리는지 한번 확인해주실 수 있을까요?

💜 **Are you a time traveler? Cus I can see you in my future.**
당신은 시간 여행자인가요? 제 미래에 당신이 보이거든요.

💜 **Have you heard of the new disease called 'beautiful'? I think you're infected.**
'아름다움'이라는 새로운 전염병에 대해서 들어보셨나요? 전염되신 것 같은데.

💜 **You must be a magician, because every time I look at you, everyone else disappears.**
당신은 마술사인 게 분명해요. 당신을 볼 때마다 다른 사람들은 모두 사라져요.

💜 **You're like a dictionary.**
You add meaning to my life.

당신은 사전 같습니다. 제 삶에 의미를 더해주네요.

💜 **Do you believe in love at first sight**
or should I pass by again?

첫눈에 반하는 사랑을 믿으시나요? 아니면 제가 다시 옆으로 지나가야 할까요?

💜 **When a penguin finds a mate, they**
stay with them for the rest of their
life. Will you be my penguin? 펭귄은 짝을

만나면 남은 삶을 평생 그 짝과 함께 지내죠. 저의 펭귄이 되어 주시겠어요?

💜 **Sorry I need your name and phone**
number. (*Woman: Why?*) For insurance
purposes. I was blinded by your
beauty.

죄송합니다만 당신의 이름이랑 전화번호가 필요합니다. (*여자: 왜죠?*) **보험** 때문에요.
당신의 아름다움에 시력을 잃었어요.

앞에서 한 말에 대한 이유를 부가적으로 설명할 때 전치사 for를 사용한다.

💜 **I'll cook you dinner... if you cook me**
breakfast.

제가 저녁을 만들어 드리죠… 당신이 아침을 만들어 준다면요.

What does it feel like to be the most beautiful girl in the world?

세상에서 제일 아름다운 여자로 사는 기분은 어때요?

Good thing I have life insurance... because my heart stopped when I saw you.

제가 생명보험이 있는 게 다행이군요… 당신을 보는 순간 제 심장이 멎었거든요.

If I had a dollar for every time I thought of you, I'd be a billionaire by now.

당신을 생각할 때마다 1달러가 생겼다면, 저는 지금쯤 억만장자가 되었겠군요.

If I had a dollar for every time I thought of you, I'd have exactly one dollar. Because you never leave my mind.

당신을 생각할 때마다 1달러가 생겼다면, 저는 딱 1달러가 있겠군요. 왜냐면 당신이 저의 머릿속을 떠난 적이 없거든요.

You're so sweet, you're giving me a toothache.

당신은 너무 달콤해서 제 이가 다 아프군요.

♡ You don't need keys to drive me crazy.

저라는 사람을 운전하시는 데는 따로 열쇠가 필요없으십니다.

drive me crazy는 '나를 미치게 만든다'는 뜻의 숙어 표현으로 여기서는 당신한테 빠져서 미치다는 의미이다. 이를 자동차 열쇠와 자동차 운전에 비유해 말장난을 친 것.

♡ Are you made of copper and tellurium? Because you're CuTe.

당신은 구리와 텔루륨으로 만들어졌나요? 너무 CuTe하시네요.

화학 원소 주기율표에서 구리는 Cu, 텔루륨은 Te라는 약자를 쓴다. 이 둘을 합치면 '귀여운'이란 뜻의 형용사 cute와 같은 모양이 되는 것을 이용한 말장난.

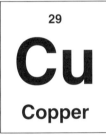

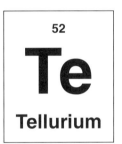

Part 7

We the People

✱ We the People은 미국 헌법 서문에 맨 먼저 등장하는 표현으로, '주권자인 우리',
즉 '우리 국민'을 뜻하는 말이다. 미국 헌법 서문에서는 물론 '미국 국민'을 지칭하는 것이겠다.

Behind the Pretty Curtain

미국 사회의 어두운 이면

겉에서 보면 그 어떤 나라보다도 그럴 듯한 나라가 미국이다. 하지만 아이러니하게도 난 미국에 살 때 미국에 불평 불만을 하는 미국인들을 너무 많이 봤다. "미국 정부는 믿을 놈이 없어. 다 비즈니스맨뿐이야." "세금제도는 공평하지 않아." "이렇게 평생 일해도 평생 하루살이처럼 살아야 돼. 미국은 더 이상 꿈의 나라가 아니야." "우리는 부자들을 위한 '현대판 노예들'일 뿐이야. 세상은 옛날이랑 전혀 바뀐 게 없어. 요즘은 돈 많은 사람들이 귀족이고, 돈 없으면 노예야. 노예." "아직도 인종차별은 존재해. 미국은 백인 남성을 위한 나라야." "진짜 지난 한 달 동안 패스트푸드만 먹었어. 지겹다 지겨워⋯ 몸이 썩어가는 게 느껴져. 그런데 이 돈으로 먹을 수 있는 게 그것밖에 없어." 우리가 이 땅에 살면서 한국에 대해 불만을 쏟아내듯이 그들도 크게 다르지 않다. **_Dear Bro_**, 그들이 불만을 쏟아내고 있는 오늘의 미국은 어떻게 탄생했으며 어떤 길을 걸어 오늘에 이르렀을까? 미국을 알면 영어가 보인다. 그러니 이제 미국의 과거와 현재를 이루고 있는 대표적인 배경지식과 용어 정도는 알아두자!

미국의 탄생

제2차 세계대전 이후 현재까지도 전 세계를 호령하는 미국! 강대국에 대한 부러움의 시선이 많을지는 모르겠지만, 그 탄생의 역사를 보면 좀 씁쓸하다. 유럽의 제국주의 침략의 역사, 그 연장선에서 아메리카 땅에 살고 있던 원주민들을 몰아내고 자리를 잡은 국가가 바로 미국이다. 그렇게 자리를 잡아가는 과정에서 영국으로부터 독립해 하나의 주체적인 국가로 성장해온 것이다.

United States of America 미합중국

'미국'이라는 나라가 생기기 전 원래 그 땅, 그 '북아메리카'에는 우리가 흔히 말하는 '인디언(Native American)'들이 몇 천 년 동안 잘 살고 있었다. 사람들은 그들의 문명과 문화가 뒤처졌다고 말하지만 그들은 자연과 조화를 이루면서 자신들만의 삶을 살고 있었다. 디즈니 영화 〈포카혼타스〉에서 나오듯이 **영국인들은 이 영토를 조금씩 점령해갔고, 나중에는 프랑스, 스페인, 네덜란드 사람들까지 오게 되었으며, 결국 동쪽의 미국(당시 '북아메리카')에는 13개의 각기**

다른 **식민지들이 세워진다.** 그들은 '우리가 왜 영국에 세금을 내야 하나?'고 주장하다 결국에는 영국정부에 저항하기로 했다. 그렇게 전쟁이 시작되었고 마침내 **식민지들은 영국을 꺾고 하나의 나라, '미국'으로 탄생했다.** 한 마디로 13개의 식민지들이 13개의 '주(State)'들이 되었고 그 주들이 연합되어(United) 공식적으로 미국, United States of America(직역하면 '아메리카의 연합된 주들')가 된 것이다. 당시 첫 대통령은 혁명군 총사령관이었던 조지 워싱턴(George Washington)이었다.

이후 유럽에서 이민오는 사람들이 늘어나자 계속 서쪽으로 진출하여 영토를 확장해 나갔으며 그 과정에서 **멕시코의 영토였던 서부와 남부의 땅을 전쟁으로 병합하였고, 러시아에서 알래스카를 미국에게 매각했으며, 하와이 왕국을 침략하여 빼앗았다.** 이렇게 미합중국은 **오늘날의 50개 주를** 이루게 되었다.

TIP Indians? No, Natives!

우리가 흔히 부르는 '인디언'이라는 표현은 실제 '아메리카 원주민'들에게 무례한 표현이 될 수 있다. 콜럼버스(Christopher Columbus)는 1492년에 아메리카 대륙에 발을 딛을 때 자신이 '인디아(India)'라는 대륙에 온 줄 알고 있었다. 그래서 그 대륙사람들을 '인디언(Indian)'이라고 부르기 시작했다고 한다. (많은 역사가들은 이렇게 말하지만 틀렸다고 하는 사람들도 있다.) 문제는 이렇게 해서 그들을 '인디언'이라고 부르기 시작했지만, 시대가 지나면서 아메리카 원주민들은 자신들을 '인디언'이라고 부르지 말아 달라고 부탁하는 경우가 종종 있었다고 한다. 그래서 가능하다면 그냥 Native(원주민) 또는 Native American(아메리칸 원주민) 혹은 Indigenous(토종의)라고 하는 게 좋다.

흑인 인종차별의 선두주자 미국의
노예제도

원주민을 몰아내고 남의 땅에 터를 잡더니 그 땅을 일굴 일꾼은 또 아프리카에서 강제로 데려온 흑인들이었다. 흑인들을 인간 취급하지 않고 소유물로 여기며 노예로 부려먹었다. 요샛말로 하면, 강제징용 노동자들에 대한 갑질을 훌쩍 넘어선 인권 탄압이었다. 이러한 흑인들에 대한 인권 탄압이 부끄러운 줄도 모르고 백인들의 권리로 인식되던 때였다. 그런 말도 안 되는 노예제도가 어떤 과정을 거쳐 미국에서 사라지게 된 것인지, 다음 4개의 키워드를 통해 간단히 살펴본다.

slavery 노예제도

초기 미국이었던 13개의 식민지들이 시작하는 시점 1776년도부터 **노예제도(slavery)는 1865년 중반까지 '합법'**이었다. 유럽 백인들이 총부리를 들이밀며 아프리카에서 강제로 사람들을 데려와 노예로 부리기 시작한 연도는 이보다 앞선 1619년이었다고 한다. 사람이 사람을 소유물로 취급하며 사고 팔고 부려먹으며 차별하고 학대하던 야만의 시대였다. 미국의 역사가 짧은 만큼 이런 노예제도가 종식된 지도 사실 얼마되지 않은 셈이다.

Civil War 남북전쟁

우리가 흔히 말하는 **'남북전쟁'은 영어로 Civil War**라고 한다. 미국의 노예제도는 남북전쟁(Civil War)을 거치며 폐지 수순을 밟게 되었다. 북쪽 '주(state)'들은 노예제도를 없애고 싶어 하는 반면에 남쪽에 있는 '주'들은 반대하였다. 그 외에도 여러 가지 원인이 있었지만 가장 큰 원인은 에이브러햄 링컨(Abraham Lincoln)이 남쪽 주들의 도움 없이 대통령이 되었고 그는 노예제도를 격하게 혐오하는 사람이었다. 이렇게 남북전쟁을 시작하고 링컨은 1863년에 '노예해방선언'을 했다. 하지만 전쟁이 끝나지 않은 시기였기에 당시 남부 지방은 이 제도를 따르지 않았다. 그로부터 2년 뒤인 **1865년, 남부가 전쟁에서 패하자 링컨은 공식적으로 미국 헌법 13조를 통해 모든 노예제도를 폐지**했다. 그리고 그 해 4월, 링컨은 포드 극장에서 암살을 당했다.

Jim Crow Law 짐 크로우 법 (미국 남부의 흑인 차별법)

노예제도가 폐지된 후에는 극한 '**인종차별(racism)**'이 시작되었다. 흑인들은 백인들에게 심한 차별을 당했다. 특히 미국 남부에서는 **Jim Crow Law(짐 크로우 법)를 통해 흑인들과 백인들을 공공장소 및 시설에서 합법적으로 분리**시켰다. 흑인들은 백인들이 가는 음식점이나 학교를 가지 못했고, 버스를 타도 흑인이 앉아야 되는 자리는 따로 배치했으며, 화장실마저 따로 쓰게 하는 등 매우 불공평한 대우를 받았다. **Separate but equal(분리는 하지만 평등한)이라는 그럴 듯한 말을 갖다 붙였지만, 이는 합법적으로 차별을 주도하는 수단**이 되었을 뿐이다. 겉으로만 흑인들이 사회적 권리를 갖추는 것처럼 포장했을 뿐 실상 법과 사회는 흑인들을 너무도 당당하게 차별했다.

Civil Rights Acts 민권법

사람들의 불만이 커지자 흑인 차별을 반대하는 시위운동이 시작되었다. 1955년의 어느 날, 흑인 여성 로자 파크스(Rosa Parks)는 퇴근길 버스 안 흑인 좌석에 앉아 있었다. 백인 좌석이 다 차서 백인들이 앉을 자리가 없어지자 버스 기사는 그녀에게 좌석을 양보할 것을 요구했고 로자 파크스는 이를 거부하다 경찰에 체포되었다. 이 사건을 기점으로 흑인 차별 반대 시위운동에 또 다른 큰 바람이 불었다. **1964년, 결국 Civil Rights Act of 1964(1964년 민권법)에 의해 인종, 민족, 출신, 종교, 여성 할 것 없이 미국인들은 모두 '평등한' 권리를 얻게 되었다.**

미국에서 제도적으로 진짜 인종차별이 없어진 지는 이제 겨우 반 세기 조금 지났을 뿐이다. 믿기는가? 불과 60여년 전에 흑인들은 모든 공공장소, 학교, 음식점, 교통시설 등을 다 따로 써야 됐다는 게… 인종차별은 분명히 멀지 않은 역사에 존재했고, 지금도 존재한다.

미**KKK** *vs.* **Black Panther**

KKK가 무슨 뜻인지는 몰라도 오다가다 한 번쯤은 들어봤을 것이다. Black Panther는 영화 제목으로 유명한데, 왠지 흐름상 그런 의미로 나온 건 아니겠다는 합리적인 추측 가능하시겠다. 지금부터 이 두 용어가무엇을 가리키는 말인지 간단히 살펴보자.

Ku Klux Klan KKK단

Ku Klux Klan[큐우 클럭스 클랜]을 줄여서 **KKK**라고 한다. 이들은 '**백인 우월주의**' 집단으로, 인종차별주의자들이 모여서 하얀 천을 뒤집어쓰고 노예해방을 지지하는 백인들과 영향력 있는 흑인들을 기습하거나 그들의 집을 불로 태우는 등의 만행을 저질렀다. 마음에안 드는 사람을 나무에 목 매달아 놓거나 십자가를 불태우는 행위 등을 그들의 상징으로 남기기도 했다.

Black Panther Party 흑표당

마블(Marvel) 영화에 나오는 그 블랙 팬서(Black Panther)가 아니다. **흑인의 강인함과 존엄을 나타내는 흑표범을 그들의 상징으로 하는 '흑인 민족주의' 집단**이다. 이들은 1966년에 백인 경찰들로부터 자신들을지키겠다는 이유로 만들어진 조직이다.

마틴 루터 킹(Martin Luther King)만큼 영향력이 있었던 사람
Malcolm X

"꿈을 위해 목숨 바칠 각오가 되어 있는가?
그렇지 않다면 네 사전에서 자유라는 말을 지워라."

피부, 눈, 머리색이 다른 인종을 차별하는 시대는 언제 끝나는 것일까? 모든 사람은 태어난 곳도 자라난 배경과 문화도 다르지만 결국은 전부 다 지구에 사는 똑같은 인간이다. AI(Artificial Intelligence) 시대를 바라보고 있는 지금 이 순간에도 인종차별은 분명히 존재한다. 남아프리카 같은 경우는 회사들이 흑인들을 우대하고 백인들은 가장 마지막으로 뽑는다고 한다. 미국의 역사에는 '인종차별(racism)'이라는 타이틀이 뿌리 깊이 녹아 있다. 미국은 미국이기 전에 선주민(先住民)들이 사는 대륙이었다. 영국인들은 무지막지하게 흑인들을 노예로 만들어 배에 싣고 미국이란 대륙으로 데려와 짐승처럼 부려먹었다. 미국은 이런 흑인들의 피땀으로 만들어진 나라라고 해도 과장이 아닐 정도다. 우리 모두가 잘 알고 있는 Martin Luther King(마틴 루터 킹)은 이 인종차별을 '사랑'으로 극복하고 이겨내야 한다고 외쳤다. 하지만 '폭력을 당하면 사랑과 평화, 용서 따위를 얘기하며 가만있으면 안 된다. 자유는 누가 주는 것이 아니다. 맞으면 똑같이 맞서 싸워야 한다. 이것은 정당방위이다!'라고 말하는 인물이 있었으니…

"꿈을 위해 목숨 바칠 각오가 되어 있는가? 그렇지 않다면 네 사전에서 자유라는 말을 지워라."

라고 말했던, 미국, 한국 역사책에서 빠진 중요한 인물! 그의 이름은 Malcolm X(맬컴 엑스)다. 맬컴 엑스는 미국 역사에 엄청나게 큰 영향을 준 사람이고 미국 흑인들은 모두가 다 아는 인물이다. 하지만 왜 그는 역사책에 빠져 있을까? 이제 맬컴 엑스에 대해 알아보자.

quarter white 백인의 피가 ¼ 섞인 흑인

맬컴 엑스는 1925년 5월 19일 네브래스카 주에서 태어났다. 본명은 맬컴 리틀(Malcolm Little). 엑스의 아버지 얼 리틀은 두 번째 재혼한 여자와의 사이에서 엑스를 낳았는데, 엑스의 어머니의 아버지, 즉 외할아버지는 스코틀랜드 사람(백인)이었고, 그렇기 때문에 엑스의 어머니는 피부색이 옅었고, 엑스도 그의 어머니와 마찬가지로 흑인치고 옅은 색의 피부를 가졌었다. **엑스처럼 백인의 피가 ¼ 섞인 흑인을 사람들은 quarter white라고 불렀다. quarter white는 뒤집어 생각하면 흑인의 피가 ¾ 섞인 것이므로 three-fourth black이라고도 부르고, 그냥 mixed 혹은 mulatto라고도 부른다.** 오바마 대통령 또한 mixed이다.

Detroit Red 디트로이트에서 온 빨간머리

엑스의 가족은 인종차별 때문에 한 지역에 정착하지 못하고 계속 이사를 해야만 했고, 아버지 얼 리틀과 그의 삼촌 또한 결국은 백인 우월주의자들에게 살해당했다. 아버지를 잃고 엑스의 어머니는 몇 년 후 다른 남자와 사랑에 빠졌고, 얼마 후 그 남자마저 그녀를 떠났다. 엑스의 어머니는 결국 신경쇠약 증상이 심해져 정신병원에 갔고, 엑스는 1941년 2월 만 15살 나이에 이복 누이 콜린스와 함께 살기 시작했다. 2년 정도의 시간이 지나고 엑스는 직업을 구하기 위해 떠돌다가 뉴욕 할렘에서 도박, 마약 거래, 강도질, 도둑질 등의 나쁜 짓을 하며 살아갔다. **머리카락이 햇빛에 반사되면 빨간색을 띄었는데 그 때문에 당시 친구들은 그를 'Detroit에서 온 빨간머리'라는 의미로 Detroit Red라고 불렀다.** 엑스의 친구 센포드도 같은 이유로 Chicago Red(시카고에서 온 빨간머리)라고 불렸다.

Nation of Islam 네이션 오브 이슬람

1946년, 엑스는 보석점에서 시계를 훔쳐 나오다 걸려 검거되고, 곧 찰스타운 스테이트 교도소에 징역 8년을 선고받는다. 이곳에서 교도소 사람들에게 존경받는 '존 벰브리'라는 사람을 만나면서 그의 인생은 완전히 바뀐다. 벰브리는 그에게 많은 것을 가르쳐준다. 스스로 공부를 할 수 있도록 벰브리에게 교육을 받은 엑스는 그때부터 책을 읽기 시작해 출소할 때까지 독서에 매진한다. 뿐만 아니라 그는 수감 중에 네이션 오브 이슬람(Nation of Islam)에 대해 소개받고, 1948년 네이션 오브 이슬람의 일원이 된다.

Nation of Islam은 미국에서 이슬람교, 알라를 믿는 사람들의 집단이다. 이들은 흑인우월자들로 백인들은 악마라고 믿었으며, 후에 맬컴 엑스의 영향으로 엄청난 수의 인원이 모인다. 당시에는 흑인들만 회원으로 받아들였다.

Becoming 'Malcolm X' 맬컴 엑스로 개명하다

엑스는 자기의 본명이었던 성 'Little(리틀)' 대신 'X(엑스)'를 쓰기 시작했다. Little은 자기 조상들의 백인 주인들이 지어준 이름이기에 계속 '노예'라는 타이틀을 상기시켰다. X의 뜻은 Exed인데, Exed는 제외됐다는 뜻이고 자기의 진짜 본명, 자기 조상의 진짜 이름은 역사에서 제외됐다는 의미에서 **Exed를 줄인 X**를 쓰기 시작했다.

1952년 8월 7일 가석방으로 8년이 아닌 6년 반의 감옥생활을 끝내고 나오면서 '감옥 같지 않은 자유로운 삶을 살았다'라고 말했다. 맬컴 엑스는 네이션 오브 이슬람에서 엄청난 영향력을 보였는데, 그가 가는 곳마다 신도들의 수가 급격히 증가하는가 하면, 그가 지역을 옮길 때마다 많은 사람들이 그를 따라 다니기 시작했다. 또 그는 당시 미국 대통령 트루먼에게 한국전쟁을 반대한다는 내용의 편지를 썼다. 그 이후로 FBI가 그가 죽을 때까지 몰래 감시했다는 소문이 있다.

1957년에는 백인 경찰이 존슨 힌튼이라는 흑인을 부당하게 구타해서 머리에 큰 부상을 입힌 채 체포한 적이 있었다. 이때 흑인들 4천 명 정도가 경찰서를 둘러싸 석방을 요구했다. 경찰은 체포 당일에는 어쩔 수 없다고 맬컴 엑스에게 이야기했고 상황을 이해한 엑스가 4천 명의 군중들에게 떠나라고 하자 그 많은 사람들이 순식간에 사라졌다. 뉴스에서는 엑스를 '가장 영향력 있는 사람'이라고 불렀다.

엑스는 금방 유명인사가 되었다. 수많은 텔레비전 방송에 출연하였고, 전 세계의 유명인들에게 초청을 받았다.

Nobody can give you freedom.

자유는 누가 주는 것이 아니다.

맬컴 엑스가 한 말이다. 전체 내용은 "**Nobody can give you freedom. Nobody can give you equality or justice or anything. If you're a man, you take it.(자유는 누가 주는 것이 아니다. 평등이나 정의 같은 것도 누가 주는 것이 아니다. 사람이라면 쟁취하는 것이다.)**"

엑스는 흑인들이 폭력을 당하면 똑같이 맞서 싸워야 한다고 믿었다. 그것은 정당방위라고 가르쳤으며, 백인들에게 맞으면서, 개죽음을 당하면서 사랑과 평화, 용서 따위를 외치며 가만있는 건 말도 안 된다고 소리쳤다. 자유는 누가 주는 것이 아니고 쟁취하는 것이라고 말했다. 당시 **마틴 루터 킹은 사랑과 평화를 외쳤지만 엑스는 공평과 정당을 외쳤다.** 그는 모든 백인은 '악마'라고 가르쳤고, 반대로 흑인들이 세계 최초의 인류이자 모든 것에서 최고라고 가르쳤다. 그는 흑인 우월자였고, '(진정한 자유를 위해서라면) 수단과 방법을 가리지 않고 하라(by any means necessary)'라는 철학적인 문장을 외쳤다.

엑스는 또한 이런 말도 했다. "**Our religion teaches us to be intelligent. Be peaceful, be courteous, obey the law, respect everyone; but if someone puts his hand on you, send him to the cemetery.(우리의 종교는 똑똑해지라고 가르칩니다. 마음을 다스리고 겸손해지고 법을 따르고 모두를 존중하라고 말합니다. 하지만 누군가 손을 들어 당신을 치려 한다면 과감히 그 자를 무덤으로 보내십시오.)**"

Dear Bro, 그대는 어떻게 생각하는가? 만약 백인들이 흑인들이 아닌 한국인들을 노예로 만들었고, 한국인을 인종차별하여 KKK 같은 그룹이 한국인을 쉬지 않고 살해했다면? 그대는 마틴 루터 킹과 함께할 것인가? 맬컴 엑스와 함께할 것인가? 맞다 틀리다를 떠나 어쨌든 맬컴 엑스는 마틴 루터 킹못지 않게 많은 흑인들에게 힘을 준 인물이다.

참고로 **맬컴 엑스 또한 후기로 가면서 흑인백인 모두 포용하는 인권주의자로 생각의 품이 넓어졌다.**

불법적으로 자행되는
현대판 노예

염전노예, 장기밀매, 온라인 성착취 등과 같은 말은 우리나라에서도 심심찮게 접할 수 있는 심각한 문제였고 문제이다. 이런 범죄를 한 마디로 인신매매, 영어로는 human trafficking이라고 한다. 불법적으로 자행되는 이러한 인신매매를 통해 현대판 노예(modern slavery)로 착취당하는 야만적이고 잔혹한 일이 미국에서도, 아니 전 세계적으로 일어나고 있다.

human trafficking 인신매매

human trafficking은 범죄나 경찰 드라마에서 이따금 접하게 되는 용어이기도 하다. 다른 말로 trafficking of persons라고도 하고, modern slavery(현대판 노예)라는 표현도 쓴다. **사람을 유인하거나 납치해 돈벌이 수단으로 불법 착취**

(exploitation)하는 행위를 뜻한다. 폭력으로 억압된 상태에서 강제노동(forced labor), 매춘(prostitution) 등을 강요하거나, **불법 장기매매(organ removal)**를 하는 일들이 전 세계적으로 벌어지고 있는 것이다. 인신매매의 희생양으로는 남성보다 여성(아동 포함)이 두 배 넘게 많으며 성매매(sex trade) 등과 같은 돈벌이용의 성착취(commercial sexual exploitation)가 상당수를 차지한다. 2018년 자료에 따르면 미국 내 인신매매 사건의 절반 이상이 아동 성매매였다고 한다. SNS가 우리 일상생활 속으로 스며든 이후로는 **SNS 플랫폼(social media platforms)을 이용해 인신매매의 대상을 물색하고 유인하는 추세**이다.

2011년, 나는 봉사활동으로 친구들과 함께 휴스턴에 있는 미국의 첫 '인신매매 구조센터'의 건설을 도왔다. 그곳에서 들은 '그들'의 이야기는 정말 너무 끔찍했다. 이야기는 이러하였다. 인신매매로 떼돈을 버는 사람들은 주로 제3세계국가(경제적으로 가난한 나라들)에서 가난한 집들을 찾아다닌다고 한다. 그들은 여자아이들을 보면 납치하거나 또는 그들의 부모에게 '아이가 더욱 좋은 환경에서 지내며 공부할 수 있게 해줄 테니 우리에게 맡기라'고 말한다. 아직도 이들의 실체를 모르는 사람들은 이 말에 넘어가 자식들을 합법적으로 넘겨준다. 이렇게 무서운 사람들의 손에 들어오게 된 아이들은 그때부터 세뇌를 당하기 시작하는데, 그들은 이 아이들이 도망치지 못하게 몸속 깊숙이 GPS칩들을 집어넣고, 여러 가지 마약을 강제로 복용시킨다. 또한 두 명의 아이가 서로 의지하고 친해질 수 있게 한 방에서 지내게 한다. 그리고 한 명이 도망치면 다른 한 명을 죽이거나 고문한다는 것이다. 몸속에 박힌 GPS칩뿐만 아니라 가족 같은 룸메이트 때문에도 쉽게 도망치지 못하도록 말이다.

이들은 어린 나이 때부터 하루 평균 5번 정도의 성매매를 수행해야 하고, 개인당 정해진 수입을 벌어야 한다. 이렇게 몇 십 년을 살다가 더 이상 쓸모가 없어지면 아무도 모르게 사라진다. 그렇게 삶을 마감하기 싫은 피해자들은 목숨을 걸고 도망을 치는데, 성공적으로 탈출하는 경우는 상당히 적다고 한다. 정부에서는 항상 이런 피해자들을 구조하려고 노력하고 있으며, 가끔 단체로 구조를 성공하는 경우도 있다고 했다.

탈출에 성공하거나 구조된 이들은 구조센터로 옮겨지는데, 당시 이 모든 것을 설명해 주시던 분은 구조센터는 아무나 들어갈 수 있는 곳이 아니라고 말했다. 첫 번째 이유는 그 피해자들의 '피해의식'이 너무나도 컸기 때문이다. 그들은 오랜 시간 동안 일반적인 삶을 살지 못하였으며, 대부분이 '남자사람'에게 공포증이 있으며, 여러 가지 정신병을 앓고 있다고 했다. 그래서 그들이 지내는 구조센터 안에서 일을 하거나 봉사를 하려면 몇 개월 동안 교육을 받아야 된다고 하였다. 또한, 아무도 그들에게 복수, 또는 해코지를 못하게 보안을 엄청 철저하게 한다고 했다. 혹시라도 인신매매를 했던 조직에서 그들이 정보를 줄까봐 걱정돼서 그들의 입을 막으러 올 수 있기 때문이다.

당시 나는 이런 '인신매매'의 실체에 대해서 처음으로 알았고, 내가 돌아와서 확인하였을 때는 내 주변의 사람들도 여기에 대해서 많이 알지 못했다. 정말 이런 짓을 '돈' 때문에 벌이는 사람들이 혐오스러웠고, 그 피해자들이 너무나도 불쌍했다. 하지만 현실은 차가웠다. 정부에서도 찾기 힘든 이 조직들은 지금까지도 아이들을, 사람들을 납치하거나 말도 안되는 방법으로 소유한 다음 '노예'로 쓴다.

자본주의 체제 안

현대판 노예들의 반란

자본주의 체제에서 살아가고 있는 현대인들은 스스로를 '돈의 노예', '자본의 노예'라고 시니컬하게 말하곤 한다. 그래도 자본주의 체제의 자유시장경제 하에서는 열심히 일하기만 하면 나도 부자가 될 수 있다는 기대와 희망으로 버티고 살아간다. 그랬던 평범한 시민들이 2011년 가을, 미국 뉴욕 월가(Wall Street)에서 들고 일어났다. 서민들은 금융위기로 거리로 나앉는 신세가 된 마당에 미국을 경제위기에 빠뜨린 장본인이었던 월가 사람들은 오히려 수백만 달러의 돈을 챙기는 모습에 분노했던 것이다. 이때 외쳤던 구호가 바로 Occupy Wall Street(월가를 점령하라)였다.

Occupy Wall Street 월가를 점령하라

2011년, 텍사스 주립대를 한참 다니고 있을 때였다. 뉴스에서는 시민들의 시위운동이 시작되었다고 난리가 났었다. **시위운동의 이름은 Occupy Wall Street(월가를 점령하라)! 미국의 경제 수도인 뉴욕, 월가에서 시작**되었다. 내가 살던 도시 오스틴(Austin)에서도 약 5주 동안 시청에서 시위를 진행했는데, 나도 텐트를 들고 가서 2주 동안 열심히 구호를 외치며 처음 보는 사람들과 텐트에서 같이 먹고 자고 이야기하며 시위 포스터를 만들었었다.

We are the 99 percent 우리가 99%입니다

사람들은 우리가 자유롭게 살고 있다고 착각하고 있다고 했다. **우리는 전부 최상류층 1%의 사람들을 위해 평생 일해야 하는 게 현실**이라며 스스로를 '현시대의 노예'라고 칭했다. 우리는 학교를 의무적으로 가서 그들의 회사를 운영하기 위한 한정된 '교육'을 받고, 비싼 대학교에서 빚을 내고 그 교육을 마친 후 그들의 회사를 위해서 평생 일을 한다. 그 회사들의 주인들은 1%이고, 나머지 99%는 그들의 세계를 공고히 지켜주는 일개미일 뿐이다. 더 많은 사람들이 이런 사실을 인지하고 살아야 된다고 그들은 열심히 외쳤다. 그래서 **Occupy Wall Street 시위의 슬로건이 바로 We are the 99 percent!**이다. '**우리가 대다수이다!**'를 **의미하는 구호**이다.

Occupy Wall Street—시위의 목표

---

1 This movement is about democracy. We demand that the Government respond genuinely to what they represent. We call for an end to the influence of huge corporations that block the voice of the people by eliminating corporate personality and limiting financial contributions to political campaigns and lobbying.

이 운동은 민주주의에 관한 것이다. 우리는 정부가 민중들이 요구하는 것들에 대해 진정으로 반응할 것을 요구한다. 우리는 법인이라는 개념을 없애고 정치 캠페인과 로비에 대한 금전적 기여를 제한함으로써 국민의 목소리를 차단하는 거대한 기업의 영향력을 중단할 것을 요구한다.

2 This movement is about economic security. We call for effective reform so that banks and financial institutions do not create future economic crises.

이 운동은 경제적 안정에 관한 것이다. 우리는 은행과 금융기관이 미래의 경제 위기를 초래하지 않도록 효과적인 개혁을 요구한다.

3 This movement is about corporate responsibility. We demand strict repercussions for businesses and institutions that cause serious financial damage to our country and taxpayers.

이 운동은 기업의 책임에 관한 것이다. 우리는 우리나라와 납세자들에게 심각한 재정적 피해를 주는 기업과 기관에 대해 엄격한 제재를 요구한다.

4 This movement is about financial fairness. We call for tax reform so that businesses and the rich can pay fair taxes.

이 운동은 재정적인 공평성에 관한 것이다. 우리는 기업과 부자들이 공평한 세금을 낼 수 있도록 조세 개혁을 요구한다.

허기는 면할 수 있지만 웰빙은 힘들겠습니다
빈곤과 패스트푸드

패스트푸드는 전 세계인들이 즐긴다. 그중에서도 미국의 패스트푸드 사랑은 으뜸이다. 이러한 패스트푸드 사랑은 비만으로 이어져 사회적인 문제가 되기도 한다. 또, 패스트푸드점에는 1달러 메뉴가 있어 저소득층과 하층민들에게는 은혜롭다. 허구한 날 이용할 수밖에 없다. 입도 즐겁고 허기도 면할 수 있다. 하지만 매일같이 패스트푸드만 먹는 생활, 삶의 질은 장담할 수 없다. 미국사회의 패스트푸드 애용과 비만, 그리고 이 패스트푸드마저 매일같이 이용하기 힘든 저소득층을 위한 대표적인 복지제도에 대해 살펴본다.

Fast Food Nation 패스트푸드 천국

겉바속촉. 겉은 바삭하고 속은 촉촉하다고 하여 지어진 유행어. 맥도날드의 감튀(감자튀김의 줄임말)는 완전 겉바속촉이다. 심지어 얇고 짭짤해서 모두의 사랑을 받는 메뉴 중 하나이다. 기름에 바삭하게 튀겨내어 따뜻할 때 먹으면 그만한 별미가 따로 없다. 다들 이미 알고 있겠지만, 패스트푸드는 간편하고, 비교적 조금~ 싸고, 맛이 좋은 편이다. 그리고 주문하면 아주 빨리 준비해서 나온다. 굳이 오래 기다릴 필요조차도 없는 음식이다. 통계에 따르면 2022년 기준 미국에는 204,555개의 패스트푸드 음식점들이 있다고 한다. 그 말은 즉, 50개의 주(State)가 있으니, 각 주마다 평균 4,091.1개의 패스트푸드 음식점들이 있는 것이다. 햄버거, 샌드위치, 도넛,

피자, 멕시칸 음식, 중국음식, 치킨 등 없는 것이 없다. 패스트푸드를 일주일이나 2–3주에 한 번씩 한끼로 먹는 사람이라면 전혀 문제가 없다고 생각할 수 있겠다. 하지만 많은 미국인들이 매일 끼니 끼니를 모두 패스트푸드로 때우고 있다. 그러나 맛있고 간편하며 저렴하기까지 한 패스트푸드 음식을 애용하는 데는 대가가 따른다.

Obesity 비만

비만(obesity)은 만병의 근원이다. **미국 성인의 ⅔ 이상이 과체중이거나 비만**이다. 여기에는 미국인들의 패스트푸드 사랑이 큰 몫을 차지한다.

또한, 옛날에는 못 먹고 가난한 사람들이 비쩍 말랐었고 부유한 귀족들은 뚱뚱했다면, 지금은 정반대인 것 같다. 잘사는 사람들은 관리를 철저하게 한다. 운동, 필라테스, 식단 관리부터 육체의 건강을 위해서라면 뭐 하나 빠지는 것이 없다. 반면 미국의 하층민들은 옛날 귀족보다 훨씬 뚱뚱하다. 왜? 맥도날드(McDonald's), 버거킹(Burger King), 웬디스(Wendy's), 타코벨(Taco Bell), 잭인더박스(Jack in the Box), 소닉(Sonic), 이런 곳에 가면 '1달러 메뉴'가 있다. 1달러면 햄버거, 핫도그, 타코, 칠리, 감자튀김 등을 사먹을 수 있다. 하나로는 배가 안 차겠지만 이것저것 몇 개만 사먹어도 한 끼는 충분히 된다. 이렇게 이들은 가깝고 빠르고 싸게 끼니를 때운다. 집에서 밥을 안 해먹게 된다. 또, 쇼핑을 하러 가면 코스트코나 샘스클럽과 같이 물건을 대량으로 파는 가성비 갑인 곳에 가게 된다. 따라서 하나를 사도 대량으로 사게 되고, 그러다 보면 본의 아니게 많이 먹게 된다.

참고로, **비만 유병율**(어떤 시점에 일정한 지역에서 나타나는 그 지역 인구에 대한 비만 환자 수의 비율)**을 영어로는 obesity prevalence**라고 한다.

Food Bank 푸드뱅크 (식량 은행, 식량 저장 배급소)

Food Bank(푸드뱅크)는 미국에서 시작해 전 세계로 뻗어나간 사회복지 지원체계이다. **식품업체 또는 개인으로부터 먹을 수 있는 여유식품을 기부받아 필요한 사람들(노숙자, 저소득 및 소외계층)과 복지시설에 나누어주는 물적 나눔 복지제도**이다. 현금 자원보다는 직접적으로 식량을 지원해주는 **Food Bank는 1965년**

부터 미국에서 시작되어 퍼지기 시작했고, **1970년대부터 정부의 지원을 받기 시작하며 Food Bank에서 America's Second Harvest라는 이름으로 바뀌었다가 2008년에 Feeding America로 변경**되었다. 복지제도명 및 이를 주관하는 기관명은 이런 식으로 바뀌었어도 food bank라는 용어 자체는 오늘날 보통명사화되어 쓰이고 있다.

노숙자나 저소득 및 소외계층에 유통기한이 임박한 상품 품질에 전혀 이상이 없는 식품들을 기부하기 때문에 기부하는 식품업체들 또한 폐기물을 줄이면서 그에 대한 비용을 줄일 수 있고, 동시에 복지 활동에 공헌한다는 점에서 기업가치 향상에도 도움이 된다. 저소득층과 기부하는 기업 둘 다 Win-Win인 정책이다.

Food Stamp 푸드 스탬프 (식량 배급표)

저소득층의 식료품 구입을 도와주기 위해서 정해진 마트에서 쓸 수 있는 쿠폰이나 전자카드를 식비로 제공하는 미국의 제도이다. 가족의 구성원 수와 버는 월급에 따라서 나오는 양도 다르다. 모든 마트에서 다 사용할 수 있는 건 아니며, 술, 담배, 비타민 등은 푸드 스탬프로 구매할 수 없다.

진실과 거짓 사이
정보의 노예

사회가 복잡다단해지고 SNS(영어로는 social media)를 통한 소통이 보편화되면서 수많은 정보가 기하급수적으로 쏟아지고 있다. 정보의 홍수시대를 넘어 정보의 쓰나미 시대를 살고 있는 것이다. 그러다 보니 어디서나 가짜뉴스(fake news)도 기승을 부린다. 우리는 수많은 진실과 거짓 사이에서 진실을 가려낼 수 있는 눈이 필요한 시대를 살고 있다.

Fake News 가짜뉴스

뉴스에서 나오는 모든 정보를 사실이라고 받아들이기는 힘든 세상이다. 뉴스에서 나오는 모든 것을 의심해볼 필요가 있는 세상이 되었다. 정보의 홍수 속에 힘이 있는 자들이 그들의 이익을 위해 만들어내는 가짜뉴스는 사실이 아닌 것을 사실인 것처럼 거짓으로 포장해서 나가는 정보성 뉴스를 뜻한다. 정치적인 특정한 목적으로 만들어지는 경우가 많은데, 그중 특정한 정치인에 대한 옹호나 비난을 과대평가 또는 과소평가하면서 정치적 목적 달성을 이룬다. 가짜뉴스를 만드는 단체는 자신들에게만 유리한 거짓 정보를 퍼뜨리는 것이다. 미디어에서 접하는 대부분의 뉴스는 정보 형태와 출처가 뒤섞여 있기 때문에 무엇이 진실이고 무엇이 거짓인지 가면 갈수록 알기 힘든 세상이 되어가고 있다.

911 Conspiracy 911 음모론

세상에는 공식적으로 알려진 내용과 진실은 다른 경우들이 있다. 특히 권력자의 시나리오에 의해 만들어진 상황은 더더욱 그런 경우들이 있어서 우리는 진실과 거짓 사이에서 늘 고민을 하게 된다.

2011년. 나는 호기심이 많은 대학생이었다. 하루는 룸메이트 D.F.와 911 테러에 대해서 이야기를 하기 시작했는데, 친구는 조지 부쉬(George W. Bush) 대통령을 엄청 지지하는 녀석이라 나의 이야기는 헛소리에 불과하다고

9/11
NEVER FORGET

말했다. 하지만 나 또한 그냥 근거 없는 소리를 하는 게 아니었고, 당시 나로써는 엄청 진지했던 기억이 난다. 이게 나의 주장이었다.

"아무리 이슬람 테러리스트 그룹 알케이다가 바보라도 그렇지, 왜 미국의 오일(휘발유) 가격이 가장 비싸고 경제가 힘든 시기에, 그렇게 딱 타이밍을 맞춰서 hate crime(증오에 의한 범죄)을 저질렀을까? 미국한테 시비 걸어서 전쟁을 하면, 당연히 지는 걸 알면서도? 그리고 어떻게 시비를 건 나라 밑에는 오일이 그렇게도 꽉 차 있을까?"

당시는 나뿐만 아니라 많은 사람들이 이 의심을 했었다. 어린 나는 아무리 논리적으로 생각해도 그냥 이렇게 티나고 시기 안 맞게 테러를 저질렀다는 게 믿기지 않았다.

"또, 만약 이렇게 많은 사람들을 해치는 게 목적이었다면, 이 테러리스트들은 여태껏 엄청난 테러들을 저질렀을 거야. 생각해봐. 미국에서는 이것저것 구하기가 너무 쉽잖아. 이런 사람들한테는 폭탄을 구하는 게 일도 아닐 걸? 아니, 그냥 눈감고도 만들어낼 걸? 그런데 어떻게 이렇게 과시해서 한 번만 테러를 하지? 세상에 다 알려주려고? 명백한 명분을 주는 게 참 이상하다고!"

지금 생각하면 당시 나는 참 어렸다.

"그리고, 왜? 도대체 왜 이렇게 많은 사람들이 의심을 하는 거지? 유튜브에는 왜 이렇게 많은 음모설 관련 영상들이 있는데? 왜 이렇게 많은 사람들이 건물이 비행기에 부딪치는 동시에 밑에서 폭탄이 터졌다고 하고? 건물이 비정상으로 빨리 무너져 내렸다고 하고? 그리고 미국은 마치 기다렸다는 듯이 전쟁을 선포하고, 바로 쳐들어가서 오일을 다 수집하고…"

나의 절친 D.F.는 기분이 상했는지 얼굴이 시뻘개져서 나한테 말도 안 되는 소리 좀 그만하라고 했었다. 그의 책상 위에는 조지 부쉬 대통령이 쓴 책 *Decision Points*가 놓여 있었다. 그가 한참 생각하다가 입을 열었다.

"생각을 해봐. 네가 지금 하는 말은 부쉬 대통령이 빈 라덴이랑 짜고, 오일을 미국으로 가져가기 위해서, 3000명 가까이 되는 사람들이 죽게 내버려뒀다는 말이야. 말도 안 돼. 그리고 너 스스로 말하는 걸 들어봐. 다 그냥 얼추 맞춘 이론일 뿐이야. 내가 봤을 땐, 넌 유튜브 영상을 너무 많이 봤어. 이제 날 좀 내버려둬. 부탁할게."

나는 더 이상 D.F.를 괴롭히지 않았다. 나도 사실 내가 하는 말이 맞는지도 몰랐고, 부쉬를 좋아하는 친구의 마음을 가지고 말장난하고 싶지 않았기 때문이다. 그리고 그렇게 시간이 지났고, 학기가 끝나가는 시점에서 나는 여름방학이 시작하기 전에 경제학과 교수님에게 마지막으로 인사를 하러 그의 사무실로 아침 일찍부터 프로틴 바를 몇 개 싸들고 찾아갔다.

"안에 계세요?"

"들어오세요." 그의 방은 신문 기사들로 도배되어 있었으며, 언제나 그랬듯이 특유의 계피냄새가 진동을 했다. 그는 모니터 스크린에서 눈을 뗀 후 천천히 안경을 코 아래쪽으로 눌러내리며 나를 응시했다.

"교수님, 질문이 몇 개 있어서요. 시험 관련된 거랑 그냥 경제… 쓸데없는 질문들 몇 개? 이거 하나 드실래요? 자 여기요. 드세요. 땅콩버터 맛이 제가 제일 좋아하는 건데 드리는 거예요. 진짜 맛있어요. 프로틴이 29그램이나 들어가 있어요. 물론 초콜릿도 엄청 들어가 있고요. 아침에 시간 없을 때 밥 대신 2개 정도 먹으면 끝내줘요."

그는 어쩔 수 없다는 표정을 지으며 프로틴 바를 받고 책상 서랍에 넣어 두었다.

"다름이 아니고…" 나는 곧 다가오는 기말고사 질문을 몇 개 하고 난 후 그에게 진짜 물어보고 싶었던 것을 물어봤다.

"아 근데 교수님, 진짜 바보 같은 질문일 수 있는데요. 혹시… 911 음모론 같은 거 들어보셨어요?" 그는 책상에 있는 종이를 쳐다보다가 다시 안경을 벗으며 인상을 찌푸렸다. "전쟁이 무엇을 부른다고 생각하니?" 갑작스런 그의 질문에 나는 당황하였다. "네? 그게 무슨…?" 그는 눈을 한번 지그시 감았다가 다시 뜨더니 입을 열었다.

"모든 전쟁에는 이유가 있어. 정치적 권력, 영토, 돈, 자원 등이 있지. 간단하잖아? 전쟁에서 얻는 게 없다면 왜 전쟁을 하겠어?" 그리고 그는 전쟁과 돈에 대해서 한참을 설명했다. 무기를 만들어 사고 팔고… 군인들을 소집하고, 나라를 강하게 만들고, 시민들의 세금을 모으고, 신문, 뉴스를 팔고…부터 이것저것 전쟁이 어떻게 '돈'을 창출해내는지 설명했다. 한참을 듣던 내가 이 이야기는 부질없다는 생각에 그를 멈췄다. "교수님! 아니, 저는 그냥 교수님이 진짜로 어떻게 생각하시는지 궁금해요." 그는 나를 잠시 쳐다보더니 한숨을 쉬고 나서는 쓴웃음을 지었다.

"우리가 보는 뉴스, 신문, 잡지, 인터넷 기사, 라디오… 이런 것들은 아무것도 믿을 수 있는 게 없어. 알잖아? 다 자기들 마음대로 쓴다는 거… 그 말은 우리는 사실을 절대 알 수 없다는 거야. 커튼 뒤에서 진짜 무슨 일이 벌어지는지 알고 있는 사람들은 그 일에 관련된 사람들이랑 그걸 관리하고 일어날 수 있도록 허락하는 사람들. 그 외에는 알아도 안 되고, 알고 싶어 해도 안 돼. 위험할 수 있거든. ㅋㅋ…" 그는 허당스러운 웃음소리를 내다가 굉장히 푹신해 보이는 의자에서 일어나 창문 쪽으로 걸어간 후 캠퍼스를 바라보면서 말했다. "나는 아무것도 안 믿지. 논리적으로 맞아떨어지면 그건 맞을 수도 있는 거야. 그렇다고 그게 맞다는 건 아니고…"

강대국의 이미지, 하지만 알고 보면
부채가 엄청난 나라, 미국

현대사회에서는 빚이 없는 개인이 거의 없듯, 부채 없이 운영되는 국가도 거의 없다. 그중에서도 세계 1위 강대국의 이미지를 자랑하는 미국은 보기와 다르게 부채가 어마어마하다. 그렇게 빚이 많은데도 힘이 있으니 늘 큰소리 친다. 하지만 미국 내 빈부의 격차는 그 어떤 나라보다도 극심하다는 사실! 그런 나라에서 살고 있는 국민들의 행복지수는 과연 어떨지 궁금해지는 지점이다.

National Debt 국가 부채

미국은 국가 부채, 즉 나라의 빚이 엄청나다. 해외 및 국내 투자자들에 진 빚이 2022년 기준 30조 2900억 달러에 달한다. 1달러가 천 원이라고 쳐도 30900조 원… 감이 안 잡힌다. 정부의 빚은 대부분 해외와 국내 투자자들에게 나라에서 채권을 발행해 높은 이자로 빌리는 돈들이다.

Counting in English 영어로 숫자 읽기

영어로 높은 단위의 숫자 읽는 것을 헷갈려 하는 사람들이 의외로 많아서 준비했다. 높은 숫자를 읽을 때는 특징이 있다. **천의 자리 수가 넘어가면, 세 자리씩 끊어서 읽는다.** 1000 위로 숫자가 올라가면, 10,000(만) 부터는 콤마 앞에 있는 10부터 읽고 그 다음에 1000을 읽는 것이다. 예를 들어 **100,000(십만) 같은 경우도 콤마 앞에 있는 hundred를 먼저 읽고, 남아있는 thousand를 읽는다.** 같은 룰이 million(백만) 전까지 적용되다가 **million부터는 million 단위로 끊어 읽고, billion(십억)이 되면, billion 단위로 끊어 읽는다.** 그 후에는 **trillion(조)**을 쓰고, 마지막으로는 quadrillion(천조)을 쓴다.

1	일	one
10	십	ten
100	백	one hundred
1,000	천	one thousand
10,000	만	ten thousand
100,000	십만	one hundred thousand
1,000,000	백만	one million
10,000,000	천만	ten million
100,000,000	억	one hundred million
1,000,000,000	십억	one billion
10,000,000,000	백억	ten billion
100,000,000,000	천억	one hundred billion
1,000,000,000,000	조	one trillion
10,000,000,000,000	십조	ten trillion
100,000,000,000,000	백조	one hundred trillion
1,000,000,000,000,000	천조	one quadrillion

People, People, People

미국 사람들

John은 새벽 5시에 일어나 캘리포니아의 해변을 조깅한다. 그는 실리콘밸리에서 유망한 한 스타트업의 CEO이다. 그는 스페인계의 어머니와 독일 아버지 사이에서 태어난 혼혈이다. 스스로를 힙스터hipster라고 생각한다. 팔에는 벚꽃부터 작은 새까지 다양한 그림체가 화려하게 문신되어 있다. 한편 John의 절친인 Dwayne은 바베큐 전문 셰프Chef이다. Dwayne은 스스로를 nerd라고 생각한다. Dwayne은 일본 만화와 바베큐를 사랑하는 흑인African American이다. 하지만 그들의 공통점은 둘 다 자신을 humanist라고 믿는다는 것이다. 미국에는 정말 다양한 국적을 가진 사람들이 산다. 다양한 출신이 존재해서인지, 정말 다양한 취향을 가진 사람들이 많으며, 크게 분류해도 너무나 많다. 중요한 것은 미국은 개인의 취향을 스스로가 존중하며 사랑한다는 점이다. **Dear Bro,** 미국의 다양한 사람들을 나타내는 용어를 통해 그들의 가치와 취향, 문화를 살짝 들여다보자!

여러 부류의 사람을 나타내는 표현들

미국의 과거와 현재를 보면 그 시대에 두드러진 가치와 색깔, 특색을 드러내는 사람들이 집단으로 등장하고 따라서 이들을 일컫는 표현이 등장하기도 했다. 1960년대엔 hippie(히피)라는 말이 등장했고, 오늘날엔 hipster(힙스터)란 말이 등장한 것처럼. 긍정적이든 부정적이든 어떤 특색 있는 부류의 사람들을 일컫는 표현을 보면 시대의 분위기와 그 속에서 살고 있는 사람들의 인식을 알 수 있다. 이 자리에서는 가치, 취향, 스타일, 삶의 방식에 따른 다양한 부류의 사람들을 나타내는 보편적인 표현들을 몇 가지 살펴본다.

philanthropist 자선가

philanthropist란 무엇인가? **필란트로피스트란 '자선가', 즉 남을 돕는 사람**을 뜻한다. 영영 사전에는 a person who seeks to promote the welfare of others, especially by the generous donation of money to good causes(선한 일에 후하게 기부하여 타인의 복지를 도모하는 사람)라고 나와 있다.

hipster 힙스터

예술적으로 현 시대의 흐름을 타는 사람들을 힙스터라고 부른다. 그들은 주로 문신을 하고, 음악을 즐기며, 예술적 감성을 중요시한다. 패션도 그들에게는 중요하다.

gangster 갱스터

한국에서 진짜 조폭을 보았는가? 칼로 사람을 찔러 죽이고 사람들한테 돈 받으러 다니며 멱살 잡고 소리치며 협박하는? 미국에는 gangster가 있다. 주로 흑인들로 이루어졌으며, **자기들의 도시, 자기들의 지역, 자기들의 구역에 대한 자부심과 경계심이 엄청나다. 그들은 진짜로 매일 마약을 거래하고 총을 24시간 들고 다니며, 자기들의 구역을 철저히 지킨다.**

thug 깡패, 불량배

말 그대로 깡패다. 꼭 진짜 **gangster**가 아니더라도 깡패짓을 하는 사람들을 **thug**라고 부르기도 한다.

nerd 너드 (범생이, 똑똑한 찌질이)

너드는 **주로 똑똑하고 공부 잘하는 공부벌레, 범생이**를 나타낸다. **안경을 끼고, 책을 몇 권씩 들고 다니는 소심한 이미지를 생각하면 되겠다.** 과학자, 프로그래머, 음악가 등의 직업을 많이 가지고 있다고 한다. 긍정적으로 쓰이기보다는 부정적으로 쓰이는 표현이다. smart and obsessed with something을 부정적으로 표현한 단어라고 보면 될 것 같다. 하지만 너드하면서(nerdy)도 인기가 있을 수 있다.

geek 엉뚱한 괴짜, 덕후 (컴퓨터, 전자기기, 과학)

주로 전자기기, 컴퓨터, 만화, 과학 영화 등 특정한 분야에 엄청난 지식을 가지고 있으며, 그 취미에 엄청 푹 빠지는 사람들을 나타내는 표현이다. IT, 디자이너, 바리스타, 엔지니어 등의 직업을 많이 가지고 있다고 한다.

humanist 휴머니스트

인간 그 자체를 위하고 걱정하고 돌보는(care) 존재를 뜻한다. 지구를 사랑하고 모든 인간들이 생존에 필요한 기본적인 요소를 갖추어야 된다고 믿는다. 예를 들면 모든 사람들이 음식, 옷, 집 정도는 있어야 하며 굶어죽는 사람들은 적어도 없어야 된다고 믿는 게 휴머니스트의 기본이다.

activist 활동가

정부가 무엇인가를 잘못하거나, 법적으로 또는 사회적으로 문제, 또는 잘못된 점이 있다고 생각하면, 그에 반대하며 자리에서 일어나 사람들에게 알리고 바꾸려고 활동하는 사람들을 activist 라고 부른다. 예를 들면, Malcolm X나 Martin Luther King처럼 인종차별을 바꾸려고 했던 사람들이나 Occupy Wall Street 때 자본의 불평등에 대해 사람들에게 알리려고 시위했던 사람들, 기후변화와 환경문제에 대한 경각심을 갖고 구체적인 주장과 실천을 하는 환경운동가 등을 activist라고 할 수 있겠다.

hippie 히피

히피들은 1960년대에 생겨났으며 이때부터 시작한 이 히피문화는 주로 노래를 즐기고 평화를 외치며 대마초를 피고 서로 사랑하며 살자고 외쳤다. 현 시대에도 히피 마인드를 가진 힙스터들이 많고, 히피문화를 중요시하는 미국인들이 상당히 많다. Peace!

gipsy 집시

히피들 중에서도 유난히 평화를 외치며, 히피문화를 진지하게 대하는 사람들로써, 주로 신발을 안 신고 맨발로 다니며, 머리를 길게 기르고, 대마초를 입에 물고 살았다. 기타를 하나 들고 집없는 떠돌이 생활을 하며, 평화사인을 들고 전국을 돌아다니는 이 집시들은 미국의 자유를 상징하는 멋진 사람들이었다.

Preppy 프래피

백인들이 폴로셔츠를 입고, 사립학교를 다니며, 2:8 깻잎 머리스타일을 하고 다니면, 사람들은 이들을 '프래피'라고 불렀다. 이들은 주로 중상위 층의 사람들이며 백인들로 이루어진 그룹이다.

인종에 대한 미국인들의
'인종차별적인' 고정관념

⚠ **WARNING** This is racist. Common Racial Stereotypes. 여기에 나와 있는 내용은 어디까지나 저자 본인의 경험과 생각을 바탕으로 한 것이므로 모든 미국인들을 대표하는 의견은 아닐 수도 있음을 미리 밝힌다. 인종차별적인 내용이 등장하므로 불편함을 느끼는 분이 있을 수도 있다.

African American(미국 흑인)에 대한 고정관념

기본적으로 농담하듯이 '흑인들은 다 수박, 후라이드 치킨, 쿨에이드를 좋아하며, 대신 마요네즈를 싫어하고, 또한 총을 잘 들고다니며, 마약을 하고, 안 좋은 동네에 산다'고 얘기하곤 한다. 말도 안 되고 웃기는 고정관념이다. 이들은 놀랍도록 축복받은 육체를 가지고 있으며 운동을 잘하고, 그들만의 소울과 흥으로 재즈와 R&B, 힙합과 같은 대중문화의 선봉에 있지 않은가?

Caucasian(백인)에 대한 고정관념

'불필요하게 친근한 척하며, 엄청 고지식하고 무지하며, 자기 자신들밖에 모르며, 매운 음식을 잘 못 먹고, 신용카드를 잘 쓴다. 특히 백인 금발여자들은 자기 자신에게 너무 푹 빠져서 살고 살짝 띨빵하다'는 말도 안 되고 웃기는 고정관념이 있다.

Asian(동양인)에 대한 고정관념

'무조건 수학을 잘하고, 무술을 다 할 줄 알지만 겁이 많으며, 모든 사람들에게 고개를 숙여 인사를 하고, 다 눈이 작다'는 말도 안 되고 웃기는 고정관념이 있다. 아마 미국에서 가장 깔보는 인종 중의 하나이지 않을까 싶다. 동양인들을 쉽게 놀림거리로 삼는다.

Mexican People(멕시코인)에 대한 고정관념

'불법 이민자들이 많고, 항상 집에서 노래를 크게 틀고 가족끼리 파티를 하며, 여자들은 아주 이른 나이에(결혼하지 않은 상태에서) 아이를 가진다'는 말도 안 되고 웃기는 고정관념이 있다. 하지만 좋은 쪽으로 엄청 열심히 일한다는 이미지가 있다.

Indian People(인도인)에 대한 고정관념

'맨날 카레만 먹고, 주유소를 가지고 있다'는 헛된 고정관념이 있는 반면에 똑똑한 이미지가 강하다. 의사, 엔지니어 출신 인도 사람들이 워낙에 많아서 그렇지 않을까…?